Struan Stevenson

AUFOPFERUNG

LEBEN MIT DEN
IRANISCHEN VOLKSMODJAHEDIN

„Man muss für alles, was zu besitzen sich lohnt, einen Preis
entrichten: Arbeit, Geduld, Liebe und Aufopferung."

John Burroughs

BWV · BERLINER
WISSENSCHAFTS-VERLAG

Bibliografische Information der Deutschen Nationalbibliothek

Die Deutsche Nationalbibliothek verzeichnet diese Publikation in
der Deutschen Nationalbibliografie; detaillierte bibliografische Daten sind
im Internet über http://dnb.d-nb.de abrufbar.

ISBN 978-3-8305-3698-7

© 2016 BWV • BERLINER WISSENSCHAFTS-VERLAG GmbH,
Markgrafenstraße 12–14, 10969 Berlin
E-Mail: bwv@bwv-verlag.de, Internet: http://www.bwv-verlag.de

Widmung

Dies Buch widme ich Maryam Rajavi und den ungezählten Schwestern und Brüdern von der „Organisation der Volksmodjahedin Iran", mit denen zu arbeiten und zu kämpfen ich die Ehre hatte. Ihre Aufopferung, die jahrelange Hingabe der PMOI, inspiriert mich.

Inhalt

Danksagung

Herzlich danke ich den vielen Freunden in der PMOI und im iranischen Widerstand dafür, dass sie mich zum Schreiben dieses Buches ermutigt haben, auch für die vielen Stunden, die sie aufwandten, um die Beschreibung der Einzelheiten, Zeiten und Orte zu prüfen. Besonders dankbar aber bin ich für die Freundschaft und Güte, die sie mir in vielen Jahren erwiesen haben.

Vorwort
von
Sabine Leutheusser-Schnarrenberger
Bundesjustizministerin a.D.

Die Flüchtlingswanderungen sind derzeit das bestimmende Thema bei Gesprächen, in Parlamentsdebatten und in Medienberichten. Das ist auch richtig, denn es geht um eine große humanitäre Herausforderung und Verpflichtung, die die Europäische Union und Deutschland haben. Viele Flüchtlinge verlassen wegen Bürgerkriegs, wegen Gefahr für Leib und Leben, wegen Folter und Unterdrückung ihre Heimat. Sie wollen leben, sie wollen überleben und sich eine Existenz aufbauen. Trotz vieler Probleme für die aufnehmenden Länder muss alles getan werden, um diesen Flüchtlingen für die Dauer der Verfolgung Schutz zu geben und Perspektiven für ein Leben in einem anderen Land durch Integrationsangebote schaffen.

Tausende Menschen fliehen vor der Terrororganisation „Islamischer Staat„, die sich gegenwärtig im Orient ausbreitet und im Irak und in Syrien dabei ist, mit unglaublicher Brutalität und Gewalt gegen Menschen anderen Glaubens, anderer Kultur und anderer Lebensvorstellungen staatsähnliche Strukturen zu bilden. Weiter dringt sie in Libyen ein. Ihr Existenzprinzip ist: Vernichtung.

Das ist eine Entwicklung, die sehr besorgt machen muss. Denn der IS schreckt auch vor Anschlägen in europäischen Hauptstädten nicht zurück.

Das vorliegende Buch von Struan Stevenson beleuchtet eine andere Bewegung, die dem im Iran herrschenden System entgegentritt und dafür arbeitet, dass in dem Land eine demokratische Verfassung eingeführt und eine egalitäre Gesellschaft erbaut wird. Dem iranischen Regime wird die Verletzung von Menschenrechten vorgeworfen, den Frauen werden ihre Rechte verweigert und Menschen anderen Glaubens können ihre Religion nicht leben.

Struan Stevenson, langjähriges Mitglied des Europäischen Parlaments, kam in den frühen zweitausender Jahren mit den iranischen Volksmodjahedin in Berührung und erkannte bald, dass diese Widerstandsgruppe die Aussicht bietet, das Gespenst des Islamismus dort in naher Zukunft seiner Dämonie zu berauben. Zu gleicher Zeit lernte er die Mitglieder der Organisation als integre Menschen kennen, die zu einer Gemeinschaft verbunden sind, die durch Solidarität, gleiche Achtung beider Geschlechter, Toleranz verbunden ist, am eindrucksvollsten durch eine allgemeine Freundschaft und Liebe, die sie als Ergebnis des gemeinsamen unbedingten Engagements selber erfahren und entwickelt haben. Er hat sich in seinem eigenen Engagement mit ihnen verbündet.

In seinem Buch stellt er die Arbeit dar, die er, auf der Grundlage seiner Mitgliedschaft im Europäischen Parlament, für die iranischen Volksmodjahedin und mit ihnen getan hat. Er spricht aber nicht von „Arbeit", sondern von seinem „Leben" mit den Volksmodjahedin. Das ist so zu verstehen, dass er, ganz wie die Mitglieder dieser Organisation, „Arbeit" nicht als Tätigkeit ansieht, die ihren Mann, ihre Frau vom Gelderwerb abgesehen nicht weiter interessiert, sondern als Entfaltung des Lebens, seiner Kreativität, seines Potentials, seiner Weisheit und menschlichen Verbundenheit.

Von 2009 bis 2014 war Struan Stevenson Präsident der Delegation des Europäischen Parlaments für die Beziehungen mit dem Irak. Dieses Organ der europäischen Volksvertretung wurde 2008 gegründet und hat die Aufgabe, Staat und Gesellschaft des Irak im Aufbau eines demokratischen Gemeinwesens zu unterstützen. Stevenson hat sich mit Tatkraft, mit großem Mut und mit dem Zorn über Ungerechtigkeit, Gewalthandlungen, der ihn auszeichnet, für Verbesserung, für Transparenz, für alle humanen Kräfte in dem verworrenen, von Bürgerkrieg und Gewaltherrschaft bedrohten Land eingesetzt. Er hat sich mit seiner ganzen Person eingesetzt – und: er hat etwas zu erzählen! Da sind Konfrontationen mit politischen Schurken; rasende Fahrten durch ein von Terrorhandlungen erschüttertes Bagdad; warmer Empfang bei den Mitgliedern des iranischen Widerstandes, Einmütigkeit mit ihnen; Geißelung einer verfehlten Politik der Vereinten Nationen, die nach seiner Auffassung praktisch zu Komplizen eines Gewaltregimes wurden, in einer Situation, wo sie durch ihre Prinzipien verpflichtet waren, die von diesem Regime Verfolgten zu schützen, – im Ganzen: ein unermüdlicher Einsatz dafür, dass Öffentlichkeit und Institutionen der westlichen Länder sich gegen fundamentalistische Regime wenden und demokratische Oppositionsbewegungen wie den iranischen Widerstand unterstützen, besonders sich dafür einsetzen, dass ihre Mitglieder nicht Übergriffen und Anschlägen ausgesetzt sind.

Stevensons Buch ist durch mitreißende Episoden und durch die Dynamik seiner Arbeit gekennzeichnet, und er stellt alles, was er berichtet, in glänzender, packender Sprache dar. Besonders zu erwähnen ist, dass er Beiträge von Mitgliedern der Organisation der Volksmodjahedin in sein Buch aufgenommen hat. Auf jedes „seiner" Kapitel folgt der Bericht eines bzw. einer von ihnen. Neben dem Theoretisch-Ideologischen und dem Historischen bringt nichts die Menschen, die sich dem Demokratieaufbau im Iran verpflichtet und damit einem Systemwechsel im Iran zum Ziel gesetzt haben, uns näher als diese Berichte von den Entbehrungen, Mühen und Leiden der iranischen Volksmodjahedin: von Gefangenschaft, Folter, Krankheit und Tod, von der beispiellosen Hilfe, die sie einander immer wieder gegeben haben, von ihrer zähen Alltagsarbeit, von ihren Erfolgen, die als Zeichen der Integrität und des Glücks in die Geschichte eingetragen sind.

Wer das Buch liest, wird von seinem humanen Geist bewegt sein. Er wird sich wesentlich aufgeklärt finden über die Ursachen der gegenwärtigen Weltkatastrophe und die Hoffnung, sie zu überwinden.

Vorwort
von
Patrick J. Kennedy
ehemaliges Mitglied des US-Kongresses für Rhode Island

Dieses bemerkenswerte Buch von Struan Stevenson beschreibt die Schrecken der Unterdrückung, der Folter und der Hinrichtungen im Iran und das befremdliche Schweigen des Westens angesichts des unwiderleglichen Verlangens der Mullahs nach Atomwaffen und der Art, wie sie im Nahen Osten und überall in der Welt den Terror fördern. In seinem Buch „Aufopferung - Leben mit den iranischen Volksmodjahedin" beschreibt der Autor die Rolle, die er als gewähltes Mitglied des Europäischen Parlaments Schulter an Schulter mit der wichtigsten Opposition des Iran in einer Zeit gespielt hat, als sie noch als ausländische Terrororganisation galt. Vor mehr als dreißig Jahren stand mein Vater – der frühere Senator Ted Kennedy – an der Seite Nelson Mandelas und des ANC, als auch diese Organisation mit ihrem Vorsitzenden für terroristisch gehalten wurde. Wie Stevenson war er bereit, sein Ansehen für den Kampf um Demokratie und Menschenrechte in die Waagschale zu werfen.

Aufopferung - Leben mit den iranischen Volksmodjahedin ist vielleicht das erste Buch seiner Art; darin macht der Autor den Leser mit seinen persönlichen Erfahrungen vertraut und zeigt, wie er als konservativer britischer Abgeordneter des EU-Parlaments die „Volksmodjahedin Iran (PMOI)" kennen lernte und wie es dazu kam, dass er ihnen vertraute und sie unterstützte - trotz all der gegen sie vorgebrachten Anschuldigungen. Im Laufe einer interessanten und zu Zeiten schwierigen Reise erfuhr er, wie auch Regierungsvertreter diese Anschuldigungen wiederholten, um ihn dieser Unterstützung abspenstig zu machen. Er musste eigene Untersuchungen anstellen; er musste den Wert jeder einzelnen Beschuldigung prüfen und kam zu dem Schluss, dass sie falsch waren, dass sie dem iranischen Ministerium für Nachrichten und Sicherheit entstammten, von der Lobby Teherans ausgestreut und unwillentlich von vielen wiederholt wurden. Stevenson legt dar, wie auch Regierungen sich dieser Vorwürfe bedienten, um ihre Beschwichtigungspolitik gegenüber dem iranischen Regime zu rechtfertigen.

Struan Stevenson sah sich den Drohungen und Schmähungen der iranischen Mullahs ausgesetzt, ebenso denen einiger Länder, die seiner Heimat näher sind. Seine lebendige Chronik stellt eine Schelte jener westlichen Länder dar, die zu der Beschwichtigungspolitik bereit waren, um weiterhin mit einem der übelsten Regimes der Welt Geschäfte zu machen. Sein schonungsloser Bericht von der erbärmlichen Art, wie der Westen 3400 iranische Flüchtlinge, die im Irak gefangen waren, im Stich lässt, sollte als schockierende Anklage der Politik angesehen werden, die die Vereinigten Staaten, die Europäische Union und die UNO in jenem Lande verfolgen. In seiner Eigenschaft als Präsident der „Delegation des Europäischen Parlaments für die Beziehungen zum Irak" enthüllte er mutig die Korruption und das brutale Sektierertum der irakischen Regierung, die von den iranischen Mullahs ermutigt und gedeckt wurde, und warnte vor der durch sie bewirkten Gefahr eines Bürgerkriegs. Während mehrerer Besuche im Irak kam er mit politischen Führern zusammen und warnte sie davor, dass das iranische Regime sich den Aufstand zu Nutze mache, um seinen bösen Einfluss in der Region auszudehnen.

Stevenson lässt in seinem Buch jedem Kapitel ein bestürzendes Interview folgen. Diese Interviews hat er mit Personen geführt, die die mittelalterlichen Gefängnisse des Iran überlebten. Darin werden die Grausamkeit, die Folter und die Hinrichtungen, die bis heute andauern, en détail beschrieben. Seine brillante Erzählweise, die auf tiefgründiger Forschung beruht, macht die Wahl zwischen Vergangenheit und Zukunft klar, vor die wir gestellt sind. Er beweist mit hinreichender Klarheit: Die theokratische Diktatur im Iran ist im Nahen Osten das Schlüsselproblem; sie sollte nirgends als Teil irgendeiner Lösung betrachtet werden. Er pointiert zwingend: Eine gerechte und dauerhafte Demokratie kann im Iran nur erreicht werden, wenn man seine Hauptopposition, die PMOI, unterstützt.

Die Klarheit, mit der Stevenson das Versagen des Westens bloßlegt, wird den Leser erschrecken. Hier ist ein Buch, das vor allem von Meinungsmachern und Entscheidungsträgern überall in der Welt sowie von solchen, die sich um die Erforschung auswärtiger Politik bemühen, gelesen werden sollte. Sein irritierender Bericht von den Fehlern und Zweideutigkeiten, die direkt zur Gründung des ISIS (des „Islamischen Staates") und zu den katastrophalen Ereignissen, die jetzt den Nahen Osten heimsuchen, geführt haben, gibt uns viel zu denken.

1

Brüssel

Was bringt einen Menschen zum Wendepunkt seines Lebens? Bei mir war es die Erhängung eines 16-jährigen Mädchens im Iran „wegen Handlungen, die mit der Keuschheit unvereinbar sind". Im August 2004 wurde in der Stadt Neka Atefeh Rajabi Sahaaleh öffentlich an einem Kran erhängt. Sie war drei Jahre lang von einem 51 Jahre alten ehemaligen Mitglied der Islamischen Revolutionsgarden, der dann Taxifahrer wurde, vergewaltigt und gequält worden. Er wurde zu 100 Peitschenhieben verurteilt. Sie wurde verhaftet, gefoltert und vor den religiösen Oberrichter der Stadt Neka, Haji Rezai, gezerrt. Atefeh war über die Art, wie man sie behandelte, so empört, dass sie ihr Kopftuch herunterriss und mit einem Schuh nach dem Richter warf. Sie beging damit ein extremes Vergehen – Verachtung des Gerichts. Der Richter verurteilte sie nicht nur zum Tode, er agierte auch als ihr Henker: Er legte ihr selbst die Schlinge um den Hals, bevor der Kran das erstickende Kind in die Höhe zog. Richter Rezai erklärte, dies „werde ihr eine Lektion erteilen und ihre scharfe Zunge zum Schweigen bringen".

Ich saß einmal in meinem Büro im Europäischen Parlament in Brüssel, da kam meine damalige erste parlamentarische Assistentin Ingrid Kelling ins Zimmer, um mir zu sagen, dass der Botschafter der Islamischen Republik Iran bei der EU zu unserem vereinbarten Treffen angekommen sei. Ingrid führte ihn herein; ich bat ihn, Platz zu nehmen. Mit warmen Worten dankte er mir für die Bereitschaft, ihn zu treffen, und begann mit einer ausführlichen Darlegung der Errungenschaften der Islamischen Revolution im Iran. Ich hob die Hand, um ihn zu unterbrechen. „Herr Botschafter", sagte ich, „Ihr Land hat in der vorigen Woche ein 16-jähriges Mädchen öffentlich erhängt. Es war ein Frevel an unseren europäischen Grundwerten – den Menschenrechten, den Rechten der Frauen, den Rechten der Kinder. Ich bin von diesem barbarischen Verbrechen entsetzt. Ich beobachte mit Bestürzung, wie in Ihrem Land Folter, Steinigung, Amputation und öffentliche Hinrichtung gebilligt werden. Ich kann es nicht mehr mit ansehen. Ich erwarte von Ihnen keine Erklärung, die dieses Verbrechen rechtfertigen könnte. Ich möchte Sie nun höflich bitten, mein Büro zu verlassen. Ich versichere Ihnen, dass Sie hier nicht mehr willkommen sein werden."

Der Botschafter war verblüfft. Ich unterbrach ihn als er zu sprechen begann und bat Ingrid, ihn vor die Tür zu begleiten. Ich bebte vor Zorn.

Atefeh war ein Kind. Ihr Verbrechen bestand darin, dass sie der sexuellen Überwältigung durch einen älteren Mann zum Opfer gefallen war. Unter solchen Umständen gefoltert und erhängt zu werden, war pure Barbarei. Kenner von Hitlers SS mögen mit solch viehischer Grausamkeit vertraut sein, aber in den Augen des ausnehmend kultivierten und zivilen iranischen Volkes bezeichnete dieser Fall – es war das zehnte Kind, das seit 1990 in der Islamischen Republik erhängt wurde – einen weiteren grimmigen Meilenstein auf dem Wege des Landes zurück in die Steinzeit.

Ich bat Ingrid, mich mit Firouz Mahvi, einem engagierten Mitglied der iranischen Opposition, zu verbinden. Er hatte mich in den vergangenen beiden Jahren mehrere Male aufgesucht, ich hatte es aber nur zu einer meinerseits etwas widerstrebenden Bekanntschaft kommen lassen. Ingrid stellte durch. „Firouz, hier ist Struan Stevenson." Ich erzählte ihm, was geschehen war, und fügte hinzu, dass ich nun alles in meinen Kräften Stehende tun wolle, um seine Oppositionsbewegung zu unterstützen. Firouz fragte, ob er sofort zu mir kommen könne. Es war der Beginn einer langen, aufregenden und oft sehr gefühlsgeladenen Reise.

Firouz war sehr erfreut über die von mir angebotene Hilfe. Er erinnerte mich mit knappen Worten daran, dass er die „Organisation der Volksmodjahedin Iran (PMOI)", auch als „Modjahedin-e-Khalq (MEK)" bekannt, vertrete, eine Gruppe von Dissidenten, die gekämpft hatte, um den Schah zu stürzen, danach aber von den Ayatollahs als eine Gefahr für ihre Herrschaft angesehen wurde. In den 80er Jahren waren zehntausende Anhänger der PMOI verhaftet, gefoltert und hingerichtet worden. Viele von ihnen waren in den Westen geflohen und jetzt an dem Aufbau einer internationalen Opposition gegen die turbantragenden Tyrannen in Teheran beteiligt. Firouz fragte, ob er ein Treffen zwischen mir und dem außenpolitischen Sprecher der PMOI, Mohammad Mohaddessin, der ein maßgebliches Buch über den islamischen Fundamentalismus geschrieben hatte, arrangieren solle. Ich war dazu gern bereit; es wurde ein Termin vereinbart.

Nach einigen Tagen erschien Mohammad in meinem Brüsseler Büro. Es war schwer zu glauben, dass dieser kleine, gepflegte Mann die Liste der „meistgesuchten" Männer des Iran anführte und in Abwesenheit zum Tode verurteilt worden war. Er erklärte, wie der Iran sich zu einem Schurkenstaat entwickelt hatte, der im Nahen Osten eine bösartige Rolle spiele. Er zeigte mir einen Bericht von dem Terroranschlag des 11. September auf die Twin Towers, den die Vereinigten Staaten im Juli 2014 veröffentlicht hatten. Darin werden die direkten Verbindungen des iranischen Mullahregimes mit Osama Bin Laden beschrieben; es wird gezeigt, dass es zahlreiche terroristische Angriffe auf westliche Ziele gefördert hatte. Geheimdienstberichte führten aus, das Regime bewege sich auf die Entwicklung einer Atombombe zu und drohe den Nahen Osten in einen apokalyptischen Konflikt zu treiben.

Mohammad erklärte: Es war die PMOI, die das höchst geheime Nuklearprogramm der Mullahs dem Westen enthüllte; dessen Geheimdienste waren dazu nicht imstande gewesen. Er führte aus: Die Freunde der PMOI innerhalb des Iran riskierten ihr Leben, um dem Westen solche Informationen zu liefern; dennoch werde bizarrerweise die PMOI in der EU und den Vereinigten Staaten als Terrororganisation betrachtet, was zur Einfrierung von Vermögen geführt habe und ihre Operationen erschwere. Er sagte, diese Abstempelung gehöre zu der verfehlten Beschwichtigungspolitik des Westens gegenüber den Mullahs in Teheran und habe keinen Anhalt an den Tatsachen.

Mohaddessin erzählte mir, Reformversuche seien im Iran mit Repression beantwortet worden. Im Februar jenes Jahres (2004), so sagte er, hätten die Gemäßigten die Kontrolle über das Parlament verloren, als Tausende von ihnen von der Kandidatur zur Wahl ausgeschlossen worden seien. Auch die Bemühungen des britischen Außenministers Jack Straw, in dem Streben nach lukrativen Ölverträgen sich in Teheran einzuschmeicheln, hätten deutlich werden lassen, wie verfehlt die Beschwichtigungspolitik der Regierung Blair war. Noch davor, im Sommer 2004 hatte das Korps der Islamischen Revolutionsgarden (IRGC) drei Patrouillenboote der britischen Marine, die sich angeblich in iranisches Gewässer verirrt hatten, gekapert. Die acht britischen Marinesoldaten wurden von den iranischen Sicherheitskräften entführt und mit verbundenen Augen in eine Grube gebracht, wo sie glaubten, ihnen stehe die Hinrichtung bevor. Erst nach einer unterwürfigen Entschuldigung Straws ließen die Iraner die acht Männer frei.

Die einzige reelle Hoffnung auf einen Wechsel der Regierung, mit dem, so erklärte Mohammad, eine weitere katastrophale Intervention der USA vermieden werden könne, liege beim iranischen Widerstand. Die Volksmodjahedin und der Nationale Widerstandsrat Iran (NWRI) unter der Führung seiner gewählten Präsidentin Frau Maryam Rajavi kämpften schon seit 25 Jahren gegen die fundamentalistischen Faschisten. Der Sturz des Regimes, das mehr als 120.000 politische Gefangene hingerichtet, Kinder in der Öffentlichkeit erhängt, die Steinigung von Frauen befördert und sich mit Al Qaida verbündet habe, sei zu einer dringlichen Angelegenheit geworden.

Mohammad sagte weiter, man müsse die EU und die USA dazu drängen, das Terroretikett von der PMOI zu nehmen und statt dessen dieser Bewegung Hilfe zu bieten, Hilfe in ihrem Kampf, die Welt von einem der übelsten Regimes zu befreien. Am Schluss unseres Gesprächs lud er mich ein, nach Auvers-sur-Oise bei Paris, zum Hauptquartier der PMOI zu kommen; dort könne ich mit ihrer Leiterin Frau Maryam Rajavi zusammentreffen. Nicht ganz ohne Zögern – denn ich dachte, ich verwickle mich tiefer in diese Angelegenheit, als ich zunächst vorhatte – stimmte ich zu.

Also fand ich mich nach einigen Wochen auf der Fahrt im TGV von Brüssel zum Flughafen Charles de Gaulle bei Paris wieder; dort wurde ich von Firouz und seinem jungen, energischen Kollegen Hanif abgeholt. Ich war etwas nervös. Ich hatte mich über den Hintergrund der PMOI informiert und herausgefunden, dass Präsident Chirac im Juni 2003 eine Durchsuchung ihres Hauptquartiers in Auvers-sur-Oise angeordnet hatte; Frau Rajavi war mit Hunderten ihrer Mitarbeiter verhaftet, Fahrzeuge, Computer und Geld waren beschlagnahmt worden. Proteste angesehener Senatoren und Kongressmitglieder der USA führten im Verein mit Massendemonstrationen der PMOI überall in der Welt zu ihrer raschen Freilassung. Aber ich fragte mich: Was würde passieren, wenn es heute in meiner Anwesenheit zu einer weiteren Razzia käme?

Als konservatives Mitglied des Europäischen Parlaments begann ich mich zu fragen, warum ich mich zum Besuch des Hauptquartiers einer Gruppe bereit erklärt hatte, von der ich erfahren hatte, dass sie als üble marxistische Gruppe charakterisiert und als terroristische Organisation angesehen wurde. Ich hatte gelesen, man habe ihr vorgeworfen, in den 70er Jahren im Iran eine Terrorkampagne unternommen zu haben, während derer sie angeblich sechs Amerikaner ermordet und viele westliche Ziele angegriffen hätte. Sollte ich mich in solch eine Sache verwickeln lassen? Meine Nervosität nahm noch zu, als wir in dem Dorf Auvers-sur-Oise durch eine Reihe schmaler Straßen fuhren. Meine Begleiter von der PMOI sprachen mehrmals auf Farsi in ihre Mobiltelefone. Bald fuhren wir in eine lange Sackgasse ein – auf der einen Seite eine hohe Mauer zur Sicherheit, auf der anderen eine große Hecke.

Unser Wagen fuhr vor einem gewaltigen Eisentor vor. Sofort erschien Mohammad Mohaddessin mit einigen Männern, um mir die Tür aufzuhalten und mich mit herzlichem Händedruck willkommen zu heißen. Man führte mich durch das Tor, und ich wurde von einer doppelten Reihe von Männern und Frauen, die sich auf dem Hof des Hauptquartiers der PMOI versammelt hatten, mit lautem Applaus und Willkommensrufen begrüßt. Ich sah, dass alle Frauen verschleiert waren. Jede von ihnen reichte mir eine eben gepflückte Rose, während ich an der Reihe entlangging und den Männern die Hände schüttelte und von den Frauen die Blumen entgegennahm. Mit einem großen Rosenstrauß in den Händen wurde ich die Stufen zum Hauptgebäude des Geländes hinaufgeführt. Dort stand Maryam Rajavi, die gewählte Präsidentin des Nationalen Widerstandsrates des Iran und Leiterin der PMOI, und wartete auf mich, um mich zu begrüßen.

Frau Rajavi ist eine elegante Frau. Mit ihrer Präsenz kann sie eine Masse in ihren Bann schlagen. Auch sie trug ein Kopftuch. Sie begrüßte mich auf Französisch; sie konnte nur wenig Englisch. Bald wechselte sie zu Farsi, und mit Hilfe eines Dolmetschers hieß sie mich im Hauptquartier der PMOI willkommen und lud mich zum Eintritt ein. Dort war ein großer Versammlungsraum zu unserem Treffen hergerichtet worden – mit zwei feierlich wirkenden hölzernen Thronen, zwischen denen sich ein kleiner Tisch befand, auf den man Tee und Schüsseln mit Nüssen gestellt hatte.

Frau Rajavi ist eine Dame von bedeutender Demut. Sehr deutlich empfindet sie den Schmerz und das Leid, das ihrem Volk seit mehr als dreißig Jahren vom iranischen Regime auferlegt wird. Ihr Verantwortungsgefühl für das Volk ist außerordentlich, aber zugleich ersehnt sie Frieden und Stabilität im Nahen Osten und darüber hinaus. Trotz der Schwierigkeiten, denen sie begegnete, ist sie tapfer, energisch, ausdauernd und inspirierend. Sie ist eine Muslimin und steht für einen freien, demokratischen, säkularen Iran. Sie vertritt die Rechte des unterdrückten iranischen Volkes – von den Frauen und Studenten bis hin zu den ethnischen und religiösen Minderheiten. Auch ist ihre moderne und progressive Auslegung des Islam ein bedeutendes, notwendiges Vorbild für andere. Aus diesen Gründen erfreut sie sich der Unterstützung durch tausende Demokraten überall in der Welt, und eben diese Gründe waren es, die mich sehr bald bestimmten, in Maryam Rajavi die zukünftige Präsidentin eines freien Iran zu erkennen.

Sie erzählte mir von der Razzia, die die französische Sicherheitspolizei im vorigen Jahr auf ihrem Gelände durchgeführt hatte. Sie erläuterte, es seien Computer, Mobiltelefone, Fahrzeuge und Millionen Dollar beschlagnahmt und noch nicht zurückgegeben worden.[1] Sie selbst war einige Tage lang in einer Pariser Gefängniszelle festgehalten worden. Sie sagte, es sei jetzt von vitaler Bedeutung, alle unsere Anstrengungen darauf zu richten, dass das Terroretikett von der PMOI genommen werde. Sie erzählte, Gruppen von Anwälten arbeiteten im Vereinigten Königreich, in der Europäischen Union und den Vereinigten Staaten daran; sie hoffe, ich könne in dieser Sache helfen. Dann kam sie auf die 3.400 Kämpfer der PMOI zu sprechen, die an einem Ort namens Camp Ashraf nordöstlich von Bagdad lebten. Als Feinde der Mullahs waren sie in den frühen 80er Jahren in den Irak gekommen. Man hatte ihnen ein großes Gebiet in der Provinz Diyala zur Verfügung gestellt, das sie mit harter Arbeit in eine kleine Stadt verwandelten, mit städtischer Infrastruktur, Werkstätten, Parks, Krankenhäusern, einer Moschee und Bildungsstätten.

Frau Rajavi sagte, diese 3.400 Menschen seien die Avantgarde der PMOI; sie seien von den Truppen der USA während deren Invasion in den Irak im Jahre 2003 bombardiert und schikaniert worden. Sie erinnerte mich daran, dass ich im vorigen Jahr einen dringenden Brief an Präsident George W. Bush geschrieben hatte, in dem ich ihn aufforderte, Camp Ashraf nicht mehr zu bombardieren, da diese Leute für die USA keine Bedrohung darstellten. Dafür dankte sie mir, teilte aber mit, bedauerlicherweise hätte das Militär der USA dennoch das Lager weiterhin bombardiert und dabei einige von den Bewohnern der PMOI getötet.

Am 17. April 2013 hatte ein Artikel im *Wall Street Journal* die Hintergründe dieser Angriffe aufgedeckt:

> „Die Entwaffnung der Truppe der iranischen Opposition im Irak, die als Modjahedin-e Khalq oder MEK bekannt ist, löst eine Zu-

---

1 Die Akten dieses Falls wurden endgültig im September 2014 geschlossen, zehn Jahre nach der Razzia. Damals entschieden französische Richter, es gebe keinen Fall, über den zu entscheiden sei; PMOI und NWRI seien im Sinne keines der Vorwürfe schuldig.

sicherung ein, die vor dem Beginn der Feindseligkeiten von privater amerikanischer Seite iranischen Politikern gegeben wurde: Politikern der USA zufolge werde die Gruppe von britischen und amerikanischen Truppen angegriffen werden, wenn der Iran sich an dem Kampf nicht beteilige. ...

Doch Condoleezza Rice, Nationale Sicherheitsberaterin, und Außenminister Colin Powell vertraten den Standpunkt, Teheran könne gegenüber der benachbarten Invasion der USA neutral bleiben, besonders wenn es wisse, dass die MEK angegriffen und daran gehindert werden würde, den Iran in Zukunft zu bedrängen – so der Politiker.

Diese Botschaft wurde von britischen Regierungsvertretern vor Beginn der Feindseligkeiten weitergegeben. Außenminister Jack Straw informierte darüber seinen iranischen Kollegen Außenminister Kamal Kharrazi bei einem Treffen in London im Februar.

Der britische Botschafter im Iran, Richard Dalton, wiederholte diese Botschaft während eines Treffens im März mit Hassan Rohani, dem Geistlichen, der den Höchsten Nationalen Sicherheitsrat leitete – das für die Gestaltung der Außenpolitik wichtigste iranische Gremium.“[2]

Am 18. April 2003 schrieb die *Washington Post*:

„Zwei ranghohe Politiker der USA kamen im Januar geheim mit Vertretern der iranischen Regierung zusammen, um über eine mögliche Zusammenarbeit zu sprechen. Die Vertreter der USA baten den Iran darum, seine Grenze zu sichern, um das Entkommen irakischer Politiker zu verhindern und schlugen – neben anderen Bitten – vor, die Vereinigten Staaten würden die im Irak gelegenen Lager der Organisation der Modjahedin-e Khalq oder Volksmodjahedin bombardieren – so ein Vertreter der USA.

Wir sagten ihnen, so der Vertreter, sie würden einen Vorteil haben, wenn die Vereinigten Staaten die Lager der Volksmodjahedin angriffen. Eine noch konkretere Zusage, die Lager anzugreifen, wurde später von Vertretern der britischen Regierung an Teheran gemeldet. Die Modjahedin-e Khalq, die sich als Quelle der Information über das iranische Nuklearprogramm erwiesen,

---

2   http://online.wsj.com/news/articles/SB105053141922836600

haben gegen die Angriffe verärgert protestiert; sie erklärten, diese seien nicht provoziert worden."[3]

Dann hätten, so erklärte Frau Rajavi, die Bewohner freiwillig ihre Waffen übergeben – im Gegenzug gegen die von der US-Armee, die jetzt um das Lager herum in Stellung gegangen war, ausgesprochene Schutzgarantie. Sie sagte, ich sei jederzeit herzlich zu einem Besuch Ashrafs eingeladen.

Während ich mich zum Gehen anschickte, überreichte Frau Rajavi mir einen eleganten, schweren, in Leder gebundenen Band – wie sie erklärte, das „Buch der Gefallenen und Hinrichtungsopfer" der PMOI. Ich blätterte die Seiten durch und sah, dass sich auf jeder Seite Fotos und Beschreibungen von Anhängern der PMOI befanden, die von den Mullahs hingerichtet worden waren. Es waren Tausende von Seiten. Das Buch erinnert auf schockierende Weise daran, wie diese Menschen für die Sache der Freiheit und Demokratie im Iran gelitten hatten. Es war ein Opfer von einem Ausmaß, wie ich ihm vorher niemals begegnet war.

Während ich auf den schmalen Straßen von Auvers-sur-Oise zurückfuhr, kehrten die Sorgen der Hinfahrt nicht wieder. Nachdem ich Frau Rajavi gesehen hatte, erkannte ich, dass ich es mit redlichen Menschen zu tun hatte, die für eine gute Sache kämpften und persönlich bereit waren, dafür jeden Preis zu entrichten. Nach zehn Jahren, in denen ich oft mit Maryam Rajavi und ihren Mitarbeitern zusammentraf, finde ich mein Vertrauen bestätigt.

---

3   http://pqasb.pqarchiver.com/washingtonpost/doc/409532967.html

2

Interviews mit politischen Gefangenen
Flüchtlingslager in Tirana (Albanien), Mai 2014

Hengameh Hadj Hassan

„Mein Name ist Hengameh Haj Hassan. Während ich allein in einer Gefängniszelle saß und mein Todesurteil erwartete, dachte ich immer: ‚Wird einmal jemand etwas von mir hören? Werde ich einsam und vergessen sterben?‘

Fast alle meine Klassenkameradinnen wurden von Khomeini hingerichtet. 1981 arbeitete ich als Krankenschwester im Sina-Krankenhaus in Teheran. Wir unterstützten die PMOI – wegen der Unterdrückung der Frauen; wir mussten Schleier tragen etc. Viele von den Frauen, die in unser Krankenhaus kamen, trugen Wunden am Gesicht, die Khomeinis Folterer ihnen zugefügt hatten. Ich erschrak davor, ich sagte es und wurde bald von Spionen des Regimes (der ‚Islamischen Vereinigung‘) verdächtigt, die PMOI zu unterstützen und beständiger Überwachung unterworfen.

Meine Freunde und ich wurden bedroht; dann griffen die Revolutionsgarden das Krankenhaus an. Wir waren schon davongelaufen, denn unsere Kollegen hatten uns vor dem Kommen des IRGC (des ‚Korps der Iranischen Revolutionsgarden‘) gewarnt. Nach zwei oder drei Monaten wurden einige unserer Freunde, darunter Dr. Sadeq Agmashe und Dr. Fahimeh Mirahmadi verhaftet und hingerichtet. Jeder Jugendliche auf der Straße wurde umzingelt und der Unterstützung der PMOI beschuldigt; bei uns lag die Beweislast – wir hatten zu beweisen, dass sie irrten. Ich wurde auf einer Polizeistation an ein Bett gebunden und gefoltert; man schlug mit elektrischen Kabeln verschiedener Stärke auf meine Fußsohlen. Wenn man Widerstand leistete, holten sie noch schwerere Kabel. Lajevardi, damals Chef der iranischen Gefängnisse, suchte jede Folterkammer auf, um persönlich die Folter zu überwachen und sich daran zu beteiligen.

Sie verlangten ein Geständnis von mir; ich sollte die Namen der Freunde nennen und die PMOI im Fernsehen denunzieren. Ich hörte die Schreie meiner Freunde. Am ersten Abend der Vernehmung lagen Dutzende von in der Folter Verletzten auf den Betten in den Zellen. Meine Freundin Tahmineh Rastegar sagte, sie habe während der Folter alle Schuld auf sich geladen; dadurch wurde plötzlich klar, warum sie aufgehört hatten, mich zu foltern. Am Ende wurden wir in Abteilung 209 des Gefängnisses Evin gebracht. Man verband uns die Augen und stellte uns in einer Reihe auf; man musste die Hand auf die Schulter der vor einem stehenden Person legen. Vor mir stand meine Freundin Tahmineh, sie legte ihre Hand in die meine. Es war das letzte Mal, dass ich sie berührte. Nach zwei Monaten wurde sie von einem Erschießungskommando erschossen. Wir hörten nachts, wenn Hinrichtungen stattfanden, das Feuer der Maschinengewehre. Als ich es zum ersten Mal hörte, glaubte ich, es sei ein Lastwagen mit einer Ladung Kies. So klang es. Danach konnten wir aber die einzelnen Pistolenschüsse hören; sie gaben jedem den Todesschuss. An der Zahl dieser Schüsse konnten wir erkennen, wie viele hingerichtet wurden. Manchmal waren es hunderte Schüsse.

Ich wusste bis zu meinem letzten Verhör nicht, dass Tahmineh erschossen worden war; dann logen sie und behaupteten, sie habe gegen mich Zeugnis abgelegt. Ich wusste, dass sie so etwas niemals getan hätte. Ich verlangte, sie zu sehen. Sie sagten, sie würden etwas Handgeschriebenes von ihr bringen. Als sie die Blätter brachten, die sie unterschrieben hatte, sah ich, dass sie vorsätzlich falsche Informationen aufgeschrieben und nur die Geschichte wiederholt hatte, auf die wir uns vorher geeinigt hatten. Sie hatte gesagt: „Ja, es sind meine Freunde; sie sind unschuldig." Danach hatte sie ein falsches Geständnis abgelegt und alle Schuld auf sich genommen.

Im Iran gibt es keine Gerechtigkeit. Nach elf Monaten erklärten sie, sie würden mich jetzt vor Gericht bringen, damit das Urteil gefällt würde. Ich verabschiedete mich von allen; ich war sicher, dass ich zum Tode verurteilt und hingerichtet werden würde. Aber als wir in das so genannte Gericht kamen, sahen wir, wie alle Revolutionsgardisten lachten und scherzten. In einem Raum saß ein einziger Mullah namens Hassan Navyeri an einem Tisch. Zwei von meinen Folterern saßen an seiner Seite. Sie fragten mich, ob ich die PMOI unterstütze. Ich sagte, ich sei nur eine naive Bewunderin und hätte nichts gegen das Regime unternommen. Sie konnten daher nichts beweisen, aber dann fragten sie, warum ich nicht geheiratet hätte ... Das war in ihren Augen ein Verbrechen und hinlänglicher Beweis, dass ich die PMOI unterstützte! Ich sagte ihnen, sie sollten sich um ihre eigenen Angelegenheiten kümmern. Der Mullah sagte, ich könne gehen, er werde Gnade walten lassen. Die Mullahs agieren als Anwalt, Richter, Geschworener und Ankläger – alles in einer Person. Sie behaupten, ihre Urteile entsprächen dem Willen Gottes; von daher könnten sie selbst Folter und die Todesstrafe rechtfertigen.

Ich hatte zwar das Glück, dass mir der Tod nicht unmittelbar bevorstand, wurde aber ins Gefängnis Evin zurückgebracht. Dort erkannte ich sofort, dass alle anderen Mitglieder unserer Bewegung, mit denen ich die Zelle geteilt hatte, an diesem Tage getötet worden waren ... Das war für die Revolutionsgardisten der Grund, zu lachen, zu scherzen, zu triumphieren.

Im Gefängnis Evin stopfte man sechs Personen in je eine von den Zellen, die unter dem Schah für eine Person gebaut worden waren. Nach meiner Verhaftung wandten meine Eltern alle Mühe darauf, herauszufinden, was mir geschehen war; als sie von der an meinen Freunden verübten Massenhinrichtung erfuhren, nahmen sie an, das Gleiche sei mir passiert und veranstalteten eine Feier zum Gedenken an meinen Tod. Es war zwei Monate nach meiner Verhaftung.

Ich wurde zu drei Jahren Gefängnis verurteilt, aber immer noch regelmäßig gefoltert, nicht in der Absicht, mich zu irgendeiner Enthüllung zu zwingen, sondern weil sie behaupteten, dass ich in meinem Herzen immer noch die PMOI unterstützte. Im zweiten Jahr wurde ich in das Gefängnis Qezel-Hessar verlegt und in einen Käfig gebracht, der nur einen halben Meter breit war. Dort konnte man sich nicht setzen. Keine Bewegung, kein Geräusch war gestattet; selbst wenn wir niesten, wurden wir mit einem Kabel geschlagen. In diesem Gefängnis wurden viele Häftlinge, männliche wie weibliche, in den sargähnlichen Käfigen gefoltert. Ich verbrachte in einem von ihnen sieben oder acht Monate.

Meine Eltern hatten in dieser Zeit erfahren, dass ich noch lebte. Sie suchten Ayatollah Montazeri, einen der zur Führung Gehörenden, der als gemäßigt galt, auf und beschwerten sich bitter über die von uns erlittenen Mißhandlungen. Danach machte Montazeri gemeinsam mit anderen ranghohen Vertretern des Regimes viel Lärm in den iranischen Medien. So kam es unter den Mullahs zu einer Spaltung; einige der Häftlinge, darunter ich selbst, wurden freigelassen. Ich begann in einem privaten Krankenhaus zu arbeiten, denn als ehemalige Straf-gefangene durfte ich in einem staatlichen Krankenhaus nicht mehr arbeiten. Nach einem Jahr sagte mir eine Kollegin, es seien zwei Personen vom Gefängnis Evin gekommen und wollten mich sehen. So traf ich meine besten Freundinnen von der PMOI; auch sie waren aus dem Gefängnis entlassen worden. Sie sagten, sie wüssten, dass sie gesucht würden. Wir entschlossen uns gemeinsam zur Flucht. Wir bekamen Geld von unseren Freunden und entschlossen uns zum Verkauf unseres Schmucks – der Halsbänder und Ohrringe -, um noch mehr Geld zu bekommen. Damit bezahlten wir Schlepper, die uns helfen sollten, das Land zu verlassen.

Wir flohen in den Irak und weiter nach Camp Ashraf. Wir hatten Glück. Viele von meinen Freunden, die versucht hatten zu fliehen, waren an der Grenze festgenommen, nach Evin zurückgebracht und hingerichtet worden – viele von ihnen während der Gefängnis-Massaker des Jahres 1988. Ich überlebte, um für die Menschen zu kämpfen, die ihr Leben gelassen hatten. Ich unternahm nur einen kleinen, bescheidenen Schritt in die PMOI. Aber ihr Blut ist unglaublich stark!"

3

Organisation der Volksmodjahedin Iran

Nach meiner Wahl ins Europäische Parlament im Juni 1999 traf ich in Brüssel und Straßburg oft mit Personen und Organisationen zusammen; ich war darin aus vielen Gründen sehr aktiv. Die Themen waren teils von lokaler, teils aber auch von globaler Bedeutung; alle, mit denen ich zusammenkam, suchten die Unterstützung eines europäischen Abgeordneten für ihre Sache. Ich habe schon erklärt: Eine dieser Gruppen war die „Organisation der Volksmodjahedin Iran". Das erste Mal traf ich einen ihrer Vertreter im Jahre 2002 in Brüssel – zwei Jahre, bevor ich mit Mohammad Mohaddessin und Frau Rajavi zusammenkam. Ich war an Außenpolitik und am Nahen Osten interessiert; so kam es dazu, dass durch diese Zusammenkunft meine Kenntnis und mein Verständnis des Iran und der dort bestehenden politischen Situation geformt wurde. Damals sollte ich aber auch in die Ideologie eingeführt werden, die heute islamischer Fundamentalismus genannt wird. Seit den Anfängen der Islamischen Republik Iran im Jahre 1979 geht er von dort aus. Heute ist er im weiteren Nahen Osten dominant – mit tragischen, weitreichenden Konsequenzen.

Nach diesem einleitenden Treffen hielt ich es für wichtig, die PMOI kennen zu lernen, um das, was mir gesagt worden war, zu verifizieren und zu erweitern. Ich wollte herausfinden, wofür die Organisation stand – ihre politische Ethik, ihre Ansichten und vor allem ihre Praxis. Es wurde zu keiner leichten Aufgabe. Als ich zum ersten Mal Vertreter dieser Organisation traf, stand sie noch auf der Liste terroristischer Organisationen der Europäischen Union. Im Labyrinth der falschen über die PMOI gegebenen Auskünfte war es sehr schwierig, zwischen Tatsachen und Fiktionen zu unterscheiden. Selten war ich einer Organisation begegnet, die so extrem entgegengesetzte Meinungen und Gefühle hervorrief – entschiedene, leidenschaftliche Freunde auf der einen, brennend überzeugte Kritiker auf der anderen Seite; und alle wollten, dass die Leute ihnen zuhörten.

Der Sturz von Dr. Mohammad Mossadegh (dem demokratisch gewählten Premierminister des Iran) im Jahre 1953[1] rief in den 50er und 60er Jahren politische Unruhe hervor. Die von Schah Pahlevi ausgeübte Repression, einschließlich des Verbots aller Oppositionsgruppen, bewirkte bei den damals 25 Millionen Einwohnern des Iran Enttäuschung und Desillusionierung. Dagegen gründeten im Herbst 1965 drei Studenten: Mohammad Hanifnejad, Saied Mohsen und Ali-Asghar Badizadegan, die Organisation der Volksmodjahedin Iran, eine politische Organisation[2], ursprünglich dazu gebildet, die korrupte, repressive Diktatur von Schah Pahlevi und die absolute Herrschaft des Monarchen zu bekämpfen. Die PMOI sollte sich zu der bei weitem größten und aktivsten politischen Bewegung der iranischen Geschichte entwickeln.

Doch in den 70er Jahren setzte eine brutale Unterdrückung der Organisation und ihrer Mitglieder ein – durch den berüchtigten Geheimdienst des Schah (den Savak). Sie führte zu der Hinrichtung der ursprünglichen Gründer und fast der gesamten Führung sowie der Verhaftung der überwältigenden Mehrheit ihrer Mitglieder und Freunde, darunter Massoud Rajavis, des damaligen Generalsekretärs. Massoud hatte sein Studium des Staatsr an der Teheraner Universität abgeschlossen und war im Alter von 20 Jahren der PMOI beigetreten. Nur die Anstrengungen seines älteren Bruders Professor Kazem Rajavi[3] bewahrten ihn vor der Hinrichtung. Kazem Rajavi war ein angesehener Menschenrechtsanwalt und führte im Westen eine internationale Kampagne an. Dabei versicherte er sich der Unterstützung von François Mitterrand und einer Reihe von weiteren internationalen Führern und Menschenrechtsorganisationen, darunter Amnesty International und das Rote Kreuz.

Während Massoud Rajavi und der Rest der leitenden Kader der PMOI in Haft saßen, erlitt die Organisation im Inneren einen Rückschlag. In den Jahren 1972 bis 1975 machte sich eine Reihe von Mitgliedern, darunter eines, das aus dem Gefängnis hatte fliehen und innerhalb der Opposition einige Bekanntheit erlangen können, die Abwesenheit der Leitung zunutze – in dem Versuch, die Ideologie und Ausrichtung der Organisation in marxistischem Sinne zu verändern.

---

1   Dr. Mossadegh wurde durch einen von Großbritannien und den Vereinigten Staaten manipulierten Staatsstreich gestürzt.

2   Die Organisation wird unterschiedlich bezeichnet: als PMOI, Mujahedin-e Khalq, MEK, MKO u. a.

3   Dr. Rajavi, der erste Botschafter des Iran bei den Vereinten Nationen nach der Revolution des Jahres 1979, wurde in Genf von Agenten des iranischen Regimes erschossen.

Die Mitglieder, die nicht im Gefängnis waren, verurteilten energisch den Verrat an den Gründern der PMOI und an ihrer Vision eines Iran der Zukunft und traten diesem marxistischen Coup innerhalb der Organisation entgegen. Doch die marxistische Fraktion, die ihr opponierenden Mitglieder unterdrückte, engagierte sich in bewaffnete Überfälle auf amerikanisches Personal, das im Iran stationiert war.

Internationalen Fachleuten zufolge, die diese Ereignisse der 70er Jahre genau untersucht haben, zielte die für die bewaffneten Überfälle verantwortliche Gruppe darauf, in der Organisation die Oberhand zu gewinnen und jeglichen Widerstand gegen die Veränderung der Ideologie und Struktur der Organisation zum Schweigen zu bringen. Massoud Rajavi, der sich immer noch in Haft befand, verurteilte diese Personen und ihr Handeln entschieden und sollte bei der Rückkehr der Organisation zu ihren wahren, ursprünglichen Prinzipien und ihrer Ideologie eine entscheidende Rolle spielen.[4]

Nach seiner Entlassung aus dem Gefängnis im Jahre 1979 machte er sich mit anderen ranghohen Mitgliedern daran, die Organisation neu zu strukturieren. Aufgrund ihrer patriotischen Haltung, ihrer demokratischen Werte und ihrer modernen, progressiven Deutung des Islam wurde sie zu der natürlichen Avantgarde der Revolution von 1979. Es war diese tolerante und fortschrittliche Deutung des Islam, mit der „die PMOI die Millionen Iraner anfeuerte, deren landesweite Proteste schließlich im Jahre 1979 den Schah des Iran zum Rücktritt zwangen."[5]

Die PMOI erstrebte eine säkulare Regierung; Wahlen mit allgemeinem Wahlrecht sollten die Grundlage politischer Legitimität sein. Doch diese Auslegung des Islam stand im Verein mit ihren Ideen von der Zukunft des Landes in starkem Kontrast zu den Absichten von Ayatollah Khomeini, einem schiitischen Geistlichen, der kürzlich aus dem Exil in den Iran zurückgekehrt war. Der Schah hatte Khomeini im Jahre 1964 aufgrund seines zunehmenden Ansehens als religiöser Führer und aufgrund seiner Kritik an seiner Rolle und an dem Einfluss der USA und Großbritanniens auf den Iran zum Exil gezwungen.

Nach den verbreiteten Demonstrationen gegen seine Herrschaft im Jahre 1979 floh der Schah, um niemals wiederzukehren. Khomeini machte sich das Machtvakuum zunutze, das dessen langjährige Diktatur und die Eliminierung aller demokratischen Oppositionsgruppen wie der

---

4 Weiteres in: Lincoln P. Bloomfield, The Mujahedin-e-Khalq, Shackled by a Twisted History. Published by University of Baltimore, 2013.
5 People's Modjahedin of Iran – Mission Report, Friends of a Free Iran, S. 7.

PMOI, deren Anführer hingerichtet bzw. inhaftiert worden waren, hinterlassen hatte, und griff nach der Führung der Revolution. Der Mangel an demokratischen Institutionen und an Kenntnis der wahren Natur Khomeinis trug dazu bei, dass damals seine Position unangefochten blieb. Er galt als geistlicher Führer, der am materiellen Leben nicht interessiert sei und sich in die täglichen Angelegenheiten des Landes nicht einschalte. Wirklich hatte er eben das versprochen.

Doch nachdem er sich der Unterstützung des Volkes, indem er dessen religiöse Gefühle ausnutzte, versichert hatte, nahm er seine Versprechungen zurück; anstatt ein Parlament einzusetzen, das das Volk vertreten und eine neue Verfassung erarbeiten würde, gründete er eine so genannte Expertenversammlung, die im Wesentlichen aus Geistlichen bestand. Diese Versammlung führte eine Verfassung ein, die auf dem Prinzip des ‚Velayat-e faqih' (der absoluten Herrschaft der Geistlichen) beruhte. Er verlieh sich selbst den Titel des ‚Höchsten Führers' und bildete den Wächterrat, der über absolute Macht verfügt und alles kontrolliert, darunter die gesamte Gesetzgebung, um sicher zu gehen, dass sie mit seiner strikten Auslegung des Koran übereinstimme. Khomeini ernannte sich selbst zum Vertreter Gottes auf Erden; über Nacht veränderte er die iranische Gesellschaft und schuf das, was heute als islamischer Fundamentalismus bekannt ist.

Zornig wandte sich die PMOI gegen diese undemokratische Machtergreifung und weigerte sich, an dem Referendum über die Verfassung des ‚Velayat-e faqih' teilzunehmen. Doch wenn die PMOI selbst auf den Gewinn von Macht aus gewesen wäre, so hätte es ihr mehr genützt, mit der Zeit zu gehen und das Referendum nicht zu boykottieren.

Ein Bericht des britischen Außenamtes beschreibt diese Periode wie folgt:

> „Die MKO [PMOI] spielte während der Revolution eine bedeutende Rolle und war zwei Jahre danach ein wichtiger Faktor im inneren Machtkampf. Sie boykottierte das Referendum über die Verfassung der Islamischen Republik; Rajavi wurde gezwungen, seine Kandidatur für das Amt des Präsidenten der Republik aufzugeben, nachdem Khomeini erklärt hatte, kandidieren könnten nur solche, die für die Verfassung gestimmt hätten. Rajavi kandidierte im Jahre 1980 für das Majlis [das iranische Parlament],

wurde aber nicht gewählt – nahezu gewiss wegen Wahlmanipulation."[6]

Voller Wut über die Haltung, die die PMOI ihm gegenüber einnahm, ordnete Ayatollah Khomeini eine brutale, blutige Verfolgung ihrer Mitglieder, Freunde und Sympathisanten an; sie wurde als „Herrschaft des Terrors" bezeichnet.[7] Einem Dekret Khomeinis zufolge sind „die Modjahedin des Iran Ungläubige und schlimmer als Gotteslästerer. ... Sie haben kein Recht zu leben."[8] Seitdem sind Mitglieder der PMOI die Hauptopfer der im Iran begangenen Menschenrechtsverletzungen.

In den zurückliegenden dreißig Jahren wurden 120.000 ihrer Mitglieder und Freunde hingerichtet. Dutzende weitere sind außerhalb des Iran ermordet worden. Die Hinrichtung, Inhaftierung und Folter, verübt an Mitgliedern und Freunden der PMOI und ihren Angehörigen, dauert bis heute unvermindert an. Während ich dies schreibe, stehen einige Mitglieder und Freunde der Organisation im Iran auf der Todesliste; ihr einziges Verbrechen besteht darin, dass sie Mitglied bzw. Freund der PMOI sind. Im Juni 2014 wurde Gholamreza Khosravi hingerichtet, weil er einem mit der PMOI verbundenen oppositionellen Fernsehsender Geld gestiftet hatte. Ich beklagte mich bitter über diese Hinrichtung bei Baroness Ashton, der Hohen Vertreterin der Europäischen Union für die Außenpolitik. Sie schrieb mir am 14. Juli 2014: „Wie Sie wissen, behauptet die EU eine entschiedene Haltung gegen die Todesstrafe und fordert den Iran beständig auf, die anstehenden Hinrichtungen aufzugeben und über die Todesstrafe ein Moratorium zu verhängen. Damit beziehe ich mich auch auf die Situation von Herrn Gholamreza Khosravi, der nicht hätte hingerichtet werden dürfen. Ich hatte im Jahre 2012 eine Erklärung dieses Inhalts herausgegeben – Sie beziehen sich in Ihrem Brief darauf – und den Iran aufgefordert, das Todesurteil umzuwandeln. Es ist wirklich sehr traurig, dass der Iran am Ende dieser Forderung nicht entsprochen hat." Die Tatsache, dass der Iran es einfach vorzog, die Vorhaltungen von Baroness Ashton zu ignorieren, wird gewiss auch für seinen zukünftigen Umgang mit der Europäischen Union bezeichnend sein.

Allein im Sommer 1988 wurden in den Gefängnissen des Iran mehr als 30.000 politische Gefangene der PMOI hingerichtet. Sie wurden zu Tausenden an den Galgen geführt und an geheimen Orten in Massengrä-

---

6   The Mujahedin-e-Khalq, report by the British Foreign Office prepared in March 2001.
7   Ervand Abrahamian, The Iranian Modjahedin (Die iranischen Modjahedin), S. 218-219.
8   Mohammad Mohaddessin, Enemies of the Ayatollahs (Feinde der Ayatollahs), S. 55-56.

bern bestattet. Das iranische Regime hat – äußerst barbarisch – schon 26 Jahre lang den Angehörigen dieser Opfer die Kenntnis der Orte vorenthalten, an denen ihre Lieben ruhen. Bis heute kommen sie außerhalb des Iran heimlich zusammen, um nach ihren sterblichen Überresten zu suchen.

Mitglieder und Freunde der PMOI, die nicht im Iran hingerichtet oder inhaftiert wurden, wurden zur Emigration gezwungen; sie zogen nach Paris und in andere Städte Europas und Nordamerikas. Trotz der politischen Differenzen zwischen ihr und Khomeini tat die PMOI alles, um die Konfrontation mit ihm und seinem Regime zu vermeiden. Stattdessen suchte sie nach einem Wandel mit friedlichen Mitteln. Doch als ihr alle möglichen Wege zur Teilnahme an der Politik verstellt waren, griff die Organisation zu ihrem letzten Mittel: Sie griff gegen das iranische Regime zu den Waffen. Massoud Rajavi hat gesagt: „Der Islam, zu dem wir uns bekennen, billigt Blutvergießen nicht. Wir haben niemals Konfrontation und Gewalt gesucht und heißen sie auch heute nicht willkommen. Wenn Khomeini zu wirklich freien Wahlen bereit ist, werde ich sofort in meine Heimat zurückkehren. Die Modjahedin werden ihre Waffen niederlegen, um an solchen Wahlen teilzunehmen. Wir haben vor Wahlresultaten keine Angst, wir haben versucht, uns aller vorhandenen Mittel politischer Tätigkeit zu bedienen, doch die Repression hat uns zur Bewaffnung gezwungen. Wenn Khomeini dem Volk auch nur die Hälfte oder selbst nur ein Viertel der Freiheiten eingeräumt hätte, deren man sich heute in Frankreich erfreut, dann hätten wir gewiss einen demokratischen Sieg errungen."

In meinen Augen lässt sich die PMOI dieser Zeit am treffendsten als eine bewaffnete Widerstandsbewegung bezeichnen, die gegen Tyrannei und Repression in ihrer Heimat kämpft. Niemals in ihrer Geschichte (weder in der Vergangenheit noch in der Gegenwart) war die PMOI eine terroristische Organisation. Sie hat niemals versucht, ihre Ziele mit Mitteln des Terrors zu erreichen. Sie hat niemals auf Zivilpersonen gezielt; niemals wurden Zivilpersonen bei Kampagnen der PMOI gegen das Regime verletzt oder getötet. Weil ich die Terrorbezeichnung der PMOI für ungerecht, illegal und unmoralisch hielt, habe ich mich gemeinsam mit vielen Politikern weltweit entschlossen, gegen sie bei verschiedenen Gerichten zu klagen. Wir bekamen Recht, als Gerichtsurteile im Vereinigten Königreich, den Vereinigten Staaten und der Europäischen Union urteilten, dass die PMOI keine terroristische Organisation ist.

18

Zum Exil gezwungen, zog Massoud Rajavi im Jahre 1981 nach Paris. Im Verein mit der Leitung der PMOI und den Mitgliedern und Freunden der Organisation setzte er die Opposition gegen Khomeini und seine tyrannische Herrschaft im Exil fort, während im iranischen Untergrund ein Netzwerk der Bewegung tätig war. Doch im Jahre 1986 zog die PMOI in den Irak um, weil die Regierung Jacques Chirac sie immer stärkerem Druck aussetzte, um sie zum Verlassen Frankreichs zu bewegen. Die Regierung war damit beschäftigt, Geiseln, die vom iranischen Regime im Libanon gefangen gehalten wurden, frei zu bekommen und stand in diesem Sinne mit dem iranischen Regime in Verhandlung; da bot sich als Gegenleistung die Vertreibung der PMOI von französischem Boden an.

Um diese Umsiedlung in den Irak haben die Kritiker der Organisation viel Staub aufgewirbelt; sie bezweifelten, ob diese Entscheidung in einer Zeit, da der Iran im Krieg mit dem Irak lag, vernünftig gewesen sei. Dazu erklärte Mohammad Mohaddessin, der Vorsitzende des Ausschusses des NWRI für auswärtige Angelegenheiten:

> „Obwohl die französische Regierung den iranischen Widerstand schon mehr als ein Jahr lang gedrängt hatte, das Land zu verlassen, entschloss Rajavi sich zum Umzug erst, als er sich davon überzeugt hatte, dass der Widerstand im Irak werde unabhängig leben können und die irakische Regierung sich in seine Angelegenheiten nicht einmischen werde. Im Gegenzug würde sich der Widerstand unter keinen Umständen in die inneren Angelegenheiten des Irak einmischen. ...

> Der Umzug des Widerstands in den Irak fand 1986 statt; damals war die Region in einem gänzlich anderen Zustand als nach der Invasion des Irak in Kuwait und dem Golfkrieg des Jahres 1991. Damals unterhielten alle europäischen Länder und auch die Vereinigten Staaten gute Beziehungen zur irakischen Regierung. ... Man hatte das Schreckgespenst vor Augen, dass das iranische Regime den Irak militärisch zu Boden zwingen und besetzen würde; die arabischen Länder und auch westliche Regierungen taten alles ihnen Mögliche, um ein derart katastrophales Ende des Krieges zu verhindern, denn es hätte eindeutig zu einer rapiden Verbreitung des islamischen Fundamentalismus und Extremismus im Nahen Osten und in Nordafrika geführt."[9]

---

9   Mohammad Mohaddessin, Enemies of the Ayatollahs, S. 114.

Ich habe oft sagen hören, die PMOI habe durch ihren Umzug in den Irak irgendwie ihre Legitimität und die Unterstützung des Volkes verloren. Ich sehe es ganz anders. Ich glaube, dass die Organisation mit diesem Umzug großen Mut und politische Voraussicht bewiesen hat; denn er war die Antwort darauf, dass ihre Lage außer Kontrolle geriet. Als der Irak im September 1980 in den Iran eindrang, kämpfte die PMOI Seite an Seite mit ihren Landsleuten gegen ihn. Ihre Loyalität zu Volk und Land steht außer Zweifel.

Senator Torricelli sagte: „Die Tatsache, dass die Volksmodjahedin Leute im Irak untergebracht haben, setzt in meinen Augen ihre Legitimität und Wirksamkeit in keiner Weise herab. Sie haben im Irak eine Wohnstätte gefunden, weil anderswo kein Platz für sie war. ... Dass sie sich in der Nähe des Iran aufhalten, ist notwendig. ... Es ergibt sich einfach aus der geographischen und politischen Realität."[10]

Auch als die PMOI im Krieg zwischen dem Iran und dem Irak gegen diesen kämpfte, stellte sie sich zugleich zu Khomeinis Versuch, im Irak einen Satelliten der „Islamischen Republik" zu schaffen und auf diese Weise den islamischen Fundamentalismus im Irak und im Nahen Osten zu verbreiten, sehr kritisch. Nachdem sich der Irak vom iranischen Territorium zurückgezogen und seine Bereitschaft erklärt hatte, dem Iran für den Krieg Entschädigung zu leisten, trat die PMOI für Frieden mit ihm und eine Beendigung des Krieges ein. Der hätte im Jahr 1982 enden können und sollen, doch stattdessen dauerte er noch weitere sechs Jahre – bis zum August 1988. Der Iran erlitt in dieser Zeit die größten Verluste – Todesopfer, die hätten vermieden werden können, wäre Khomeini auf das vom Irak 1982 unterbreitete Friedensangebot eingegangen. Stattdessen erklärte er, er werde nicht aufgeben, bis die Regierung des Irak durch eine Islamische Republik ersetzt worden sei; diese Haltung führte zu einer Million Toten – Iranern und Irakern. Khomeini fasste seinen Ehrgeiz damals in das Motto: „Die Befreiung Jerusalems über Kerbela". Nach diesem Plan hätte der Iran zuerst die den Schiiten heilige Stadt Kerbela im Irak erobert und wäre von dort nach Jerusalem weitergezogen.

Die PMOI sah sich einem heiklen Dilemma ausgesetzt: Auf der einen Seite ging der Krieg weiter und die Führung der PMOI war sich vollkommen im Klaren darüber, dass ihr Eintreten für den Frieden von Khomeini als Propaganda und Kollaboration mit dem Feind ausgelegt

---

10   Erklärung während einer Pressekonferenz im Kapitol am 8. Juni 1995.

werden konnte. Auf der anderen Seite ging es um das Leben von hunderttausenden Iranern. Man sandte Schulkinder zum Räumen von Minenfeldern aus. Die PMOI musste sich entscheiden: entweder zu schweigen und mithin Khomeini hunderttausende Menschen in den Tod schicken zu lassen oder das Banner des Friedens zu erheben. Am Ende waren es die landesweite Kampagne der PMOI für den Frieden und ihre Präsenz im Irak, die Khomeinis kriegstreiberische Politik zum Halten brachten. Ich möchte persönlich urteilen: Die Haltung und das Handeln der PMOI während des Krieges zwischen dem Iran und dem Irak war der höchste Ausdruck von Patriotismus, der einer politischen Organisation möglich ist. Ich bin ein Politiker und kann dennoch die Schwierigkeit dieser Haltung und den Preis, den sie forderte, kaum ermessen. Doch nach einigen Jahren bekam die PMOI Recht.

Sie ist eine der fünf Organisationen, die Mitglieder des Nationalen Widerstandsrates Iran sind – ein Bündnis demokratischer iranischer Oppositionsgruppen mit angesehenen Persönlichkeiten, im Jahre 1981 von Massoud Rajavi in Teheran als Opposition gegen das theokratische Regime Ayatollah Khomeinis gegründet. Jetzt ist sie im Exil; ihr Hauptquartier liegt in Paris – ein politisches Bündnis, das annähernd 500 Mitglieder hat, unter ihnen Vertreter aller religiösen und ethnischen Minderheiten im Iran, einschließlich der Kurden, der Belutschen, der Armenier, der Juden und der Zoroastrier.

Der NWRI hat 25 Ausschüsse, die als Schattenministerien tätig sind und für besondere Forschungen und die Planung des zukünftigen Iran die Verantwortung tragen.[11] 50% der Mitglieder des NWRI sind Frauen, und – wir sahen es schon – eine Frau leitet das gesamte Bündnis. Maryam Rajavi ist die gewählte Präsidentin des NWRI – nach dem Sturz der Mullahs Präsidentin des Iran für eine Übergangzeit von sechs Monaten, in der die Macht in geordneter Weise dem Volk übergeben werden soll. Die Zeit ihrer Präsidentschaft soll nach der Wahl eines neuen Präsidenten des Iran und der Verabschiedung einer neuen Verfassung durch die Konstitutionelle Versammlung enden.

Als ich zum ersten Mal mit Vertretern der PMOI zusammenkam, lag mir viel daran, auch das Bündnis von Organisationen kennen zu lernen, dem sie angehörten. Der NWRI wird oft als „Exilparlament" bezeichnet; er unterhält überall in der Welt Vertretungsbüros, die genauso arbeiten, wie man es erwarten würde. Er entsendet Vertreter

---

11 www.ncri-iran.org

und ihre Mitarbeiter in jedes Land. Ihre Aufgabe besteht in der Unterrichtung der Politik und der Öffentlichkeit über Angelegenheiten, die den Iran und den Nahen Osten betreffen. Die Organisation verfügt über Fachleute auf vielen Gebieten; daher werden die Mitglieder und Repräsentanten des NWRI oft gebeten, die Entwicklungen im Iran zu kommentieren. Ihre Kenntnis wird von niemandem übertroffen. Es war zum Beispiel der NWRI, der als erster das Atomwaffenprogramm des iranischen Regimes aufdeckte – mit der Bekanntgabe einer Anlage zur Anreicherung von Uran in Natanz im Jahre 2002. Diese Enthüllungen beruhten auf Informationen, die das Netzwerk der PMOI im Iran dem NWRI verschafft hatte.

Die amerikanische Regierung, die der PMOI nicht freundlich gesonnen war, musste ihre Bedeutung in dieser Angelegenheit bestätigen, obwohl sie es sorgfältig vermied, die Organisation bei ihrem Namen zu nennen: „Der Iran hat die Existenz dieser Anlagen erst zugegeben, als er keine andere Wahl hatte, da sie bereits durch eine iranische Oppositionsgruppe bekannt gegeben worden war." (Sprecher des Weißen Hauses am 10. März 2003)

„Der Iran hat sein Nuklearprogramm verheimlicht. Es wurde dennoch entdeckt, doch nicht durch seine Zusammenarbeit mit der IAEA oder dem NPT, sondern weil eine Gruppe von Dissidenten die Welt darauf hingewiesen hatte, wodurch Zweifel an den mit dem Programm verbundenen Absichten geweckt wurden." (Pressekonferenz im Weißen Haus am 16. März 2005)

„Eine iranische Oppositionsgruppe erklärte heute, sie verfüge über Beweise der Existenz zweier bisher unentdeckter Anlagen zur Anreicherung von Uran westlich von Teheran. Die Gruppe: der Nationale Widerstandsrat Iran, ein Dachverband der oppositionellen iranischen Organisationen, erklärte, die Anlagen seien von den Volksmodjahedin entdeckt worden, einer Widerstandsgruppe, die internationale Rüstungsinspektoren auf die Anlage in Natanz aufmerksam gemacht hat. ‚Diese Organisation hat sehr gut aufgepasst,' sagte ein ranghoher Vertreter der Vereinten Nationen, der mit der Situation im Iran vertraut ist, und fügte hinzu: ‚Diese Gruppe besitzt einen Zugang zu sehr soliden Informationen auch von Insidern.'" (New York Times am 27. Mai 2003)

Der NWRI veranstaltet Tagungen, Pressekonferenzen und Ausstellungen; er trägt die Verantwortung für hervorragende, gut recherchierte Veröffentlichungen. Man erlebt die Mitglieder und offiziellen

Vertreter in Parlamentssitzungen überall in der Welt. Ich habe viele von ihnen kennen gelernt und ihre Büros besucht – in London, Paris, Brüssel, Washington D.C. und anderswo. Und immer wieder beeindruckt mich die Hingabe und Aufopferung dieser Gruppe und ihrer Freunde. Unermüdlich arbeiten sie, um dem iranischen Volk auf seinem Weg zu seinen unveräußerlichen Rechten zu helfen – Freiheit, Demokratie, Achtung vor den Menschenrechten und den Grundfreiheiten. Interessanterweise sind ihre Büros auch die ersten Anlaufstellen für Iraner, die es vermocht haben, den Klauen der Ayatollahs im Iran zu entkommen. Sie betrachten die Organisation als Verkörperung ihrer Hoffnung auf einen freien, demokratischen und säkularen Iran.

In meinen Augen ist einer der faszinierendsten Züge der PMOI die Rolle, die Frauen darin spielen – in krassem Gegensatz zu dem schon 30 Jahre andauernden Krieg, den das iranische Regime gegen die Frauen und ihre Rechte führt. In der PMOI besteht ein tiefer Glaube an die Gleichberechtigung der Geschlechter, doch, was noch mehr wiegt, man hält sich auch in der Praxis daran und belässt es nicht bei bloßen Lippenbekenntnissen. Ich bin Zeuge für das Ethos der Organisation, die in ihrer Praxis Demokratie und Gleichberechtigung verwirklicht.

Ermutigt, gebildet und geleitet durch das Vorbild Maryam Rajavis, entwickeln die Frauen der PMOI unermessliche Fähigkeiten. Es finden regelmäßig alle zwei Jahre Wahlen in der Organisation statt; in den zurückliegenden zwanzig Jahren wurde schon des Öfteren eine Frau zur Generalsekretärin gewählt. Die Frauen, die jahrzehntelang von einem Regime, das die Frauen hasst und verachtet, gefesselt worden waren, entwickeln in der PMOI enormen Einfluss. Ich glaube, sie sind unser größter Schatz im Kampf gegen die Ayatollahs, denn sie werden von den Millionen Frauen des Iran als Quelle der Inspiration und Ermächtigung empfunden. Diese Tatsache lässt das iranische Regime versteinern. Darin liegt der Grund für die tiefe Verachtung, die es der Organisation und besonders ihren Frauen entgegenbringt.

Eine der schrecklichsten Folgen der Gründung der Islamischen Republik Iran im Jahre 1979 ist der Export des Terrors und des aggressiven islamischen Fundamentalismus. Die PMOI ist – als die älteste und größte anti-fundamentalistische muslimische Gruppe im Nahen Osten – für die internationale Gemeinschaft und ihren Kampf gegen den islamischen Fundamentalismus, der mittlerweile den Frieden und die Sicherheit der ganzen Welt bedroht, von unschätzbarem Wert.

Wegen ihres Eintretens für einen demokratischen, toleranten Islam wird die Organisation von vielen Nahost-Experten und Politikern in Europa und Nordamerika als Alternative zum islamischen Fundamentalismus angesehen. Die moderne, moderate Deutung des Islam, die sich die PMOI zu Eigen gemacht hat, ist das polare Gegenteil alles dessen, was der fundamentalistische Islam vertritt. Die PMOI steht für ein säkulares Regierungssystem mit vollständiger Trennung von Religion und Staat. Sie strebt schon seit fast 50 Jahren nach freien und fairen Wahlen. Sie hat immer erklärt, dass die Wahlurne die einzige legitime Basis der Regierung sei – im Gegensatz zu den Fundamentalisten, die meinen, sie seien von Gott erwählt worden.

Die besondere Gefahr des iranischen Regimes liegt in der Art, wie es seine Ideologie verbreitet. Es gibt sich nicht damit zufrieden, dass es seinem Volk unbeschreibliches Elend gebracht hat; es verbreitet seinen islamischen Fundamentalismus im Irak, in Syrien, im Jemen, im Libanon und anderswo.

Was die Bedeutung der Organisation betrifft: 5,2 Millionen Iraker haben eine Erklärung unterschrieben, in der sie als Bollwerk gegen den islamischen Fundamentalismus bezeichnet wird. Aus diesem Grund genießt die PMOI im Nahen Osten immenses Ansehen. In meinen Augen kommt der PMOI und ihren Erfahrungen in dem Versuch, den islamischen Fundamentalismus in die Knie zu zwingen, der eine Krankheit ist, die sich in alarmierendem Tempo in der Welt verbreitet und ihr mit Zerstörung droht, maßgebliche Bedeutung zu. Das gnadenlose Einströmen von ISIS in riesige Teile von Syrien, des Iraks und Libyens ist dafür bezeichnend.

Die PMOI genießt enorme internationale Unterstützung. Es treffen sich zum Beispiel auf der jährlichen Versammlung in Paris, an der ich oft teilgenommen habe, annähernd 100.000 Iraner und Nicht-Iraner, um die PMOI und die demokratischen Bestrebungen des iranischen Volkes zu unterstützen. Die PMOI genießt Unterstützung durch Parlamentsmehrheiten überall in der Welt, darunter durch das Europäische Parlament und beide Kammern des britischen Parlaments. Die Unterstützung geht durch alle Parteien. Ich frage mich oft verblüfft, wie es möglich ist, dass sich Politiker von extrem entgegengesetzten Seiten des politischen Spektrums in der Unterstützung der PMOI vereinigen, wo sie doch in allen anderen Dingen verschiedener Meinung sind!

4
Interview mit politischen Gefangenen
Flüchtlingslager in Tirana/Albanien, Mai 2014

Mahnaz

(Zum Schutz der Familie im Iran wird nur ihr Vorname genannt)

„Mein Name ist Mahnaz. Im Alter von 16 Jahren wurde ich mit meiner ganzen Familie in Teheran verhaftet – Mutter, Vater, Schwester und zwei Brüder. Ein dritter Bruder war im Jahre 1981 hingerichtet worden. Er war damals 17 Jahre alt und Mitglied der PMOI. Er wurde als Schüler verhaftet, gefoltert, und nach zwanzig Tagen gab das staatliche Fernsehen die Namen von hundert Personen bekannt, die man der ‚Verderbnis auf Erden‘ angeklagt und hingerichtet hatte. Unter den Genannten war mein Bruder. Später erfuhren wir im Gefängnis, dass er während der Folter erwürgt wurde; daher haben sie seinen Leichnam niemals herausgegeben. Wir bekamen nichts weiter als die Nummer seines Grabes auf dem Friedhof Behesht-e-Zahra. Noch jahrelang weigerten sich meine Eltern zu glauben, dass er tot sei.

Ein Jahr danach wurde ich verhaftet. Wir alle wurden ins Gefängnis Evin gebracht. Meine 15-jährige Schwester und ich wurden in einen Raum gebracht. Vater und Mutter wurden getrennt. Mein 27 Jahre alter Bruder war schon früher auf der Straße verhaftet worden. Er studierte Medizin. Wir kamen in die Abteilung 7; dort hörten wir die Schreie der Gefolterten, Männer wie Frauen. Dann verlegten sie mich in einen Hinterraum und trennten mich von meiner Schwester; plötzlich hörte ich meinen Bruder schreien. Ein Mann mit dem Spitznamen Islami kam und bedrohte mich; er verlangte Informationen über die Freunde meines Bruders, wollte wissen, ob sie die PMOI unterstützten. Ich war schwer erschüttert. Ich verlangte, meinen Bruder zu sehen. Sie brachten mich zu ihm. Er war gefoltert worden; ich sah durch die Augenbinde hindurch einen Streifen von seinem Gesicht. Seine Beine waren bis zu den Knien verwundet, sehr geschwollen und mit Blut bedeckt. Auch sein Gesicht blutete. Sie verdrehten ihm die Arme, um ihn zu zwingen, meine Mitarbeit zu verlangen. Er sagte: ,Erzähle ihnen, dass du nichts getan hast ... Sie wissen nicht, dass du nichts getan hast.'

Sofort begannen zwei Männer namens Islami und Fakoor uns mit Kabeln und Stöcken zu prügeln. Sie schlugen meinen Bruder mit einem Stock auf den Mund. Dadurch wurden ihm die Zähne gebrochen. Sie beschuldigten ihn, mich zum Schweigen angewiesen zu haben. Das ging eine Stunde lang weiter. Dann brachten sie mich in eine Folterkammer, legten mich, das Gesicht zuunterst, auf ein Bett, ketteten meine Hände und Füße an und legten ein schweres Gewicht auf meinen Rücken ... Ich fühlte, dass ich erstickte. Fakoor sagte: ,Heb einfach die Hand, wenn du sprechen willst.' Dann begannen sie erneut mich zu foltern, bis ich ohnmächtig wurde. So ging es wohl vier Stunden lang, danach noch drei Tage weiter. Dann wurde ich in die so genannte Klinik des Gefängnisses von Evin gebracht, denn meine Füße waren entzündet und bluteten, so dass ich nicht gehen konnte.

Nach zwei Jahren wurde mein Bruder hingerichtet; zwei Wochen später starb mein Vater, durch diese Nachricht erschüttert, im Gefängnis an einem Herzanfall. Nach drei Monaten im Gefängnis wurden meine Mutter und mein 11-jähriger Bruder entlassen; beide waren mit Kabeln geschlagen worden. Mein Bruder war noch Jahre danach geistig verwirrt – durch die Schreie, die er gehört hatte und weil sie ihn gezwungen hatten, mitanzusehen, wie mein älterer Bruder gefoltert wurde. Damit wollten sie Informationen aus ihm herauspressen. Meine Mutter wurde noch Jahre nach ihrer Entlassung drangsaliert; auch sie starb an einem Herzanfall. So haben nur ich selbst, meine Schwester und mein jüngster Bruder überlebt. Mein Bruder darf den Iran nicht verlassen und meine Schwester sitzt seit zwölf Jahren in einem iranischen Gefängnis.

Ich wurde zu zehn Jahren und vier Jahren auf Bewährung verurteilt. Vier Jahre nach meiner Verhaftung im Jahre 1986 wurde ich freigelassen – unter der Bedingung, dass ich mich wöchentlich bei einer örtlichen Polizeiwache meldete. Das tat ich dreimal, dann floh ich. Jedesmal fragten sie mich, mit wem ich in der Woche zusammengekommen war, was ich gelesen hatte, warum ich nicht verheiratet sei, was ich dächte. Ich erkannte, dass ich fliehen musste und schloss mich der Widerstandsarmee im Irak an.“

5

Berlin

Nach Brüssel zurückgekehrt, wurde ich eingeladen, auf einer großen Kundgebung der PMOI, die im Februar 2005 in Paris stattfinden sollte, eine der Hauptreden zu halten. Ich nahm die Einladung gern an, war aber einigermaßen überrascht, als meine parlamentarische Assistentin Ingrid nach einigen Wochen den Anruf einer Dame entgegennahm, die sich als „Mrs. Felicity Brown" vorstellte und erklärte, sie sei eine ranghohe Beamtin im „Foreign and Commonwealth Office (FCO)" (Außenministerium) in Whitehall, London. Ich bat Ingrid, den Anruf durchzustellen. Mrs. Brown sagte: „Mr. Stevenson, wir haben im FCO davon Kenntnis erhalten, dass Sie - in Ihrer Eigenschaft als Mitglied des Europäischen Parlaments - im nächsten Februar auf einer Versammlung der PMOI in Paris sprechen wollen. Das FCO möchte Sie darauf hinweisen, dass wir das für eine sehr schlechte Idee halten. Die PMOI steht auf der Liste der Terrororganisationen; Ihre Verbindung mit ihr wird Ihrer politischen Glaubwürdigkeit schaden; man wird sie als Mittel der Propaganda benutzen."

Diese Äußerung befremdete mich. Ich antwortete: „Mrs. Brown, bitte versuchen Sie nicht, mir als einem gewählten Abgeordneten zu sagen, wohin ich gehen und mit wem ich zusammentreffen darf!" In wenigen Minuten erklärte ich, warum die Platzierung der PMOI an der Spitze der Terrorlisten des Vereinigten Königreichs, der Europäischen Union und der Vereinigten Staaten ungerecht sei und warum ich aktiv an ihrer Streichung von diesen Listen arbeitete.

Nach diesem Anruf kam mir ein Verdacht. Warum sollte eine ranghohe Beamtin des FCO einen gewählten Abgeordneten des Europäischen Parlaments zu kommandieren versuchen? Ich bat Ingrid, das FCO in London anzurufen und Mrs. Felicity Brown zu verlangen. Es erübrigt sich zu sagen, dass eine Person dieses Namens dort nicht existierte. Erst sehr viel später fand ich heraus, dass Mrs. Brown für MI5 (Geheimdienstministerium Abteilung 5) arbeitete. Es war eine heilsame

Lektion. Es ist unglaublich, aber mein eigener britischer Geheimdienst arbeitete daran, meine Verbindung mit der PMOI, auf die er offensichtlich aufmerksam geworden war, zu kappen. Diese Haltung bestärkte mich in meinem Entschluss, auf der Pariser Versammlung zu sprechen.

Die Kundgebung sollte am 10. Februar stattfinden – zur Erinnerung an den 26. Jahrestag der Revolution, die im Jahre 1979 den Schah gestürzt hatte. Der Nationale Widerstandsrat Iran (NWRI) hatte von den französischen Behörden die Erlaubnis zu dieser Massenversammlung in Paris erhalten. Er rechnete damit, dass etwa 40.000 Exiliraner aus aller Welt daran teilnehmen würden. Ich hatte schon Flüge von Schottland dorthin und zurück gebucht, als ich unversehens, nur zwei Tage vor der geplanten Veranstaltung, darüber informiert wurde, dass die Franzosen die Sache zum Platzen gebracht hatten. Unter massivem Druck der iranischen Mullahs, verstärkt durch eine starke Lobby von französischen Firmen, welche durch milliardenschwere Verträge mit dem Iran verbunden waren, war die französische Regierung eingeknickt. Die Erlaubnis war in der elften Stunde zurückgenommen worden.

Entschlossen, sich von den Mullahs nicht ausmanövrieren zu lassen und die vielen Freunde der PMOI, die bereits nach Europa unterwegs waren, nicht zu enttäuschen, verlegte der NWRI die Versammlung kurzerhand nach Berlin; dort gaben die Behörden der Stadt grünes Licht für eine Demonstration vor dem historischen Brandenburger Tor. Am Vorabend dieser Demonstration müssen die Telefonleitungen zwischen Teheran, Paris und Berlin heiß gelaufen sein. Denn am 10. Februar um 4 Uhr früh verbot auch die deutsche Regierung die Kundgebung. In der Morgendämmerung wurde um das Brandenburger Tor ein vier Kilometer langer Sicherheitsgürtel gezogen, um sicherzustellen, dass niemand in die Nähe des Gebietes käme. Gecharterte Flugzeuge, Busse und Privatwagen, die tausende Iraner nach Berlin bringen sollten, wurden von der deutschen Polizei angehalten und zur Umkehr gezwungen.

Auch diesmal weigerten sich die beharrlichen Dissidenten aufzugeben. Scharen von Demonstranten wanderten friedlich durch die Stadt. Sie schwenkten ihre Plakate und Fahnen, und Tausende von ihnen versammelten sich auf einem mehr als fünf Kilometer vom Zentrum entfernten Platz, um eine spontane Kundgebung abzuhalten. So fand ich mich an diesem kalten, nieseligen Februartag auf der grasbewachsenen Kuppe eines gefrorenen Berliner Platzes wieder und versuchte mir mit einem Megaphon Gehör zu verschaffen – gegen den Lärm von Polizeihubschraubern über uns und 40.000 rufenden und Flaggen schwenkenden Freunden der PMOI, die sich in den Straßen der Umgebung zusammendrängten.

Wenn die politischen Führer des Westens zur Verurteilung der herrschenden Ayatollahs wegen ihrer andauernden Förderung des Terrorismus und ihrer Entschlossenheit, Atomwaffen zu bauen, Maßnahmen ergriffen, dann würde man die Erwartung verstehen, dass zu dieser Zeit 40.000 iranische Dissidenten, die einen demokratischen Wandel im Iran fordern, freundlich empfangen würden. Doch so war es nicht in Berlin. Während ich auf einem improvisierten Podium sprach, schufen die den Platz umgebenden Reihen der grün gekleideten deutschen Polizei, in zehn Reihen gestaffelt, mit Helmen und Visieren, Schilden und Schlagstöcken und Reihen von gepanzerten Fahrzeugen hinter ihnen, mit aufleuchtenden Blaulichtern und tönenden Sirenen sowie über unseren Köpfen summenden Hubschraubern eine surreale Szene.

Man sagte mir, der Berliner Polizeichef sei eingetroffen und verlange, mit den „Organisatoren" der Versammlung zu sprechen. Ich bahnte mir einen Weg durch die grüßende, Schultern klopfende Masse der Leute zu den Reihen der Polizei und bat, mit dem Chef sprechen zu können. Einige schwer bewaffnete Polizisten führten mich durch die Reihen zu einem Beamten, dessen Uniform und Mütze von Silber funkelten und der einer Gruppe ranghoher Beamten Befehle erteilte. Ich drängte mich in ihren Kreis und hielt meinen Abgeordnetenpass hoch, erklärte, ich sei ein gewähltes Mitglied des Europäischen Parlaments und leite eine loyale, friedliche Versammlung in Berlin. Der Polizeichef nahm stramme Haltung an und starrte mir in die Augen. „Dies ist eine illegale Versammlung; diese Leute versperren die Straßen und die Zugänge zu diesem Platz. Im Notfall könnten Feuerwehr und Krankenwagen nicht durchdringen. Ich gestatte Ihnen, wenn auch widerwillig, die Fortsetzung der Versammlung nur unter der Bedingung, dass alle Teilnehmer das Straßenpflaster verlassen und sich auf das Gras in der Mitte des Platzes begeben. Wenn Sie dieser Anweisung nicht nachkommen, werden meine Leute Sie alle festnehmen." Ich versicherte dem Chef, dass ich verstanden hätte und mein Bestes tun würde, um die Straßen frei zu bekommen.

Dann drängte ich wieder zu der Menge, die Sprechchöre skandierte, und kehrte zu dem Podium in der Mitte des Rasengeländes zurück. Ich ergriff das Megaphon und gebot Ruhe, obwohl das Dröhnen der

Hubschrauber mein Reden übertönte. „Ich habe mit dem Polizeichef gesprochen," sagte ich. „Wir können unsere Versammlung nur dann fortsetzen, wenn Sie sich von den Straßen auf den Rasen begeben. Sie müssen den Weg für Feuerwehr und Krankenwagen freigeben, sonst werden wir alle von der Polizei festgenommen!"

Diese Erklärung wurde mit lauter Zustimmung beantwortet; die Menge begann, sich auf den Rasen zuzubewegen. Bald waren die Straßen frei. Der Sicherheitsgürtel der Polizei schloss eng auf die Menge auf, um sicherzugehen, dass niemand den Rasen verließ. Dann rief ich meine Botschaft ins Megaphon: „Freiheit und Demokratie für das unterdrückte Volk des Iran" – mit donnerndem Applaus.

Danach improvisierte ich an Ort und Stelle mit sieben weiteren Abgeordneten eine Pressekonferenz, um das ungerechtfertigte deutsche Verbot der am Brandenburger Tor vorgesehenen Versammlung zu verurteilen. Kurz vor deren Ende wurde bekannt gegeben, dass ein Berliner Gericht einem Antrag der PMOI auf einstweilige Anordnung stattgegeben hatte. Das Gericht hatte angeordnet, die Demonstration könne nun doch am Brandenburger Tor stattfinden. Die deutsche Justiz hatte gegen die Beschwichtigungspolitik entschieden. Der Anblick von zehntausenden Iranern, die auf dem Wege zum Brandenburger Tor Bilder von Maryam Rajavi schwenkten und Siegeszeichen machten, brachte die Berliner in Stimmung, die mit Zurufen und Applaus antworteten.

Erstaunlicherweise hatten die Mitarbeiter der PMOI, als wir, umringt von den Scharen der Sicherheitspolizei und immer noch bedrängt von Panzerfahrzeugen und Hubschraubern, am Brandenburger Tor eintrafen, das Podium, mit dessen Abbau sie nach Eintreffen der Verbotsnachricht begonnen hatten, schon wieder aufgebaut. Große Fahnen drapierten die Bühne, und an Pfählen angebrachte Lautsprecher machten klar, dass die Megaphone nun überflüssig waren. Ich stieg unter ohrenbetäubenden Rufen auf das Podium und genoss den Adrenalinausstoß, den die Aufgabe, vor einem der berühmtesten Wahrzeichen Berlins zur Menge zu sprechen, hervorrief. An jenem grauen Februarnachmittag in Berlin sah ich zu meiner Linken hin, während die Menge rief: „Nein zur Beschwichtigung, nein zu einem auswärtigen Krieg. Helft dem iranischen Volk und seinem Widerstand, den demokratischen Wandel herbeizuführen!"

Wenn man das Brandenburger Tor und das berühmte Hotel Adlon passiert hatte, kam man zu dem offenen Gelände über dem Bunker Hitlers.

Hier hatte der Führer der Nazis im Jahre 1945 Selbstmord begangen und damit sein mörderisches Regime beendet. Dieser Ort eignete sich gut als Szene des Rufes nach der Beendigung einer weiteren üblen Diktatur. Während Beharrlichkeit und Mut der iranischen Dissidenten die Berliner Versammlung zu einem großen Erfolg werden ließ, riefen die wie reflexartigen Verbotsentscheidungen von Paris und Berlin in mir ernste Besorgnis hervor. Worauf zielte die europäische Iranpolitik?

Als Tony Blair in der ersten Februarwoche des Jahres 2005 widerwillig einräumte, das iranische Regime „fördere den internationalen Terrorismus" und sich auch die Außenminister Frankreichs und Deutschlands besorgt über die Politik des Iran äußerten, entsprach das eher dem amerikanischen Druck als dem Wunsch, Teheran zu kritisieren. Tony Blair, der deutsche Kanzler Gerhard Schröder und der französische Präsident Jacques Chirac führten die verfehlte Politik eines „Engagements" für den Iran an, die zu nichts geführt hätte als zu einer Stärkung der radikalsten Fraktionen des theokratischen Regimes. Jack Straw, Außenminister des Vereinigten Königreichs, war immer wieder nach Teheran gereist, in dem eifrigen Bemühen um eine diplomatische Politik, die nur allzu sehr an Neville Chamberlains Motto „Frieden in unserer Zeit" - seiner Beruhigungspille gegenüber dem Faschismus - erinnerte.

Es wurde mir zunehmend klarer, wie verfehlt diese Politik gewesen war. Es lag bereits damals am Tage, dass die Mullahs nicht die Absicht hatten, ihr immer ehrgeizigeres Streben nach dem Bau einer Atombombe aufzugeben. Nach einem Jahrzehnt scheinen wir aber diese Lektion immer noch nicht gelernt zu haben. Im Jahre 2005 hatten die Mullahs bereits das System der Shahab-3-Rakete entwickelt, die in der Lage ist, einen nuklearen Sprengkopf bis zu 1.000 km weit zu befördern. Der stellvertretende iranische Außenminister Gholamali Khoshru hatte während eines Auftritts im Europäischen Parlament gelogen, diese Raketen dienten nur zu Zwecken der Verteidigung – zum Schutz des Iran vor seinen unmittelbaren Nachbarn im Nahen Osten. Doch warum, so wurde er gefragt, entwickelte der Iran dann eine neue Generation von Raketen, die in der Lage sein würden, Berlin, Paris und London zu erreichen?

Es schien sonnenklar: Die Beschwichtigungspolitik würde niemals zum Erfolg führen. Je mehr die EU die Mullahs zu besänftigen suchte, um so repressiver wurde ihr Regime. Immer wieder wies ich in meinen Reden vor dem Europäischen Parlament darauf hin. In den 26 Jahren seit dem Sturz des Schahs hatte Teheran 120.000 Opponenten hingerichtet. Routinemäßig wurden Frauen öffentlich erhängt bzw. gesteinigt. Delinquenten wurden regelmäßig in der Öffentlichkeit ausgepeitscht. Straftätern wurden Glieder amputiert und Augen ausgeschabt. Demokratie, Meinungsfreiheit und Menschheit – das waren im Iran offenkundig Fremdwörter, in demselben Iran, in dem die Mullahs al Quaida zu Gast hatten und ohne Grenzen Geld und Agenten in den blutigen Aufstand fließen ließen, der nun im benachbarten Irak tobte. Der Westen hat sich zu all dem verhalten wie ein Blinder. Ölverträge und Geld waren wichtiger als die Menschenrechte.

Frau Rajavi und ihre Verbündeten im NWRI hatten ein politisches Programm erstellt, nach dem eine säkulare Demokratie im Iran aufgebaut werden konnte. Ihre Tätigkeit entnervte die Ayatollahs in Teheran. Wenn Großbritannien, Frankreich und Deutschland einen zeitweiligen Stillstand des iranischen Nuklearprogramms verlangten, antworteten die Mullahs immer mit ihrer Hauptforderung: die PMOI auf der Terrorliste zu belassen. Die EU akzeptierte diese aberwitzige Forderung, spielte dadurch Teheran in die Hände und legte den einzigen handlungsfähigen Gegnern des islamischen Fundamentalismus Fesseln an.

Das geheime Nuklearprojekt des Iran, das die PMOI dem Westen enthüllt hat, hatte sich Zug um Zug zu einer Herausforderung der internationalen Gemeinschaft entwickelt. Diese Herausforderung wurde durch die „Wahl" Mahmoud Ahmadinejads zum Präsidenten im Jahre 2005 nur noch bedrängender. Ahmadinejad, Sohn eines Schmieds, war ein populistischer Hardliner, der Amerika als „den großen Satan" bezeichnete und das Recht des Iran auf sein Nuklearprogramm hartnäckig verteidigte. Er leugnete den Holocaust, verlangte, man solle Israel „von der Landkarte auslöschen", und genoss anfangs die uneingeschränkte Unterstützung des Höchsten Führers Ayatollah Khamenei, der seine radikale Haltung begrüßte. Doch die internationale Gemeinschaft wurde durch Ahmadinejads Aufstieg zur Macht beunruhigt. Es wurde geltend gemacht, er sei während der berüchtigten Belagerung der amerikanischen Botschaft in Teheran, im Jahre 1979, einer der Geiselnehmer gewesen, was er wütend dementierte. Er hatte aber wie die meisten mächtigen Figuren der iranischen Elite seine Zeit im brutalen Korps der Islamischen Revolutionsgarden (IRGC) abgeleistet. Trotz alledem glaubten Jack Straw und andere politische Führer in Europa immer noch, Beschwichtigung sei der richtige Weg.

Indem sie ihr Leben aufs Spiel setzten, um weitere Kenntnis von den nuklearen Absichten der Mullahs zu erhalten, versetzten sich Agenten der PMOI in die Lage, dem Westen zu berichten, dass das Programm nicht mehr von Wissenschaftlern geleitet werde, sondern der Kontrolle des Militärs übergeben worden sei. Das IRGC, dessen Aufgabe seit 1979 darin bestand, Khomeinis Revolution zu verteidigen, war nun mit der Leitung des Waffenprogramms beauftragt. Damit wurde die Behauptung der Mullahs, ihr Atomprogramm diene nur der Energiegewinnung, endgültig als Lüge entlarvt.

6

Interviews mit politischen Gefangenen
Flüchtlingslager in Tirana (Albanien), Mai 2014

Azam Hadj Heydari

Mein Name ist Azam Hadj Heydari. Ich war Lehrerin, denn ich wollte meinem Volk dienen, dessen Leben voll von Leid war; es war mein Beruf, durch Bildung Leben zu schaffen. Meine Schule lag in einer verarmten Gegend Süd-Teherans. Jeden Morgen klagten die Schüler über den Verlust der Freiheit, die sie erhofft hatten, als sie sich des Schahs entledigten. Also suchte ich nach einer neuen Richtung und fand die PMOI.

Nach vier Jahren nahm das Regime mich fest und meine Familie wurde entzweit. Wir versuchten, unser Ziel mit friedlichen Mitteln zu erreichen; als ich 21 Jahre alt war, hatten sie mich schon viermal verhaftet und in geheime Häuser gebracht. In einem neuen, namenlosen und geheimen Gefängnis, das Khomeini geschaffen hatte, wurde ich gefoltert. Häuser, die einst dem Schah gehört hatten, waren zu geheimen Gefängnissen gemacht worden. Ich wurde 15 Tage lang festgehalten und bekam nur Wasser, aber nichts zu essen. Man sagte uns, wir sollten uns die Idee der Freiheit aus dem Kopf schlagen; das Ziel der Revolution sei die absolute Herrschaft der Geistlichkeit. Schließlich wurde ich barfuß auf die Straße geworfen und ging nach Hause.

Im Sommer 1981 sah ich meinen Bruder auf der Straße. Ich wusste, er würde mich verraten, denn er war gegen die PMOI. Ich ging nachts um 1.30 Uhr zu meiner Tante. Eine Viertelstunde danach klingelte es an der Tür. Ich sah aus dem Fenster; der Platz war umstellt von Revolutionsgardisten, mein Bruder war auch dabei. Nach zehn Minuten schlugen sie auf die Tür ein. Sie zerbrachen das Glas, kamen ins Haus; meine Kusine und ich wurden verhaftet. Uns wurden die Augen verbunden und wir wurden mitgenommen.

Sie fuhren uns stundenlang herum, damit wir nicht merken sollten, wohin es ging. Endlich wurde ich in eine einen Quadratmeter große Zelle gebracht. Einmal am Tag wurde mir ein schmutziger, zerbrochener

Teller mit Essen durch die Tür geschoben. Ich wurde 25 Tage lang festgehalten und nur zum Gebet aus der Zelle gelassen. Eines Tages hörte ich jemand schreien; es war meine ältere Schwester. Sie bedrohten und folterten sie, um Druck auf mich auszuüben. Meine Schwester wurde auf einen elektrischen Stuhl gesetzt – sie hofften, Informationen über mich aus ihr herauszupressen; aber wir beide sagten nichts. Einen Monat später wurden wir aus der Zelle geholt und mit gewöhnlichen Häftlingen zusammengebracht. Meine Schwester wurde in die Zelle gesteckt, die der meinen gegenüber lag. Immer noch drohten sie uns zu töten. Nach 20 Tagen wurden meine Schwester und ich geknebelt ins Gefängnis Evin gebracht.

Dort wurden wir gefoltert. Der Winter 1982 war bitter kalt; in unserem Zellenblock waren 500 Menschen. Einmal in der Woche konnten wir zehn Minuten lang kalt duschen. Es waren dort 80-jährige Frauen, auch Schwangere, dann Frauen, die von der Folter furchtbar verletzt waren und Kinder, die erst vier Jahre alt waren. Das Regime wollte vollkommene Stille als psychologische Folter. Die Fenster des Gefängnisses waren vergittert und ließen kein Licht durch. Trotzdem waren wir voller Energie und entschlossen weiterzukämpfen. Eines Tages wurden 80 von uns hinausgeführt und gezwungen, von sechs Uhr morgens bis neun Uhr abends im tiefen Schnee zu stehen. Die Kälte war unerträglich. An einem anderen Abend hörte ich, wie jemand an die Wand der Nachbarzelle klopfte, um eine Nachricht zu übermitteln. Es war Masoumeh Azadanlou, die schwangere Schwester von Frau Maryam Rajavi. Sie war schlimm gefoltert worden. Sie sagte: „Seid tapfer und denkt daran, Kämpfer der PMOI werden nie müde, sie kämpfen immer weiter." Sie hatten ihr vier Tage lang lebende Schlangen in die Zelle gesetzt, aber die taten ihr nichts. Kurz danach wurde sie hingerichtet.

Wir wurden eine Woche lang jeden Tag gezwungen, im Schnee zu stehen, und zwar den ganzen Tag durch. Ich wurde in ein anderes Gefängnis verlegt und in eine winzige Zelle gesteckt, wo vollkommene Stille herrschte. Jedes kleinste Geräusch wurde mit schweren Schlägen bestraft. Ein Wächter rief, Mohammad werde uns mit Stöcken schlagen und drohen, uns dort zu behalten, bis unsere Zähne schwarz wären und unser Haar grau geworden sei. Nach zehn Jahren Gefängnis ließen sie meine Schwester und mich endlich frei. Ich konnte aus dem Iran entkommen, konnte aber infolge der Folter nicht mehr richtig gehen. Nachdem ich den Iran verlassen hatte, schloss ich mich den Reihen des Widerstandes im Irak an.

7

London

Unsere Kampagne zur Streichung der PMOI von den Terrorlisten Großbritanniens und der EU kam nun auf Hochtouren. Im Europäischen Parlament und in den Parlamenten aller EU-Länder fand intensive Aufklärungsarbeit statt. Hervorragende Anwälte und Rechtsexperten stellten Beweismittel zur Vorlage bei den Gerichten zusammen.

Die PMOI/MEK wurde zum ersten Mal im Jahr 1997 auf die von den Vereinigten Staaten geführte Liste ausländischer Terrororganisationen gesetzt – Reaktion auf eine direkte Forderung der iranischen Mullahs an Präsident Bill Clinton. Am 9. Oktober 1997 zitierte die *Los Angeles Times* einen ranghohen Politiker mit den Worten, die PMOI sei „in einer Geste guten Willens gegenüber Mohammad Khatami, dem neuen iranischen Präsidenten", auf die Terrorliste der USA gesetzt worden. Am 26. September 2002 sagte Martin Indyk, ein ranghoher Vertreter der US-Regierung, im Jahr 1997 Sonderassistent Präsident Bill Clintons und Leiter der Nahost- und Südostasienangelegenheiten im Nationalen Sicherheitsrat der USA, in der Zeitung *Newsweek*: „Die Ächtung der Modjahedin als Terroristen war ein Teil von Clintons Politik der Wiederannäherung an Teheran."

(Im Oktober 1999 wurde die Verfemung revidiert; sie galt ab jetzt für zwei Organisationen, die das US-Außenministerium zu Tarnorganisationen der MEK erklärte: die PMOI und den NWRI.) Am 15. August 2003, einige Monate nach der Invasion im Irak, schlossen die USA die Büros der PMOI/MEK und des NWRI in Washington. Damit wurde ein Versprechen eingehalten, das Amerika den Ayatollahs am Vorabend der Invasion gegeben hatte. Der britische Außenminister Jack Straw ließ die PMOI im März 2001 auf die Terrorliste des Vereinigten Königreichs setzen. Die EU stufte die PMOI im Mai 2002 als Terrororganisation ein – auf besonderes Verlangen der Regierung des Vereinigten Königreichs; ihre Vermögen wurden eingefroren.

Im Februar 2006 befasste sich das Europäische Gericht erster Instanz mit dem Fall; gemeinsam mit Alejo Vidal-Quadras, dem Vizepräsidenten des Europäischen Parlaments, und einigen angesehenen Persönlichkeiten wie der früheren First Lady Frankreichs, Danielle Mitterrand, nahm ich in Luxemburg an der Gerichtsverhandlung teil. Die Anwälte, die die EU vertraten, hatten nicht viel zu sagen und unterstrichen einfach die Autorität und Kompetenz der EU. Am 12. Dezember 2006 entschied das Gericht, die EU habe sich nicht an die Regeln eines korrekten Verfahrens gehalten; sie habe es versäumt, die PMOI über die Einfrierung ihrer Vermögen in Europa zu informieren. Es ordnete die Freigabe der Vermögen an.

Der Europäische Ministerrat entschloss sich, diese Entscheidung mit einem außergewöhnlichen Schachzug unwirksam zu machen. Er war gewohnt, die Liste der Terrorgruppen und einzelner Terroristen alle sechs Monate zu revidieren. In diesem Fall betrieb er ein schmutziges Spiel: Er behauptete, das Europäische Gericht habe die Entscheidung der EU während der ersten Hälfte des Jahres 2006 aufgehoben, doch während der zweiten Hälfte desselben Jahres sei die PMOI auf eine neue Liste gesetzt worden! Mit diesem scheinbar endlosen Kreislauf wollte der Ministerrat das Terroretikett an der PMOI bestehen lassen.

Inzwischen hatten im Vereinigten Königreich 35 ranghohe Mitglieder des Unter- und Oberhauses aus allen drei großen britischen Parteien Klage gegen den Innenminister erhoben, weil er sich weigerte, die Einstufung der PMOI als Terrororganisation aufzuheben. Die britische Regierung strengte sich enorm an, das Gericht an einer Entscheidung zugunsten der PMOI zu hindern. Ein weiterer sonderbarer Trick: Im August 2007 schrieb sie einen Brief, in dem sie auf die Gefahren hinwies, die von einer Streichung ausgehen könnten. Sie sprach die Befürchtung aus, das iranische Regime könnte Vergeltung üben und den britischen Interessen schaden. Sie drängte das Gericht, es solle, bevor es eventuell der PMOI ihre Streichung von der Liste mitteilte, zwei Wochen zuvor die Regierung von einer solchen Entscheidung in Kenntnis setzen. Es war offenkundig ein weiterer Versuch, die Streichung der PMOI von der Terrorliste des Vereinigten Königreichs zu verhindern. Das Gericht akzepierte dieses Ansinnen aber nicht.

Am Freitag, dem 30. November 2007 gaben die Richter der Berufungskommission für verbotene Organisationen (POAC) nach fünf Tagen öffentlicher Vernehmungen, einigen Tagen juristischer Diskussionen hinter verschlossenen Türen und vier Monaten intensiver Überlegungen ein Urteil heraus, das 144 Seiten lang war und 362 Punkte enthielt. Sie stellten fest, die Aufnahme der „Organisation der Volksmodjahedin Iran (PMOI)" in die Liste verbotener Organisationen sei nichtig und widerrechtlich. Innenministerin Jacqui Smith von der Labour-Partei legte gegen dieses Urteil Berufung ein, doch das Gericht wies sie zurück und ordnete an, die Aufnahme der PMOI in die Liste der Terrororganisationen müsse nach einer Debatte in beiden Kammern des Parlaments widerrufen werden. Im Juni 2008 wurde die PMOI schließlich von der Terrorliste des Vereinigten Königreichs gestrichen.

Während des Verfahrens bei der Berufungskommission für verbotene Organisationen (POAC) und beim Berufungsgericht verlangten die Anwälte der 35 Abgeordneten beider Kammern, die ursprünglich bei der POAC die Revision beantragt hatten, Einsicht in das gesamte so genannte „vertrauliche" Material, mit dem die Regierung des Vereinigten Königreichs die Behauptung, die PMOI sei terroristisch, zu belegen versucht hatte. Entsprechend wurden den Gerichten Hunderte von Seiten sorgfältig zensierter Akten vorgelegt. Darunter befanden sich auch Einzelheiten des mysteriösen Anrufs von Mrs. Felicity Brown, der Dame, die vorgab, im Außenamt zu arbeiten, sich aber dann als für den britischen Geheimdienst tätig herausstellte. Es fanden sich Aufzeichnungen von unserem Gespräch, einige Seiten lang; dabei gab die Beamtin von MI5 offen zu, ich hätte den Eindruck gemacht, über die PMOI „gut informiert" zu sein.

Zu den Akten gehörte auch ein detaillierter, fast wörtlicher Bericht von einem Gespräch, um das mich in Brüssel ein ranghoher Beamte des FCO („Foreign and Commonwealth Office", das britische Außenministerium) gebeten hatte. Ich glaubte, er sei ins Europäische Parlament gekommen, um mit mir über internationale Fischereiabkommen zu sprechen, da ich damals der Vorsitzende des Fischereiausschusses war. Das Treffen stellte sich jedoch als ein weiterer Versuch heraus, mich zur Aufgabe meiner Beziehungen mit der PMOI zu zwingen. Ich fuhr aus der Haut und sagte dem Beamten meine Meinung: ich erinnerte ihn daran, dass er ein besoldeter Beamter sei, mich dagegen hätten die Bürger Großbritanniens gewählt. Ich schärfte ihm ein, er solle seinen politischen Oberen sagen, ich ließe mich auf diese Weise nicht einschüchtern und schurigeln; ihre Politik gegenüber dem Iran und ihre Ächtung der PMOI seien schlicht und einfach falsch. Ich verlangte Beweise zur Stütze der Behauptungen, die PMOI sei in terroristischen

Unternehmungen befangen. Er sagte mir, diese Beweise seien viel zu sensibel, um einem bloßen Mitglied des Europäischen Parlaments überlassen zu werden; sie seien eben „vertraulich". Es war ein sehr schlecht gelaunter Wortwechsel; er war in den der POAC vorgelegten „vertraulichen" Dokumenten zur Gänze wiedergegeben.

Ebenso erstaunlich, obwohl am Ende doch nicht überraschend, war Folgendes: Ein großer Teil der angeblich unabhängigen Beweise, auf denen die Entscheidung der Regierung des Königreichs, die PMOI als terroristische Organisation einzustufen, beruht hatte, stammte, wie sich herausstellte, von zwei Individuen, die im Vereinigten Königreich lebten und als bezahlte Agenten der Mullahs in Teheran bekannt waren! Der iranische Staatsbürger Massoud Khodabandeh war vom MOIS, dem iranischen „Ministerium für Nachrichten und Sicherheit", in den späten neunziger Jahren angeworben worden, seine Frau Anne Singleton, eine Britin, im Jahre 2002.[1] Beide waren vom Iran ausgebildet worden und durch Artikel in der Presse und Propaganda bekannt, mit denen sie die PMOI, ihre Leitung und ihre Freunde ständig zu beschmutzen suchten. Es war grotesk, dass die Regierung des Vereinigten Königreichs ihre Terrorismusvorwürfe mit Beweismaterial belegte, das von zwei Agenten des MOIS stammte. Die ganze Sache war eine Farce und stellte die Schmierenkomödie der Beschwichtigung bloß, in der Blair und Straw sich engagiert hatten. Kein Wunder, dass der Berufungsausschuss ein so vernichtendes Urteil sprach.

In dem Urteil der Berufungskommission (POAC) heißt es: „Die Berufung gegen die Weigerung des Ministers, die PMOI von der Terrorliste zu streichen, ist zulässig." „Wir ordnen an, der Minister möge dem Parlament entsprechend Abschnitt 3(3)(b) des Gesetzes von 2000 den Entwurf eines Befehls vorlegen, mit dem die PMOI von der Liste der verbotenen Organisationen als Punkt 2 des Ablaufplans gestrichen wird." Ferner stellte das Urteil fest: „Nach sorgfältiger Prüfung des gesamten uns unterbreiteten Materials sind wir zu dem Schluss gekommen, dass die Entscheidung der ersten Instanz zutreffend als pervers charakterisiert werden kann. Wir räumen ein, dass es ungewöhnlich ist, in einem Urteil auf Perversität zu erkennen. Jedoch glauben wir, dass diese Kommission sich in der (vielleicht ungewöhnlichen) Lage befindet, alles für diese Entscheidung relevante Material vorliegen zu haben. In unseren Augen entspricht dies einer Forderung des Gesetzes von 2000 sowie den

---

1 In einem Bericht des Pentagon von Januar 2013 wurden Massoud Khodabandeh und Anne Singleton als ausgebildete Agenten des MOIS identifiziert.

Regeln, die die Kommission eingeführt hat. Das uns vorliegende Material ist daher umfassender und detaillierter als die Beweise, die üblicherweise einem Richter im Verwaltungsgericht vorliegen."

Während die gerichtlichen Auseinandersetzungen ihre Wellen schlugen, erneuerte der Europäische Ministerrat in offener Herausforderung der Gerichte am 15. Juli 2008 die Ächtung der PMOI. Am 4. Dezember desselben Jahres annullierte das Gericht in erster Instanz die erneuerte Ächtung vom 15. Juli und ordnete wiederum die Streichung der PMOI von der Terrorliste und die Freigabe ihrer Vermögen an. Trotz dieser Entscheidung unternahm der Europäische Rat, von Teheran unter Druck gesetzt, noch weitere Versuche, den Gerichten zu trotzen. Doch Mitte Dezember verwarf das Europäische Gericht in erster Instanz „als offenkundig unzulässig" alle Versuche der Regierungen der EU, die Ausführung seiner Entscheidung vom 4. Dezember hinauszuzögern. Das Ergebnis war, dass nach einem Zermürbungskrieg, der Jahre gedauert hatte, die PMOI am 26. Januar 2009 endgültig von den Terrorlisten der EU gestrichen wurde. Die Gerechtigkeit hatte endlich gesiegt.

Dass die Regierungen des Vereinigten Königreichs, Frankreichs und anderer europäischer Länder sich herbeigelassen hatten, den Gerichten zu trotzen, war atemberaubend. Die britischen Richter der Berufungskommission (POAC) hatten den Fall in seiner Substanz bis in die Einzelheiten behandelt und entschieden, dass die Entscheidung des britischen Innenministers, die PMOI auf der Liste der verbotenen Organisationen stehen zu lassen, „pervers" war. Trotz alledem schickte die Regierung einen Minister minderen Ranges mit der albernen Mitteilung ins Rennen, sie „erkenne" das Urteil des Gerichts „nicht an" und werde dagegen in Berufung gehen. Sie wandten alle juristischen und politischen Tricks an, um die Gerichte in die Knie zu zwingen.

Die ganze Angelegenheit ist durchsetzt von einer langen, beschämenden Reihe von groben Fehlern, die der Regierung Blair in Westminster zuzurechnen sind: in der Art, wie sie ihre Beziehungen zum Iran pflegte und mit der PMOI umging, hatte sie sich schwer vergriffen. Es war allgemein bekannt, dass Jack Straw als Außenminister öfter nach Teheran gereist war als in irgendeine andere Hauptstadt der Welt außer Brüssel und Washington. Aber die Vereinbarungen, die er mit den faschistischen Mullahs traf, haben auf dem Ansehen Großbritanniens einen unauslöschlichen Schandfleck hinterlassen. Er hatte in einem Interview mit der BBC zugegeben, dass er die PMOI auf direktes

Verlangen der Mullahs hin auf die britische Terrorliste gesetzt hatte. Die Herren in Teheran fürchteten mehr als alles andere die Kraft dieser populären Oppositionsbewegung, ihr verhasstes Regime zu stürzen. Außerdem drängten die Mullahs Straw, die PMOI auf die Terrorliste der EU zu setzen; für den Fall seiner Weigerung drohten sie ernste negative Folgen für die Interessen des britischen Handels im Iran an. Jack Straw bewies seine charakteristische Schwäche und spielte bereitwillig mit – und dies, obwohl er als Abgeordneter der Labour Party, als sie noch in der Opposition war, die PMOI offen unterstützt hatte.

Niemand hätte ahnen können, dass die Bürokraten der EU, denen die Rechtssicherheit anvertraut war, sich derart verrenken würden, um Mittel gegen die Gerichte zu finden, indem sie jene Herrschaft des Rechts verhöhnten, auf der die Institutionen der Europäischen Union und ihrer Mitgliedsstaaten beruhen. Es war skandalös und schandhaft, wie sie die Herrschaft des Rechts verletzten und die Meinung des EU-Ministerrates höher achteten als die höchsten Gerichte der EU, alles in einem weiteren jämmerlichen Versuch, den Iran zu beschwichtigen.

In einer Rede vor dem Europäischen Parlament in Straßburg sagte ich:

> „Die Entscheidung des Ministerrates hat eine Grenze überschritten, die bisher in Europa unbestritten war. Während der Präsident der Mullahs, Mahmoud Ahmadinejad, zur Vernichtung Israels aufruft und der Iran westlichen Geheimdiensten zufolge nur noch wenige Jahre von der Fähigkeit entfernt ist, seine atomare Drohung wahr zu machen, steht es dem Europarat übel an, seine verfehlte Beschwichtigungspolitik fortzusetzen. Die iranischen Revolutionsgarden streunen im Irak herum, stacheln die Menschen zum Aufstand an, töten verbündete Soldaten und ermorden zahllose unschuldige Zivilpersonen. Da muss der Ministerrat Teheran aus einer Position der Stärke entgegentreten, anstatt Feigheit und Schwäche an den Tag zu legen. Die Europäische Union muss die unterstützen, die den Mullahs Widerstand leisten, anstatt ihr Ansehen mit Lügen und Verfälschungen zu trüben. Die EU und die 500 Millionen Einwohner, die sie vertritt, sind stolz auf ihre Demokratie und deren Prinzipien. Es besteht die Gefahr, dass diese von einigen Bürokraten kompromittiert werden, die das Terroretikett zum Feilschen nutzen wollen, zu Geschäften mit dem Regime, das einer der führenden Sponsoren des Terrors in der Welt ist. Gerade im Kampf gegen den Terroris-

mus müssen wir auf unsere Moral und unsere demokratischen Prinzipien setzen. Wodurch wird sich sonst unsere Demokratie von den Diktaturen unterscheiden, die wir verachten? Es ist Zeit, dass die Bürokraten der EU das befolgen, was sie predigen. Sie müssen die Entscheidung des Europäischen Gerichtshofs beachten und die PMOI ein für alle Mal von ihrer Terrorliste streichen."

Der Terrorismus ist die größte Bedrohung unserer Zeit. Die Terroristen bringen nicht nur unser Leben in Gefahr, sie fordern auch unsere Freiheiten und unser demokratisches Regierungssystem heraus. Die Demokratie unterscheidet sich von der Tyrannei durch das System der Kontrolle und des Gleichgewichts. Einige Bürokraten der EU erwogen, dieses geheiligte Prinzip der politischen Opportunität zu opfern; das machte die Sache in meinen Augen fast verzweifelt schwierig. Noch verwirrender war dabei die Tatsache, dass denselben politischen Führern der Schutz unseres demokratischen Systems anvertraut worden war. Dass sie versuchten, unter dem Deckmantel des Kampfes gegen den Terrorismus das System zu unterhöhlen, war besonders pervers.

Seit den späten 90er Jahren stand die Angelegenheit PMOI auf der Tagesordnung der Verhandlungen zwischen der EU und dem iranischen Regime – ein fruchtloser Versuch, Teheran zur Mäßigung zu bewegen. Zum Beispiel berichtete am 21. Oktober 2004 *Agence France-Press*:

> „Laut dem Text, der die die iranische Nuklearprogramm betreffenden europäischen Vorschläge einleitet, unterstrichen EU 3, wenn der Iran mit der EU zu einer Einigung über ein Nuklearprogramm kommt, würden wir auch weiterhin die PMOI (eine iranische Widerstandsgruppe) als Terrororganisation ansehen."

Dieses offizielle Papier machte es überdeutlich: Es ging allein um die Beschwichtigung der Mullahs und hatte überhaupt nichts mit den Verdiensten und dem Handeln der iranischen Widerstandsgruppe zu tun.

Die in vielen Jahren unablässige Entschlossenheit der PMOI, ihr Ansehen wiederherzustellen und sich von dem ungerechten, ungesetzlichen Terroretikett zu befreien, war zu einem geradezu klassischen Beispiel für den Kampf zwischen David und Goliath geworden. Der Sieg in den britischen Gerichten und – danach – den Gerichtshöfen der EU war für die PMOI ein erster bedeutender Vorschmack des Erfolgs und für die Mullahs in Teheran ein schwerer Schlag. Er war auch ein klarer Beweis, dass die PMOI und ihr internationales Netzwerk von Freunden das Unmögliche erreichen konnten.

8

Interviews mit politischen Gefangenen
Flüchtlingslager in Tirana (Albanien), Mai 2014

Najmeh Hadj Heydari

Mein Name ist Najmeh Hadj Heydari. Ich bin Azams Schwester [vgl. Kapitel 6]. Ich wurde im Jahre 1982 in der Stadt Saveh verhaftet und in das Teheraner Gefängnis Evin gebracht. Ich kam in die Folterkammer; dort sagte ich, ich sei schwanger. Sie glaubten mir nicht und begannen, mich mit Kabeln zu foltern; sie peitschten mich auf die bloßen Fußsohlen. Im öffentlichen Gewahrsam fragten sie mich, wie ich über die Mullahs und Khomeini dächte. Ich sagte, sie verdienten den Tod, weil sie dem iranischen Volk die Freiheit weggerissen hatten. Nach einer halben Stunde brachten sie mich in die Abteilung 311, die Strafabteilung.

Dort befanden sich in jeder Zelle sechs oder sieben Personen; die meisten warteten auf ihre Hinrichtung. Die Zelle wurde dreimal am Tag zum Essensempfang geöffnet. Bald wurde sie nur noch einmal geöffnet. Ich wurde 45 Tage lang in Einzelhaft gehalten und durfte von dort nur zum Waschraum gehen. Wir durften nicht duschen und hatten kein Bettzeug. Ich fror. Nach 45 Tagen wurde ich in die größere Zelle zurückgebracht. Ein Mädchen namens Maryam Yazdi Ostovar, das erst 16 Jahre alt war, hatte an ihrem linken Bein eine blutige Wunde; ihre Füße waren in der Folter zerfetzt worden und geschwollen. Die Ärzte hatten Haut von ihrem Bein abgenommen, um ihre Füße zu heilen. Sie kam aus der Stadt Qazvin und sagte mir, ihr Bruder sei hingerichtet worden. „Sie wollten Informationen aus mir herauspressen und peitschten mir unaufhörlich die Fußsohlen und zerfetzten sie. Am Ende sahen sie ein, dass ich ihnen nichts zu sagen hatte; dann operierten sie mir die Füße, um sie zu heilen."

Später bemerkte ich, dass Maryam wieder zum Verhör abgeführt worden war. Durch ihre Augenbinde hindurch konnte sie eine der Personen erkennen, die auch verhört wurden. Nach einer halben Stunde wur-

45

de sie wieder hinausgeführt und verschwand für zwei Wochen. Als sie zurückkam, konnte sie nur noch auf Knien gehen. Sie bat um ein Exemplar des Korans und legte sich an der Wand nieder, nahm den Koran auf ihre Brust und erzählte mir, was geschehen war. Ihre Füße waren zerschmettert. So ging es eine Woche lang. Weil sie nicht stehen konnte, banden sie sie fest, um sie aufrecht zu halten und weiter zu foltern. Nachdem sie uns dies erzählt hatte, sagte sie: „Lasst mich allein!" Um fünf Uhr früh wurde die Tür unserer Zelle zum Gebet geöffnet; sie konnte nicht aufstehen. Wir gingen zum Gebet; als wir zurückkamen, fanden wir sie tot. Die Wächter zwangen uns, an der Wand zu stehen, bis ihr Leichnam fortgebracht worden war.

Eine andere Frau namens Razieh Ayatollahzadeh Shirazi, eine Studentin, die sich in der Zeit des Schah der PMOI angeschlossen hatte, war schwanger und war gefoltert worden. In Abteilung 311 war eine Bäckerei; ihre Hitze verbreitete sich auf dem Boden des Gefängnisses. Sie sagte, die Hitze würde ihr Baby töten. Nach drei Wochen starb das Kind. Sie sagte, der Tod des Kindes sei der Preis, den wir für die Freiheit zahlen. Ihr Mann war hingerichtet worden. 1985 wurde auch sie hingerichtet.

In Abteilung 240 lernte ich eine 45 Jahre alte Mutter namens Rezvan Rafipoor kennen. Sie wurde alle drei Wochen gefoltert; damit sollten Informationen über ihre Tochter erpresst werden. Die schweren Schläge hatten an ihrem Körper schreckliche Prellungen hinterlassen. Dann wurde sie zum „Wohnheim" gebracht, einer besonderen Abteilung für politische Gefangene. Nachdem sie diese Abteilung erlebt hatte, war sie so erschüttert, dass sie sagte, es sei ihr unmöglich, mit anderen Menschen in Kontakt zu treten. Als ihre Zellengenossinnen schliefen, nahm sie ein Seil, stellte sich auf einen Eimer und erhängte sich. Eine von meinen Freundinnen fand sie und begann zu schreien. Die Wärter schnitten sie ab, aber es war zu spät.

Bei meiner Inhaftierung war ich schwanger. Sie verboten mir, das Kind in einem normalen Krankenhaus zur Welt zu bringen. Mein Baby lebte ein Jahr lang mit mir im Gefängnis und wurde dann von meinen Eltern versorgt. Als ich nach dreieinhalb Jahren entlassen wurde, floh ich mit meinem Kind in den Irak und schloss mich dem Widerstand in Ashraf an.

9

Straßburg

Im Herbst 2004 beschlossen wir, Frau Rajavi als gewählte Präsidentin des NWRI ins Europäische Parlament einzuladen; dort sollte sie zu der aus allen Parteien zusammengesetzten „Gruppe der Freunde eines freien Iran (FoFI)" sprechen, die ich gemeinsam mit Paulo Casaca, einem sozialistischen Mitglied des Europäischen Parlaments aus Portugal und engen Freund, leitete. Wir hatten die FoFI gemeinsam gegründet – um die Wiederherstellung der Demokratie, die Herrschaft des Rechts, die Menschenrechte, die Frauenrechte, die Abschaffung der Todesstrafe und den Verzicht auf Atomwaffen im Iran voranzubringen. Für die FoFI waren wir in Verfolgung unseres Zieles - Streichung der PMOI von den Terrorlisten - in den Orient, in europäische Länder und mehrere US-Staaten gereist. Wir fuhren zu vielen Gelegenheiten in die Vereinigten Staaten; wir traten im Kongress und im Senat auf. Paulo Casaca, Alejo Vidal-Quadras und andere Kollegen reisten einige Male in den Irak, um Camp Ashraf zu besuchen, wo damals mehr als 3400 avantgardistische Mitglieder der PMOI als wehrlose Flüchtlinge lebten, in der zerbrechlichen Sicherheit, die ihnen die US-Besatzungstruppen geben konnten. Diesen Flüchtlingen drohten beständig Überfälle und Vertreibung.

Paulo und ich stießen während unserer Kampagne auf viele Hindernisse. Wir wurden in den Medien vom iranischen Geheimdienst in lügenhaften Artikeln diffamiert; man warf uns vor, „Freunde von Terroristen" zu sein. In Parlamentszeitungen und Nachrichtenblättern erschienen obskure Anzeigen, in denen die PMOI als Terrororganisation bezeichnet wurde; damit sollten wir beschmutzt werden. Manchmal gaben sie eine Website-Adresse an, doch jeder Versuch, mit den Autoren in Verbindung zu kommen, wurde mit Schweigen beantwortet. Niemals gab es eine Antwort. Die Webadressen waren ebenso gefälscht wie die Anzeigen; sie alle waren vom iranischen Geheimdienst (MOIS) aufgegeben und bezahlt worden. Sie haben Angst vor der PMOI. Sie wissen, die Organisation ist die einzige Kraft, die den Würgegriff, in dem sie den Iran gefangen halten, lösen kann. Daher wurden sie auch hysterisch, als sie von den Begegnungen mit Frau Rajavi im Europäischen Parlament erfuhren.

Die Mullahs gaben unmäßig viel Geld aus, um in Europa falsche NGO's wie die „Nejat-(Erlöser-)Vereinigung" und die „Edalat-(Gerechtigkeits-) Gesellschaft" zu stützen. Diese hatten die Aufgabe, Lügen und falsche Nachrichten über die Bewohner von Camp Ashraf und die Leitung des Widerstands zu verbreiten und Abgeordnete wie mich, Paulo Casaca, Alejo Vidal-Quadras und andere Meinungsführer, die die PMOI unterstützten, zu verleumden. Wie weit sie gingen und wie viel Geld sie aufbrachten, um uns zu verteufeln, das bewies die Wirksamkeit und das Ansehen der PMOI im Iran.

Die Zusammenkunft der FoFI mit Maryam Rajavi fand am 15. Dezember 2004 statt, und zwar im Europäischen Parlament in Straßburg, denn Frau Rajavi war nach ihrer Verhaftung durch Chirac immer noch strengen Reisebeschränkungen unterworfen. Wir meinten, es sei sicherer für sie, innerhalb Frankreichs vom Hauptquartier der PMOI außerhalb von Paris nach Straßburg mit dem Auto zu fahren. (Nach einigen Monaten, im Juni 2006, hob ein französisches Gericht die lächerlichen Reisebeschränkungen, die die Regierung Chirac ihr auferlegt hatte, auf.) An der Versammlung nahmen mehr als 150 Mitglieder des Europäischen Parlaments teil. Frau Rajavi stellte zum ersten Mal ihren Dritten Weg vor, ein klares Programm zur Lösung der iranischen Krise, die weltweit Besorgnis hervorgerufen hatte. Sie sagte:

> „Zur Lösung der iranischen Krise werden in der Regel zwei Optionen vorgeschlagen: Entweder man lässt sich mit dem Mullah-Regime ein - mit der Aussicht, das Regime in Schach zu halten oder allmählich zu verändern. Diesen Weg haben die westlichen Länder in den vergangenen 20 Jahren beschritten. Oder Sturz der Mullahs durch Krieg, ähnlich dem, was im Irak geschah. An einer Wiederholung der irakischen Erfahrung im Iran ist indessen niemand interessiert. Ich bin aber heute hierher gekommen, um für eine dritte Option einzutreten: den Wandel, den das iranische Volk und sein Widerstand herbeiführen werden. Wenn das Ausland aufhören würde, sie zu behindern, dann hätten diese die Kraft und wären bereit, solch einen Wandel zustande zu bringen. Darin läge die einzige Möglichkeit, einen Krieg mit dem Ausland

zu vermeiden. Den Mullahs Zugeständnisse zu machen, ist keine Alternative zum Konflikt mit dem Ausland; es wird sie nicht von ihren bösartigen Absichten abbringen."

Durch das positive Echo auf ihren Besuch ermutigt, entschlossen wir uns im Herbst 2005, ein Treffen zwischen Frau Rajavi und der Gruppe der „Europäischen Volksparteien – Europäische Demokraten (EPD-ED)" im Europäischen Parlament zu organisieren. Nach den Wahlen zum Europäischen Parlament im Jahre 2004 war ich zum Zweiten Vizepräsidenten der Gruppe EPD-ED gewählt worden; so sandte ich Hans-Gert Pöttering, unserem Präsidenten, einen schriftlichen Antrag. Er erklärte sich bereit, den Antrag auf die Tagesordnung einer der nächsten Sitzungen des Büros der Gruppe zu setzen, zu dem alle acht Vizepräsidenten sowie Schatzmeister Othmar Karas und Präsident Hans-Gert selbst gehörten.

In der Sitzung des Büros im Juni 2006 kam es zu einer heftigen Kontroverse. Ich machte mich für eine Einladung an Frau Rajavi stark und führte an, dass sie eine demokratische Widerstandsbewegung leite, die an die Stelle der Diktatur und der Drohung mit einem nuklearen Krieg treten könne und Achtung vor den Menschenrechten und den Rechten der Frauen, das Ende von Folter und Todesstrafe sowie die Vernichtung der Atomwaffen bringen würde. Othmar Karas aus Österreich wandte sich scharf gegen meine Initiative. Während ich noch zu den Anwesenden sprach, klingelte sein Mobiltelefon und er nahm den Anruf laut entgegen. Das Blut wich ihm aus dem Gesicht. „Es war mein Kanzler – Wolfgang Schüssel. Er ist gerade von Javier Solana [dem Hohen Vertreter der EU für auswärtige Angelegenheiten] angerufen worden, der sich in Teheran aufhält und versucht, mit den Mullahs ein Nuklearabkommen auszuhandeln. Sie haben erfahren, dass wir daran denken, Frau Rajavi ins Europäische Parlament einzuladen; sie verlangen, dass wir das unterlassen, sonst brechen sie die Nukleargespräche ab!" Die Nachricht von der beabsichtigten Einladung an Frau Rajavi war gewiss durchgesickert, und die iranische Botschaft in Brüssel hatte nicht viel Zeit gebraucht, um sie aufzugreifen und nach Teheran weiterzugeben, wo sie einen Sturm im Wasserglas hervorrief. Hans-Gert Pöttering sagte, wir müssten die Entscheidung über die Einladung vertagen, bis wir alle mit unseren politischen Delegationen und, falls nötig, mit unseren Parteivorsitzenden gesprochen hätten.

Später am Tage, dem 29. Juni, reiste die Gruppe EPD-ED zu einer Konferenz nach Bordeaux, die drei Tage dauern sollte; am Abend kam ich mit den anderen Mitgliedern des Büros der Gruppe an der Spitze der Tafel zu einem Abendessen im schönen Château Smith-Haut-Lafitte zusammen. Während des Essens ging ich auf die Toilette. Ich hatte mir gerade die Hände gewaschen und ging zum Ausgang, da sah ich Elmar Brok, den Präsidenten des allmächtigen Ausschusses für auswärtige Angelegenheiten; er pinkelte mit einigen anderen Männern am Pissoir. Elmar ist ein großer, runder Deutscher mit frischer Gesichtsfarbe, einem blonden Schopf und einem glänzenden Glasauge. Ich sagte im Vorbeigehen: „Hallo, Elmar!" Er sah über die Schulter und rief: „Stevenson, du darfst diese Frau Rajavi nicht ins Europäische Parlament einladen!" „Warum nicht?" antwortete ich. „Weil Angela Merkel es sagt," brüllte er. „Na ja," sagte ich, „ich kann mir doch von Angela Merkel nichts sagen lassen." Nun platzte Elmar. „Ich aber!" schrie er, drehte sich nach mir um und pisste dabei dem Mann, der neben ihm am Becken stand, ans Bein. Ich war sehr schnell wieder draußen und hörte hinter mir noch, wie der Angepinkelte sich laut ärgerte und Elmar sich leise entschuldigte. Wieder am Esstisch, erzählte ich Hans-Gert und den anderen Mitgliedern des Büros die unappetitliche Geschichte und erntete röhrendes Gelächter.

Am nächsten Tage sagte mir Hans-Gert, er sei von einem sehr beunruhigten José-Manuel Barroso (Präsident der Europäischen Kommission) angerufen worden. Der berichtete, Javier Solana habe Kontakt mit ihm aufgenommen; er solle versuchen, einen Besuch Frau Rajavis beim Europäischen Parlament zu verhindern. Wie es schien, hatte ich einen internationalen Zwischenfall ausgelöst. Und natürlich: Im Laufe des Tages erzählte mir mein guter Freund Alejo Vidal-Quadras, ranghoher Vizepräsident des Europäischen Parlaments aus Spanien, er habe von seinen Parteiführern einen Anruf bekommen und sei angewiesen worden, die Einladung nicht zu befürworten. Sogar Hans-Gert Pöttering war angerufen worden – von Angela Merkel höchstpersönlich, mit der gleichen Ermahnung. Mir kam der furchtsame Gedanke, meine Pläne für einen Besuch von Frau Rajavi würden vielleicht zu nichts führen.

In dieser Situation der Schwebe brach ein Kollege in der Gruppe der Europäischen Volksparteien, Michael Gahler, ehemaliger deutscher Diplomat, los mit einer geradezu hysterischen, besessenen Kampagne gegen Alejo Vidal-Quadras und mich, weil wir Frau Rajavi und die PMOI unterstützten. Zwar gehörte er demselben politischen Lager an wie wir, er suchte aber Unterstützung bei anderen politischen Gruppierungen des Europäischen Parlaments, indem er falsche Anschuldigungen wiederholte, die von den Mullahs stammten und Petitionen und Unterschriftenlisten initiierte, mit denen er unsere Arbeit desavouieren wollte. Gahler setzte diese obsessive Tätigkeit in all den Jahren, in denen ich dem Europäischen Parlament angehörte, fort und wirkte dabei immer kopfloser.

Die Intervention, mit der viele europäische Regierungschefs den Besuch von Frau Rajavi verhindern wollten, unterstrich nur die Bedeutung, die die PMOI und Frau Rajavi für das iranische Regime hatten. Der ganze Wirbel wegen einer halbstündigen Rede! Da die Mehrheit des Büros der Europäischen Volksparteien für ihren Besuch war, hatte Hans-Gert Pöttering ihr eine förmliche Einladung geschickt, aber wir standen unter enormem Druck. Frau Rajavi sollte am Dienstag, dem 4. Juli zu unserer Gruppe sprechen. Schon am Vorabend befand sie sich in Straßburg und bereitete sich auf ihre Rede vor, aber als sie erfuhr, wie die Lage war, löste sie die Krise mit einer erstaunlichen Initiative.

Hans-Gert erhielt einen Brief von Frau Rajavi, in dem sie schrieb, sie würde nicht gern etwas tun, was die Nukleargespräche in Teheran gefährden könnte und darum sei sie bereit, ihren Besuch bei der Gruppe der Europäischen Volksparteien auf eine spätere Zeit zu verschieben. So befreite sie die Gruppe von dem Druck. Am 5. Juli besuchte sie das Europäische Parlament und sprach gemeinsam mit mir, Alejo und Paulo auf einer von den FoFI organisierten Pressekonferenz. Da sagte sie: „Die Situation ist für diesmal beruhigt, aber wieder einmal tanzen wir nach der Pfeife der Mullahs." Sie sagte mahnend, die Wahrscheinlichkeit eines nennenswerten Erfolges der Nukleargespräche sei äußerst gering; damit sollte sie Recht behalten. Trotz aller Drohungen und Warnungen, die das iranische Regime ausgesprochen hatte, endeten die Gespräche ohne Abkommen. Die Mullahs beharrten darauf, dass ihr Programm zur Urananreicherung ausschließlich friedlichen Zwecken diene und ohne Unterbrechung fortgesetzt würde. Solana kam mit eingezogenem Schwanz zur EU zurück; abermals hatte Teheran ihn ausgetrickst.

Ich entschloss mich, diese Demütigung der EU – eine Folge ihrer Beschwichtigungspolitik – zu nutzen, um die umstrittene Einladung an Frau Rajavi zu erneuern. Diesmal konnte man auf die Drohungen der iranischen Botschaft und der Mullahs in Teheran nichts mehr geben.

Das Büro der Gruppe der Europäischen Volksparteien (EPP-ED) stimmte unter Leitung von Hans-Gert Pöttering meinem Antrag tapfer zu und Frau Rajavi erhielt eine neue förmliche Einladung. Für ihre Rede vor allen 268 Abgeordneten der Gruppe in Straßburg wurde ein Datum festgelegt.

Am Tage ihres Besuches sollte sie – so hatte es der Protokolldienst des Europäischen Parlaments entschieden – an dem für VIP's bestimmten Eingang empfangen werden. Sie traf unter strengen Sicherheitsmaßnahmen in einem Autokonvoi ein. Alejo Vidal-Quadras und ich überreichten ihr einen Blumenstrauß, dann führten wir sie über den roten Teppich zu den Fahnen der EU. Dort wurden offizielle Photographien gemacht, auf denen mehr als ein Dutzend weitere ranghohe Abgeordnete zu sehen waren, die die PMOI unterstützten. Frau Rajavis Rede vor der Gruppe der Europäischen Volksparteien war tiefgründig. In einem 10-Punkte-Plan umriss sie die Vorstellungen des iranischen Widerstands von der Zukunft des Iran:

> „1. In unseren Augen ist die Wahlurne das einzige Kriterium der Legitimität. Daher erstreben wir eine Republik, die auf dem allgemeinen Wahlrecht beruht.
>
> 2. Wir wollen ein pluralistisches System, Freiheit für alle Parteien und Versammlungsfreiheit. Wir achten alle individuellen Freiheiten. Wir unterstreichen die volle Meinungs- und Pressefreiheit und uneingeschränkten Zugang zum Internet für alle.
>
> 3. Wir treten für die Abschaffung der Todesstrafe ein.
>
> 4. Wir setzen uns für die Trennung von Religion und Staat ein. Jede Form der Diskriminierung von Angehörigen einer Religion oder Konfession wird verboten werden.
>
> 5. Wir glauben an die volle Gleichberechtigung der Geschlechter – auf den Feldern der Politik, der Gesellschaft und der Wirtschaft. Wir halten uns auch für die gleiche Teilhabe der Frauen an politischer Führung verpflichtet. Jegliche Diskriminierung der Frauen wird abgeschafft werden. Sie werden das Recht haben, ihre Kleidung frei zu wählen. Sie sind frei zu heiraten, sich scheiden zu lassen, sich zu bilden und Arbeit anzunehmen.
>
> 6. Wir glauben an die Herrschaft von Recht und Gerechtigkeit. Wir wollen eine moderne Justiz aufbauen, die auf den Prin-

zipien der Unschuldsvermutung, des Rechts auf Verteidigung, wirksamen rechtlichen Schutzes und des Rechts auf einen öffentlichen Prozess beruht. Wir streben nach der gänzlichen Unabhängigkeit der Richter. Das Scharia-Recht der Mullahs wird abgeschafft werden.

7. Wir treten für die Allgemeine Erklärung der Menschenrechte sowie die internationalen Abkommen ein, darunter für den Internationalen Pakt über bürgerliche und politische Rechte, die UN-Antifolterkonvention und das Übereinkommen zur Beseitigung jeder Form von Diskriminierung der Frau. Wir haben uns auf die Gleichberechtigung aller Nationalitäten verpflichtet. Wir unterstützen den Plan für eine Autonomie des iranischen Kurdistan, den der NWRI angenommen hat. Die Sprachen und Kulturen unserer Landsleute, welcher Nationalität sie auch angehören, sind Teil des menschlichen Reichtums; sie müssen im Iran von morgen verbreitet werden.

8. Wir erkennen das Privateigentum, private Investitionen und die Marktwirtschaft an. Alle Bürger des Iran müssen die gleichen Möglichkeiten zu Anstellungen und geschäftlichen Unternehmungen haben. Wir werden die Umwelt schützen und wiederbeleben.

9. Unsere Außenpolitik wird auf friedlicher Koexistenz, auf Frieden und Zusammenarbeit in der Region und weltweit beruhen, ebenso auf der Achtung der Charta der Vereinten Nationen.

10. Wir wollen einen atomwaffenfreien Iran; das Land soll auch von Massenvernichtungswaffen frei sein."

Alle diese Grundsätze dienen dazu, im Iran eine echte, stabile Demokratie zu errichten; diesem Ziel hat Frau Rajavi ihr Leben geweiht. Sie sagte: „Wir kämpfen nicht, wir bringen keine Opfer, um die Macht zu ergreifen. Wir haben noch keine Maßregeln darüber getroffen, wie wir an der Macht und an der Regierung teilhaben wollen. Unsere größte Mission besteht in der Herstellung der Souveränität des Volkes und der Demokratie. ..."

10

Interviews mit politischen Gefangenen
Flüchtlingslager in Tirana (Albanien), Mai 2014

Mohammad Hossein Ebrahimi

„Mein Name ist Mohammad Hossein Ebrahimi. Als ich im Jahre 1981 verhaftet wurde, war ich 15 Jahre alt. Ich wurde vor einem Gericht, das der gleiche Hohn auf die Gerechtigkeit war wie alle anderen Gerichte der Mullahs, zu drei Jahren Gefängnis verurteilt; tatsächlich musste ich dann vier Jahre lang im Gefängnis sitzen. Mein Hauptverbrechen war, wie mir gesagt wurde, dass mein Herz für Massoud Rajavi schlug. Im Gefängnis erfuhr ich, dass mein Bruder Mehdi tot war. Er war 19 Jahre alt; ich hatte ihn ein paarmal im Gefängnis gesehen. Wir konnten einander durch die Fenster am oberen Rand unserer Zellen sehen. Beim letzten Mal lächelte er und war sehr glücklich. Später erkannte ich den Grund: Ihm war gesagt worden, dass er hingerichtet werden sollte und er wollte seine hohe Moral zeigen.

Später erfuhr ich, dass die Revolutionsgarden meine Eltern aufgesucht und in die Wälder im Nord-Iran mitgenommen hatten. Sie sagten, dort würden sie ihm ihren Sohn zeigen. Stattdessen gaben sie ihm seinen Leichnam. Ich hörte auch, dass auch mein anderer Bruder hingerichtet worden war. Später wurde meine einzige Schwester hingerichtet. Ihr Schwager ist jetzt hier in Tirana, er ist von Camp Liberty mitgekommen.

Im Jahre 1988 wurden während der Massaker in iranischen Gefängnissen 30.000 Gefangene, die der PMOI angehörten, hingerichtet. Zu ihnen gehörte der einzige Bruder, der mir noch geblieben war, Ali Akbar. Er war damals 29 Jahre alt. Tatsächlich waren alle meine Angehörigen Freunde der PMOI. Mein Vater ist gestorben. Meine Mutter lebt heute in Frankreich. Meine Mutter und ich, wir sind die einzigen von der Familie, die noch leben. Nach vier Jahren im Gefängnis wurde ich freigelassen und kam mit der Hilfe von Schleppern nach Camp Ashraf im Irak.

Mich bewegt auch die Erinnerung an meinen Freund Abdal, aus der Zeit, als wir beide im Gefängnis waren. Ich wurde in Gorgan inhaftiert, gleich danach aber ins Gefängnis Gohardasht verlegt. Noch in der Schahzeit war mit dem Bau dieses Gefängnisses begonnen worden; es wurde aber erst in der Zeit Khomeinis fertig. Darin sind 1000 Zellen für Einzelhaft, eineinhalb mal zwei Meter groß. Meine Zelle hatte ein Fenster mit kleinen Löchern; dadurch empfing ich jeden Tag ein wenig Licht. Viele Häftlinge wurden psychisch gefoltert. Ein Leidensgenosse, Razaq Farkhondeh, war psychisch so zerrüttet, dass er nach seiner Entlassung Selbstmord beging.

Man hielt uns in absoluter Stille. Wir versuchten, mit den anderen Zellen Kontakt aufzunehmen, doch es war praktisch unmöglich. Wenn man beim Sprechen erwischt wurde, wurde man schwer geschlagen. Ich hatte gehört, man könne sich mit Morsen an die Wand verständigen, aber ich wusste nicht, wie das funktionierte.

In diesem dreistöckigen Gefängnis hörte man klopfende Geräusche – Morsen – an Decke und Fußboden. Eines Tages hörte ich etwas von meiner Nachbarzelle. Ich hielt den Mund sehr nahe an der Wand und versuchte, zu der Person in der Zelle zu sprechen. Ich tat, als ob ich sänge, und sprach Worte, mit denen ich ihn nach seinem Namen fragte. Die Wärter kontrollierten uns regelmäßig und wenn sie den Verdacht hatten, dass wir miteinander redeten, zerrten sie uns aus den Zellen und prügelten auf uns ein.

An diesem Tage jedoch hörte ich eine undeutliche Antwort von der anderen Seite der Wand; ich erkannte, dass wir auf diese Weise miteinander reden konnten, allerdings nur undeutlich. Ich fragte den anderen Jungen, ob er morsen könne, er sagte ja. Ich fragte: „Könntest du es mir beibringen?" Er antwortete: „Ja. Kennst du das Morsealphabet?" Ich sagte nein. Er versuchte, es mir beizubringen; ich lernte es in vier Tagen. Dann brachte er mir bei, dass man für jeden Buchstaben verschiedene Zeichen benutzen könne. Ich musste mir all dies im Kopf einprägen, denn Papier und Bleistift waren verboten."

11

Teheran

Anton Tschechow hat einmal gesagt: „Liebe, Freundschaft und Respekt vermögen die Menschen nicht so tief zu verbinden wie gemeinsamer Hass." Wie genau das auf den Iran zutrifft! Dort wurde bald bemerkbar, dass ein gemeinsamer Hass auf die tyrannischen Mullahs die Menschen in leidenschaftlicher Opposition gegen ihre Unterdrücker vereinigte. Doch am Beginn des neuen Jahrtausends fehlte es in Europa betrüblicherweise an der Fähigkeit, zwischen Freunden und Feinden zu unterscheiden – jedenfalls in der Politik der EU dem Iran gegenüber.

Seit dem Amtsantritt von Präsident Mahmoud Ahmadinejad hatte das faschistische religiöse Regime in Teheran unter dem eisernen Griff des Höchsten Führers Ayatollah Ali Khamenei seinen Zielen näher kommen können, indem es sich die Unentschiedenheit der westlichen Verbündeten und die Differenzen zwischen ihnen zunutze machte. Die Repression war gesteigert worden, die Zahl der Hinrichtungen, Amputationen, Steinigungen von Frauen und Männern, Massenverhaftungen und Schließungen von Presseorganen hatte zugenommen. Mit der Zunahme öffentlicher Erhängungen politischer Gefangener sollte das unruhige iranische Volk erschreckt und eingeschüchtert werden.

Um auf das Nuklearprojekt zu kommen: das Regime hatte dessen rücksichtslose Ausweitung fortgesetzt. Es verfügte über mehr als 3000 Zentrifugen, die in Kaskadenschaltung operierten und Uran so weit anreicherten, dass es zur Verwendung in Atombomben tauglich wurde. Die Mullahs gaben vor, dieser Anreicherungsprozess diene nur der Produktion von Strom; es gibt aber nur ein Atomkraftwerk im Iran – in Bushehr; es wurden keine weiteren gebaut. Das Kraftwerk in Bushehr hatten die Russen gebaut und man nahm an, dass sie auch die Brennelemente lieferten.

Im März 2004 konnte die PMOI haargenau den Ort angeben, an dem sich das streng geheime nukleare Kommando- und Steuerungszentrum

57

des Regimes befand: in Lavizan. Dort war die Entwicklung eines Neutronengenerators und eines für Atombomben benötigten Zünders weit vorangekommen. Die PMOI konnte auch die große, streng geheime Anlage in Khojir südöstlich von Teheran identifizieren, wo an nuklearen Sprengköpfen gearbeitet wurde. In beiden Fällen konnte die PMOI nicht nur den genauen Ort und die dort stattfindende Arbeit identifizieren, sie nannte auch die Namen der beteiligten Wissenschaftler und des leitenden Personals. Alle diese Informationen wurden zur Überprüfung der Internationalen Atomenergiebehörde vorgelegt.

Der Westen behauptete inzwischen, strenge Sanktionen gegen den Iran zu unterstützen. Dessen ungeachtet lieferten Firmen aus dem Raum der EU weiterhin hochentwickeltes Bohrgerät und sandten Gruppen von Fachleuten, die das Korps der Islamischen Revolutionsgarden (IRGC) in seine Bedienung einführen sollten. Dieses Gerät sollte vorgeblich bei harmlosen hydrologischen Projekten eingesetzt werden; in Wirklichkeit war es unerlässlich beim Bau der massiven unterirdischen Wasserleitungen und Bunker, die die Mullahs für ihr aggressives Nuklearprogramm benötigten. Andere Firmen aus dem Bereich der EU hatten lukrative Verträge zur Lieferung mobiler Baukräne abgeschlossen, an denen regelmäßig Gegner des Regimes auf öffentlichen Plätzen im ganzen Land erhängt wurden.

Während wir uns im Westen die Taschen mit iranischem Gold füllten, war das Mullahregime eifrig mit der Ausbildung und dem Einsatz von Selbstmordattentätern und Aufständischen im Irak beschäftigt, die dort den Bürgerkrieg schüren und das Land dem Iran in die Hände treiben sollten. Das IRGC lieferte die komplizierten Straßenbomben (EEP), mit denen man regelmäßig das Personal der Alliierten töten und verstümmeln wollte. Die Revolutionsgarden waren auch die Drahtzieher der Hisbollah im Krieg gegen Israel im Libanon und unterstützten die militante palästinensische Hamas, was zu deren Bruch mit der Fatah und der Teilung Palästinas führte.

Indessen konnte die PMOI dank ihres umfassenden Netzwerks im Iran beginnen, die Einmischung der Mullahs im Irak aufzudecken. Sie versuchte, die USA davon zu überzeugen, dass der Iran dem Irak seine Hegemonie auferlegen wolle, die Amerikaner jedoch hielten in Fortsetzung der verfehlten Politik, die zu der Invasion im Irak geführt hatte, dem Iran die Tür offen. Zwischen 2003 und 2011 veröffentlichte die PMOI mehr als 4500 Informationsmappen bzw. legte sie einflussreichen

Regierungsvertretern vor. Eine dieser Mappen enthielt die Namen von 32.000 Personen, die das IRGC im Irak auf seiner Lohnliste führte – ein erstaunliches, streng geheimes Dokument. Diese Mappe hatte die PMOI aus den Reihen des IRGC in Teheran erhalten; mindestens einer der Informanten wurde deshalb hingerichtet. Interessant war, dass auf dieser Liste die Namen von vielen ranghohen Mitarbeitern der Regierung Nouri al-Malikis in Bagdad standen! Neben weiteren Informationen enthielt sie die vollständigen Namen, Kontonummern, Bank-Codes und die Höhe des vom IRGC zu entrichtenden Gehalts – von allen, die auf der Liste standen.

Außerdem hatte der Iran schon des Öfteren über die Kompromissangebote des Westens die Nase gerümpft. Dadurch sah sich Javier Solana, der Hohe Vertreter der EU für auswärtige Angelegenheiten, im Januar 2005 gezwungen, während einer Rede zuzugeben: „Es ist kein Fortschritt gemacht worden. Weiterhin ignoriert uns der Iran." Dennoch betonten während derselben Debatte er und Benita Ferrero-Waldner, die österreichische Kommissarin für auswärtige Angelegenheiten, immer wieder, es sei notwendig, die Diskussion und Verhandlung fortzusetzen. „Ein Kontakt von Volk zu Volk ist notwendig", versicherte Frau Ferrero-Waldner dem Europäischen Parlament, als sie die Strategie der EU erläuterte, iranischen Studenten der Kernphysik unsere Universitäten zu öffnen und Euros in einen „Fonds zur Linderung der Armut" einzuzahlen! In einer Rede vor dem Plenum des Europäischen Parlaments in Straßburg sagte ich im Beisein der Kommissarin Ferrero-Waldner: „Es ist kaum zu glauben, dass Steuerzahler der EU die Armut in einem der reichsten, ölexportierenden Länder der Welt lindern helfen, dessen Führer Milliarden unterschlagen haben und es für richtig halten, ihr Geld für den Bau von Massenvernichtungswaffen zu verschwenden. Was aber noch schlimmer ist: die Europäische Kommission hält es erstaunlicherweise für außerordentlich verdienstvoll, dass wir iranische Studenten in Nukleartechnik ausbilden!"

In Washington hatte George W. Bush das IRGC auf die amerikanische Liste der Terrororganisationen gesetzt. Die Maßnahme hatte Teheran und seine Apologeten im Westen natürlich empört, die Vereinigten Staaten aber in die Lage versetzt, die riesigen Vermögen des IRGC einzufrieren und gegen ausländische Firmen, die mit ihm Geschäfte machten, vorzugehen.

Immer war das IRGC das Rückgrat des iranischen Unterdrückungs-
apparates gewesen. Im Jahre 2004 saßen mehr als fünfzig ehemalige
Mitglieder des IRGC im Parlament, das 290 Sitze hat; andere amtierten
als Bürgermeister und Provinzgouverneure. Etwa zwei Drittel des
Kabinetts, darunter Präsident Ahmadinejad und Außenminister Mo-
nouchehr Mottaki, waren ehemalige Kommandeure des IRGC. Letzte-
rer war wegen seiner Beteiligung an Mord und Folter aus der Türkei
ausgewiesen worden. Auch der frühere Nuklearunterhändler Ali Lari-
jani und viele andere ranghohe Regierungsvertreter waren ehemalige
Mitglieder des IRGC.

Das IRGC stellte auch bereit, was Teheran für die Wirtschaft am nöti-
gsten braucht und ermöglichte so dem fundamentalistischen Regime
die Ausbreitung des Terrorismus im Nahen Osten und sogar in Europa. Es kontrollierte und kontrolliert noch mehr als 30% der iranischen
Exporte außer dem Öl und mehr als 57% der Importe. Im Jahre 2004
betrug sein Handelsvolumen etwa 4,8 Milliarden Dollar.

Die Quds-(d. h. Jerusalem-)Truppe, der wichtigste Terrorapparat des
IRGC, verfügt bis heute über mehr als 21.000 iranische Mitarbeiter und
zehntausende nicht-iranische Söldner, u. a. in Syrien, im Libanon, in
Afghanistan, im Irak, in Bahrain, Saudi-Arabien, Jordanien und vielen
europäischen Ländern. Im Iran verfügt sie über Dutzende Garnisonen,
in denen sie ihre nicht-iranischen Mitarbeiter ausbildet. Im Jahre 2004
brüstete sich diese Truppe, mindestens 7000 Selbstmordattentäter hätten sich zu freiwilligen Aktionen in ihre entsprechende Liste eintra-
gen lassen. Ein General des IRGC erklärte, wenn jemand es wage, die
Nuklearanlagen des Iran anzugreifen, würden die Selbstmordattentäter massenhaft auf Israel und den Nahen Osten losgelassen werden.

Als Präsident George W. Bush seine neue Strategie gegen den der Invasion von 2003 im Irak folgenden Aufstand bekanntgab, hätte er einen
Blick über die Grenze in den Iran werfen müssen. Mehrere Geheimdienstberichte aus der Region bewiesen die zunehmende iranische
Subversion im Irak. Im Jahre 2004 nahm das Militär der USA Mitarbeiter der Quds-Truppe (die zum Korps der Islamischen Revolutionsgarden gehört) fest, die in den Irak eingedrungen waren; diese Tatsache
machte auf die verbreiteten geheimen Operationen in dem besetzten
Land aufmerksam. Die Geheimdienste der USA und des Vereinigten
Königreiches verfügten über viele Informationen, die vom iranischen
Widerstand beschafft worden waren. Sie wussten von Infiltrationska-

nälen, iranischen Kontakten mit Helfern und Netzwerken, die Waffen, Personal und Geld aus dem Iran in den Irak transportierten. Die Quds-Truppe trainierte, finanzierte und bewaffnete verdeckt im Irak ein umfassendes Netzwerk. Sie hatte sich daran gemacht, eine neue terroristische Infrastruktur zu bilden, die sie „Hisbollah" nannte, in Nachahmung der libanesischen Hisbollah. Dieses Netzwerk operierte in Basra und Bagdad und stand mit der Quds-Truppe und der libanesischen Hisbollah in direkter Verbindung.

Nach diesen geheimdienstlichen Berichten, die der iranische Widerstand ermittelt hatte, transferierte das iranische Regime aus dem Iran in den Irak regelmäßig Geld für Terroroperationen. Ein Beauftragter der Quds-Truppe sammelte das Geld in Ahwaz (im Iran); dann wurde er von den offiziellen Sicherheitskräften des iranischen Regimes zum Grenzübergang Shalamche gebracht und den Agenten der Quds-Truppe im Irak übergeben. Sie brachten ihn dann weiter bis Najaf. Außerdem bediente sich die Quds-Truppe der mit ihr verbundenen Wechselstuben, um direkt von Qom im Iran ihren Tarnorganisationen und dem neuen Terror-Netzwerk Geld nach Najaf zu schicken. Auch gründete sie eine Tarnorganisation namens „Hauptquartier für den Wiederaufbau der heiligen Stätten des Irak". Sie schmuggelte Waffen und Munition in den Irak – in Containern, die angeblich Material zum Wiederaufbau der schiitischen Heiligtümer enthielten.

Oftmals befanden sich in ihren Ladungen komplizierte Bomben, die zu Angriffen auf Patrouillen der Alliierten verwendet wurden. Diese so genannten improvisierten Sprengkörper (IED) wurden nicht in irakischen Kellern hergestellt, wie man damals vielfach glaubte, sondern in Industrieanlagen in der Nähe von Lavizan, nördlich von Teheran. Militärische Quellen bestätigten: Iranische Waffenfabriken produzierten eine fortgeschrittene Version des IED namens „projektilbildende Ladung" (EEP), das dicke Panzerplatten durchdrang, schwer zu entdecken und dessen Wirkung erheblich gefährlicher war. Es bestehen kaum Zweifel daran, dass, während der irakische Aufstand sich verstärkte, der Iran die meisten Soldaten der USA und Großbritanniens getötet hat. Während Präsident Bush seinen Plan zur Stabilisierung des Irak ausarbeitete, schürte Teheran dort fortwährend die Instabilität.

Leo Trotzki hat gesagt: „Es kommt nicht auf die Menschen an, die wählen, sondern die Menschen, die die Wahlstimmen zählen." Auf die iranische Präsidentenwahl des Jahres 2009 traf das ohne Frage zu. Nie-

mand kann an das vom Regime behauptete Wahlergebnis geglaubt
haben. Die PMOI hatte in 25.000 der 40.000 Wahllokale überall im Lande verdeckte Beobachter entsandt. Sie berichteten von einer überaus
geringen Wahlbeteiligung. Sie schätzten sie endgültig auf etwa 15%.
Demnach hatten weniger als 8 Millionen Iraner gewählt. Die Mullahs
gaben auf direkte Anweisung des Höchsten Führers Ali Khamenei eine
Presseerklärung heraus, die versehentlich einen Tag vor der Wahl
durchsickerte und in der es hieß, es hätten sich mehr als 40 Millionen
Wähler an der Wahl beteiligt und der bisherige Präsident Mahmoud
Ahmadinejad habe erdrutschartig gesiegt! So absurd hatten die Mullahs ihre Wahlmanipulation betrieben, dass Ahmadinejad scheinbar
selbst in den Dörfern und Bezirken seiner wichtigsten Gegner eine gewaltige Mehrheit erhielt.

Dieser massive Wahlbetrug rief überall im Iran eine vulkanische Reaktion hervor. Hunderttausende Demonstranten gingen auf die Straße
und verlangten das Ende der theokratischen Diktatur der Mullahs. Ihr
tapferer Widerstand gegen die fundamentalistischen Herrscher bewies der freien Welt, dass das Regime die iranische Bevölkerung nicht
vertritt. Die Mullahs ordneten eine brutale Unterdrückung an, wiesen
ausländische Journalisten aus, sperrten die Netzwerke der Mobiltelefone und des Internet, überfielen am frühen Morgen Wohnungen und
Universitäten und verhafteten Massen von Menschen.

Die Demonstranten waren wie die überwältigende Mehrheit der Iraner
gegen das geistliche Regime als ganzes. Ihre mutigen Proteste zeigten
den Willen der iranischen Gesellschaft, die religiöse Diktatur zu besei-
tigen und Freiheit und Demokratie an ihre Stelle zu setzen. In ihren
Sprechchören denunzierten sie die Diktatur Khameneis und sprachen
sich für Demokratie und Freiheit aus. Sie skandierten auf den Straßen:
„Tod dem Diktator!" und: „Die Iraner nehmen diese Schande nicht
hin!" Es waren größtenteils junge Männer und Frauen, aber nicht nur
Studenten; sie kamen aus allen Gesellschaftsschichten.

Die Proteste breiteten sich rasch aus. Es begann mit Kritik an der ge-
fälschten Wiederwahl Ahmadinejads, dann richtete sich der Protest
gegen das repressive und korrupte Regime im Ganzen. Doch wie immer zahlten die Protestierenden für ihren Mut einen hohen Preis. Dutzende wurden von den Sturmtrupps des Regimes – dem Korps der islamischen Revolutionsgarden und seinen schwer entlohnten Schlägern
von der Bassij-Miliz – ermordet.

Das war der Augenblick, in dem der Westen hätte intervenieren können. Die EU und die USA hätten den Volksaufstand unterstützen können. Damit hätten sie den normalen Bürgern des Iran zum Sturz ihrer tyrannischen Herrscher und zur Wiederherstellung der Demokratie verholfen. Typischerweise tat der Westen nichts. Der Iran nahm bei Überfällen im ganzen Lande tausende mutmaßliche Gegner fest und schleppte sie weg, um sie zu foltern und hinzurichten, während der Westen schreckerstarrt zusah, wie ein im Scheinwerferlicht gebanntes Kaninchen.

12

Interviews mit politischen Gefangenen
Flüchtlingslager in Tirana (Albanien), Mai 2014

Abdal Nasser

„Mein Name ist Abdal Nasser. Auch ich saß in diesem Gefängnis, in der Zelle direkt neben der von Hossein (Ebrahimi) [s. Kap. 10]. Das wusste ich allerdings zunächst noch nicht. Monatelang hatte ich kein Tageslicht gesehen. Drei Jahre lang hatte ich meine Mutter und meine Schwester nicht gesehen. Als ich Hossein das Morsen beibrachte, wurde ich manchmal ärgerlich und trat gegen die Wand. Es war so schwer, ihm etwas beizubringen. Einmal sang ich und fragte: Wie heißt du? Der Wärter kam und fragte: Was machst du hier? Ich sagte: Ich spreche mit Gott! Der Wärter sagte, er habe mich den Namen Hossein sagen hören. Ich sagte, ich hätte zu Imam Hossein gebetet. Er sagte: ‚Du bist verrückt geworden' ... und ließ mich allein!

Ich war so einsam und isoliert, dass ich mich manchmal lieber schlagen ließ, um überhaupt in Kontakt mit einem menschlichen Wesen zu kommen, auch wenn es nur ein sadistischer Wärter war. Endlich schaffte Hossein es eines Tages, mit mir zu morsen und fragte mich nach meinem Namen. Ich nannte ihm einen Spitznamen. Wir kamen überein, uns zu unterhalten, sooft es möglich wäre. Wir erfanden eine Geschichte. Ich sagte, ich hätte Magenschmerzen, er sprach von Zahnschmerzen. So kamen wir aus unseren Zellen. Uns wurde verboten, zu sprechen und einander zu berühren, denn sie glaubten sogar, wir würden einer dem anderen auf den Leib klopfen und so miteinander morsen.

Eines Tages war es sehr kalt und ich hatte Hunger. Ich schlief ein und träumte, ich sei nach Hause gekommen und meine Mutter machte meine Lieblings-Kebabs. Sie weinte vor Freude; ich aß alle Kebabs und war so glücklich, dass ich seit drei Jahren zum ersten Mal eine reguläre Mahlzeit gegessen hatte. Dann erwachte ich wieder und musste erkennen, dass es nur ein Traum war; ich versuchte wieder einzuschlafen und den süßen Traum weiterzuträumen.

Bald wurde ich von Hossein getrennt und wir verabschiedeten uns voneinander mit Morsen. Ich wurde freigelassen, floh in den Irak und schloss mich dem Widerstand an. Viele Jahre später sahen wir einander zufällig wieder. Ich war mir nicht sicher, ob er's wirklich war, doch als wir wieder anfingen zu morsen: ‚Hallo!', da war es wirklich das Wiedererkennen.

Ich saß sechs Jahre lang im Gefängnis, obwohl ich ursprünglich nur zu zwanzig Monaten verurteilt worden war. Ich wurde fünf Jahre über meine reguläre Strafe hinaus dort festgehalten, da sie mich zusammenbrechen lassen wollten."

13

Amman

Nach meiner Wiederwahl zum Mitglied des Europäischen Parlaments im Juni 2009 war ich zum Präsidenten der „Delegation des Europäischen Parlaments für die Beziehungen zum Irak" ernannt worden. Das war eine neue Delegation, und als der Vorsitzende der Gruppe der europäischen Konservativen und Reformer mit mir beriet, bot er mir an, entweder die irakische oder die kanadische Delegation anzuführen. Ich sagte ihm, Kanada sei ein schönes Land und ich sei früher gern dorthin gefahren. Andererseits wäre es weniger anspruchsvoll und lohnend, diese Delegation zu leiten als die mühsamere Aufgabe, die in den Irak führte. So fand ich mich in der ersten Sitzung der neuen Delegation als deren Leiter wieder. Wir hatten auch den irakischen Botschafter bei der EU dazu eingeladen. Man tauschte überall Gefälligkeiten miteinander aus, und ich versprach, alles zu tun, um die Beziehungen zwischen der EU und dem Irak zu verbessern.

Am Montag, dem 26. Oktober 2009 ging ich auf Reisen nach Jordanien. Ich hatte eine Reihe von Zusammenkünften auf hoher Ebene arrangiert – mit dem Außenminister, dem Direktor für europäische Angelegenheiten im Außenministerium, dem Präsidenten des dortigen Abgeordnetenhauses und dem Minister für Medien und Kommunikation. Ich hatte auch Begegnungen führender irakischer Politiker mit mir verabredet. Diese sollten nach Amman kommen und mich über den eskalierenden Aufstand im Irak informieren.

Zuerst kam ich in Amman mit einer Gruppe von Irakern zusammen, die die „Nationale Dialog-Front" vertraten, eine säkularistische Parlamentsgruppe. Am Vortag war am Rande der Grünen Zone von Bagdad ein fürchterlicher Bombenanschlag vorgefallen, bei dem 150 Menschen getötet und mehr als 500 verletzt worden waren. Dieser Anschlag war, so sagten sie mir, mit Sicherheit politisch motiviert – eine Reaktion auf die Bildung neuer Bündnisse zu den allgemeinen Wahlen, die im Januar 2010 stattfinden sollten. Für den Anschlag wurden sofort sunnitische

Aufständische verantwortlich gemacht; dabei konnten derart komplizierte Sprengkörper, wie sie bei diesem Anschlag eingesetzt worden
waren, in diese Hochsicherheitszone nur mit Wissen und Duldung der
iranischen Quds-Truppe eingeschmuggelt worden sein. Die Iraker erzählten mir, die Quds-Leute könnten sich in Bagdad ungehindert he-
rumtreiben. Das Massaker sei fast sicher vom Iran initiiert worden –
zur Ermahnung an den Premierminister Nouri al-Maliki, er solle sich
der pro-iranischen schiitischen Koalition mit Hakim, Badr und Muqtada al-Sadr wieder anschließen, um sich bei der kommenden Wahl die
Macht zu sichern.

Meine Gesprächspartner beschrieben die Taktik, die die pro-iranischen
Gruppen anwendeten: Sie drohten den Leuten mit Repressalien, falls
sie an der Wahl teilnähmen und wollten die Wahlbeteiligung durch
Angstmache und Einschüchterung reduzieren. Dann würden hunderttausende unausgefüllte Stimmzettel für eine Fälschung zur Verfügung
stehen. Alle im öffentlichen Dienst Beschäftigten sowie das ganze Personal von Polizei und Militär, sagten sie, seien angewiesen, die regierenden schiitischen Parteien zu wählen.

In Bezug auf die iranische Einmischung im Irak waren sie felsenfest
überzeugt, dass die Regierung bis in ihre Spitze hinein in beispiel-
losem Maß iranisch unterwandert sei. Zwei ranghohe Mitglieder von
Premierminister al-Malikis Stab seien Iraner. Sein privates Flugzeug
sei ihm samt der gesamten Besatzung vom Iran zur Verfügung gestellt
worden. Sie wiesen ferner darauf hin, dass viele Minister des irakischen
Kabinetts zwei Nationalitäten besäßen, so dass sie, falls sie ein Korrup-
tionsvorwurf träfe, schnellstens einer Verhaftung entgehen und aus
dem Irak fliehen könnten.

Noch an demselben Vormittag folgten Besprechungen mit Dr. Nabil
al-Sharif, Staatssekretär für Medien und Kommunikation, und Ahmad
S. al-Hassan, Direktor für europäische Angelegenheiten im Außenministerium. Dr. Sharif sagte, Jordanien sei sehr bemüht, den Irak zu unterstützen. König Abdullah sei bisher der einzige führende Politiker im
arabischen Raum, der seit dem Krieg den Irak besucht hatte. Zu den bevorstehenden irakischen Wahlen, sagte Dr. Sharif, sei es von entscheidender Bedeutung, alle politischen Gruppierungen am politischen Prozess zu beteiligen. Niemand dürfe sich ausgeschlossen fühlen.

Bei den Besprechungen schnitt ich das Thema Camp Ashraf an und erinnerte an das Massaker vom Juli 2009 (siehe Kap. 15). Ich sagte, neuer-

dings drohe Maliki, die 3400 Flüchtlinge in die Wüste im südlichen Irak zu verbringen, und damit würden die Voraussetzungen für ein weiteres Massaker hergestellt. Herr al-Hassan schlug vor, ich könne die Schwierigkeit vielleicht lösen und allen 3400 Flüchtlingen der PMOI Visa für Schottland anbieten! Ich antwortete, wenn ich das könnte, würde ich es tun.

Abdel Hadi al-Majali, Präsident des [irakischen] Abgeordnetenhauses, erklärte, eine neue, gemäßigte, patriotische Koalition im Irak könnte doch nach der allgemeinen Wahl die extremistischen Parteien überstimmen und isolieren. Er fügte aber hinzu, die pro-iranischen Parteien im Irak genössen ja die Unterstützung der USA. Wenn die „Milizen" die bevorstehenden Wahlen gewönnen, würde das eine gefährliche Zukunft ankündigen. Er meinte, man könne sich vorstellen, dass der nächste Premierminister des Irak ein Sunnit sein würde und das würde dem Frieden dienen.

Am Abend desselben Tages war ich mit Sattar Albayber verabredet, einem Mitglied des politischen Büros der „Irakischen Bewegung zur nationalen Versöhnung", der auch für die kommenden Wahlen kandidierte. Ich hatte ein Treffen in der Halle meines Hotels, des „Intercontinental", vorgeschlagen. Als unser Gespräch begann, bemerkte ich, dass uns ein Mann gegenübersaß, in Jeans und T-Shirt, der mit seinem Mobiltelefon beschäftigt schien. Er begegnete sofort meinem Blick und schaute schon wieder weg. Nach wenigen Sekunden hörte ich das charakteristische Klicken seiner Kamera; ich sah auf – rechtzeitig, um zu erkennen, wie er sofort das Telefon auf seinen Schoß legte und so tat, als ob er eine SMS läse. Ich flüsterte meinen irakischen Kollegen zu, ich sei sicher, dass wir ausspioniert würden. Sie lachten und versicherten, Jordanien fließe über von Spionen, die fotografierten und über alle Zusammenkünfte und Vorgänge des Landes beim Geheimdienstministerium Bericht erstatteten. Später fand ich heraus, dass diese Information auch an die irakische Regierung weitergegeben worden war. Sie hatte Interesse daran bekundet, was ich in Jordanien zu suchen hätte und mit wem ich zusammenträfe.

Ich kehrte nach Brüssel zurück und wies meine Mitarbeiter an, die Führer der wichtigsten politischen Parteien des Irak zu einem Besuch beim Europäischen Parlament einzuladen; sie sollten noch vor der Wahl vor der Delegation für die Beziehungen zum Irak sprechen. Ich wollte sondieren, welche Chance bestand, dass nach der Wahl eine nicht-sektiererische, alle relevanten Gruppen vereinigende Regierung zustande käme. Es erschien auch eine Delegation von sechs Mitgliedern des Ratcs der Vertreter [Parlament] des Irak in Brüssel, geleitet von Sadiq al-Rikabi, einem politischen Berater von Premierminister Nouri al-Maliki. Ich holte sie vom VIP-Eingang ab; als ich al-Rikabi freundlich die Hand schüttelte, flüsterte er mir laut ins Ohr: „Wir wissen, mit wem sie in Jordanien zusammengekommen sind, Mr. Stevenson, und sind nicht erfreut."

Als Eröffnung eines Gesprächs war das ungehobelt. Gut, sagte ich mir, die Handschuhe sind ausgezogen, es soll mir recht sein. Als wir zu unserer ersten Gesprächsrunde Platz genommen hatten, verurteilte ich sofort in scharfen Worten, was sie den Bewohnern von Ashraf angetan hatten: Massaker, Plünderung, Geiselnahme, psychologische Folter und Einschließung des Lagers. Ich sagte, das alles sei ein schwerer Verstoß gegen das internationale humanitäre Recht und ein Vetrauensbruch; daraufhin sei es mir fast unmöglich, den Posten als Vorsitzender der Delegation zu behalten. Ich forderte kategorisch, dass die Belagerung beendet würde und dass die irakische Regierung sich konstruktiv an der Umsiedlung der 3400 Bewohner Ashrafs in sichere Länder beteiligte. Es wurde zu einer erbitterten, zänkischen Begegnung. Anschließend mahnten mich meine Mitarbeiter sanft, wir sollten doch die guten diplomatischen Beziehungen zu den irakischen Parlamentariern nicht in Frage stellen. Ärgerlich erwiderte ich: „Von diesen Kreaturen lass' ich mir doch nichts über Diplomatie sagen."

14

Interviews mit politischen Gefangenen
Camp Liberty (Bagdad), August 2014
Die medizinische Blockade Camp Ashrafs

Fatimah Alizadeh

„Mein Name ist Fatimah Alizadeh. Im zweiten Halbjahr 2008 wurde bei mir Krebs festgestellt. Bevor die USA den Schutz von Camp Ashraf an die Iraker übergaben, hatte ich drei lange Operationen durchzumachen. Am 3. April 2009 hatte ich gerade die vierte Operation vor mir, als die irakischen Truppen unter dem Kommando von Movafagh Rubaiei dem Arzt verboten, nach Ashraf zu kommen. An demselben Tag sollten noch drei weitere Bewohnerinnen operiert werden; doch alle Operationen wurden verschoben. Nach einer Woche war der irakische Premierminister Nouri al-Maliki unter internationalem Druck und nach einer Pressekonferenz über die medizinischen Beschränkungen gezwungen, den irakischen Ärzten die Operationen zu gestatten. Daraufhin fingen die Iraker an die Bewohner zu drangsalieren.

Zur fünften Operation sollte ich nach Madineh Al Taleb fahren. Sieben oder acht schwer bewaffnete Soldaten begleiteten mich in den Operationssaal. Als ich aus der Betäubung erwachte, standen sie alle um mein Bett herum. Ich bat darum, meinen Arzt zu sprechen. Sie sagten: ‚Sie sind eine Gefangene und müssen nach Ashraf zurückfahren.‘ Mein Arzt griff ein, und ich konnte mich ein paar Stunden lang ausruhen. Dann kamen die Soldaten ins Zimmer und sagten: ‚Der Krankenwagen wartet, wir müssen sofort abfahren.‘ Ich wurde mehrere Treppen hinunter zum Eingang des Krankenhauses gebracht – dort stand kein Krankenwagen.

Fast zwei Stunden lang wartete ich in der Sonne auf den Krankenwagen. Als er endlich ankam, saßen schon acht Personen darin. Als wir einstiegen, waren wir zu zehnt. Einer von den Patienten hieß Fathollah; er hatte Magenkrebs und konnte nicht sitzen. Zehn schwer kranke Patienten in einem Krankenwagen nach Ashraf. Der Fahrer fuhr sehr schnell, ohne Rücksicht. Auf der Fahrt die vielen Schlaglöcher. Als wir in Ashraf ankamen, ging es uns allen schlecht, unser Zustand war besorgniserregend.

Dort wurden wir von Dr. Omar empfangen. Der war in Wirklichkeit ein irakischer Offizier, der die systematische Misshandlung und Folter von Patienten beaufsichtigte und nur als Arzt posierte. Als wir ihm von der Quälerei erzählten, sagte er: ‚Jedenfalls habt ihr es besser als die irakischen Bürger!‘ Dann wurden wir in das „Krankenhaus Neu-Irak" gebracht. Dort brüllten Agenten des Geheimdienstministeriums die ganze Nacht üble Beschimpfungen durch Lautsprecher und nahmen den Patienten Ruhe und Frieden. Es war psychologische Folter. Nach drei Monaten fuhr ich wieder zu meinem Arzt, zur nächsten Operation. Neben dem Facharzt saß noch jemand. Ich fragte ihn: ‚Wer sind Sie?‘ Er antwortete: ‚Ich habe Befehl von Dr. Omar, Ihren Besuch zu überwachen, damit Sie nicht über Politik sprechen.‘ Nicht einmal der Arzt hatte die Autorität, ihn aus dem Raum zu schicken.

Ein andermal kam ich zur Chemotherapie nach Bagdad. Mein Arzt gab mir eine Reihe von Medikamenten für die chemische Behandlung, damit ich sie in Ashraf fortsetzen könnte. Als wir den Kontrollpunkt erreicht hatten, konfiszierten sie meine Medikamente. Es dauerte lange, bis ich sie zurückerhielt. Als ich wieder einmal von einer Operation aus Bagdad zurückkam, saßen zwölf Personen in dem einen Krankenwagen. Einer von ihnen hatte Magenkrebs; er hatte sich einer Magenspiegelung unterzogen. Er hatte schweren Durchfall und musste sich während der gesamten Fahrt nach Ashraf dauernd übergeben. Die Luft in dem Krankenwagen war ungesund, sie war nicht auszuhalten. An diesem Tag saß Dr. Omar vorn im Krankenwagen. Er lachte die ganze Fahrt lang. Wir baten ihn, den Patienten zu untersuchen. Er sagte immer wieder: ‚Das ist doch normal‘ und lachte wieder.

Bei anderen Gelegenheiten hatten unsere Brüder und Schwestern vom ‚Krankenhaus Neu-Irak‘ Termine bekommen, aber die Wachen am Kontrollpunkt ließen sie nicht aus dem Lager, so dass sie ihre Termine nicht wahrnehmen konnten. Nach drei Monaten voller Druck durften sie endlich zu ihren Terminen, doch die Abfahrzeit vom Lager wurde so sehr verzögert, dass sie erst nach Ende der Öffnungszeit im Bagdad ankamen und ihre Termine verpassten. Ich sollte alle drei Monate meinen

Arzt aufsuchen. Zweieinhalb Jahre lang versuchte ich, zu ihm zu fahren, es wurde mir nicht ein einziges Mal gestattet. Nach zweieinhalb Jahren wurde ich nach Camp Liberty gebracht und endlich konnte ich meinen Arzt aufsuchen. Er war sehr besorgt und sagte mir, der Krebs habe gestreut und mein Zustand sei jetzt kritisch."

15

Camp Ashraf und das Massaker vom Juli 2009

Nachdem die Freiheitskämpfer der PMOI während des iranisch-irakischen Krieges in den Irak geflohen waren, stellte Saddam Hussein ihnen in der Provinz Diyala ein großes Stück Wüste zur Verfügung. Er folgte der uralten Devise: „Der Feind meines Feindes ist mein Freund"; das war sein Motiv und nicht die Belohnung militärischer Dienste, wie sie die Mullahs der PMOI vorwarfen. Hier, in diesem dürren Gebiet, bauten die Kämpfer ihr Camp Ashraf. Im Laufe der Jahre entwickelte es sich zu einer blühenden Stadt. Doch als die USA gegen den Irak Krieg führten, bombardierten und umstellten sie das Lager. Vertrauliche Dokumente, die später britischen Gerichten vorlagen, enthüllten, dass die iranischen Mullahs während der Operation Iraqi Freedom („Operation Irakische Freiheit") im Jahre 2003 von den USA gefordert hatten, Camp Ashraf und weitere Lager der PMOI im Irak zu bombardieren. Die britische Regierung hatte Teheran zugesichert, sie sei mit dieser Forderung einverstanden und hatte das US-Militär zur Bombardierung gedrängt. Die überhaupt nicht zu rechtfertigenden Luftangriffe auf Camp Ashraf kosteten viele Menschen das Leben.

Trotz des Überfalls und obwohl die PMOI in Ashraf schwer bewaffnet und gut ausgebildet war, hegten die Bewohner keinen Groll gegen die Amerikaner und gaben freiwillig ihre Waffen ab, um dafür eine Schutzgarantie zu erhalten. Armee und Geheimdienst der USA führten danach ausführliche Interviews mit jedem einzelnen Bewohner von Ashraf. Nach 16 Monaten der Überprüfung aller Bewohner erkannte die Regierung der USA sie alle am 2. Juli 2004 als „geschützte Personen im Sinne der Vierten Genfer Konvention" an. „Ranghohe amerikanische Regierungsvertreter erklärten: ‚Ausführliche Interviews, geführt von Beamten des State Department und des FBI, ergaben keinerlei Grundlage für irgendwelche Anschuldigungen gegen die Mitglieder der Gruppe'" (New York Times, 27. Juli 2004). Das hieß, kein einziger von den Bewohnern war an einem terroristischen oder anderweitig kriminellen

Unternehmen beteiligt gewesen und keiner stellte eine Bedrohung für das amerikanische Militär dar. Sie alle bekamen einen Lichtbildausweis, der eine von der Regierung der USA ausgesprochene persönliche Sicherheitsgarantie enthielt.

Vom amerikanischen Militär geschützt, gedieh Ashraf weiter, während anderswo im Irak der Aufstand entfesselt war. Die Bewohner Ashrafs waren bei ihren irakischen Nachbarn in der Provinz Diyala beliebt. Sie waren arbeitsam und stellten zahlreiche Güter zum örtlichen Verkauf her. So verdienten sie ihren Broterwerb und finanzierten die allmähliche Erweiterung der im Lager vorhandenen Einrichtungen. Ausländische Abgeordnete, Anwälte und Angehörige durften Camp Ashraf besuchen; farbenfrohe Berichte von seinem wohlgeordneten gesellschaftlichen Leben gelangten in den Westen.

Es versteht sich, das iranische Regime betrachtete das Lager als „Vipernnest" der PMOI-Opposition. Es forderte die irakische Regierung mehrere Male auf, das Lager zu schließen und alle seine Bewohner in den Iran zu deportieren, wo Folter und Hinrichtung sie erwarten würden. Die irakische Regierung unter Premierminister Nouri al-Maliki, einer Marionette der iranischen Mullahs, war mehr als erbötig, diese Forderung zu erfüllen, konnte ihr aber nicht nachkommen, solange die Amerikaner Ashraf schützten. Derweil wurden Familienangehörige, die ihre Söhne und Töchter in Ashraf besucht hatten, nach ihrer Rückkehr in den Iran routinemäßig verhaftet. Viele von diesen unschuldigen Müttern und Vätern wurden in der Folgezeit hingerichtet, einzig weil sie Camp Ashraf besucht hatten. Das iranische Strafgesetzbuch bestimmt in Artikel 186–189, Unterstützung der PMOI oder Mitgliedschaft in ihr laufe auf das Verbrechen des „Mohareb" hinaus – „Krieg gegen Gott" –, und darauf steht die Todesstrafe.

Über Ashraf zogen die Sturmwolken sich zusammen. Die Saat der Tragödie wurde gesät. Das Militär der USA begann mit den Vorbereitungen auf den Abzug aus dem Irak, und die 3400 iranischen Dissidenten, die in Camp Ashraf zurückblieben, fragten voller Furcht, was aus ihnen werden würde, wenn die USA ihnen ihren Schutz entzögen. In der EU arbeiteten wir fieberhaft daran, ihre Sicherheit zu erhalten.

Da bestätigte ein ranghoher Beamter des Weißen Hauses, zwischen den USA und der irakischen Regierung seien Gespräche im Gange darüber, dass die USA ihren Schutz von Ashraf beenden und die Kontrolle über Camp Ashraf an die irakische Regierung übergeben wollten. Ich zweifelte nicht daran, dass mit diesem Schritt die USA einen schweren Verrat begehen würden. Diese Maßnahme erinnerte mich mit Schrecken an weitere verräterische Untaten aus der zeitgenössischen Geschichte, so an das Massaker, das die Sowjetunion an 2700 Kosaken verübte, nachdem sie im Jahre 1945 in Linz (Österreich) von der britischen Armee verraten worden waren. Hohe britische Offiziere hatten den Kosaken zugesichert, man werde sie zu einer Konferenz und noch an demselben Abend nach Linz zurückbringen. Stattdessen wurden sie unter Bewachung zu einem sowjetischen Gefängnis getrieben. Dort wurde jeder einzelne der Kollaboration mit dem NS beschuldigt und hingerichtet.

Während des Balkankonflikts, als die Vereinten Nationen Srebrenica zu einem von ihnen geschützten „sicheren Gebiet" erklärt hatten, traten 400 niederländische Blauhelme beiseite und machten es dadurch Einheiten der „Armee der Serbischen Republik" unter General Ratko Mladic möglich, schätzungsweise 8000 bosnische Männer und Knaben zu massakrieren. Am 4. April 2009 schrieb ich in einem Eilbrief an die Außenministerin der Vereinigten Staaten, Hillary Clinton: „Wie Sie wissen, ist die Situation der oppositionellen iranischen Emigranten in Ashraf im Januar dieses Jahres, als die Truppen der USA die Sicherheit Ashrafs der irakischen Regierung übergaben, zu einer Angelegenheit von internationalem Interesse geworden. Seitdem haben wir erlebt, dass hohe irakische Regierungsvertreter Drohungen gegen diese iranischen Flüchtlinge aussprachen."

Ich schrieb der Außenministerin, in Ashraf werde ein weiterer ungeheurer Verrat und ein Massaker von dramatischem Ausmaß vorbereitet und stellte die Frage: „Warum behandeln wir unsere Freunde so schlecht und spielen unseren Feinden in die Hände? Anhänger der PMOI im Iran haben wiederholt ihr Leben aufs Spiel gesetzt, um dem Westen streng vertrauliches Material über die Machenschaften der Mullahs und des Korps der Islamischen Revolutionsgarden zu verschaffen. Die PMOI hat zum ersten Mal aufgedeckt, dass der Iran ein Programm zum Bau von Atomwaffen unterhält." Doch nun habe es den Anschein, als wollten wir sie ihrem Schicksal überlassen. Die Übergabe der Verantwortung für Camp Ashraf an die Iraker wäre das Gleiche wie die Übergabe des Kinderzimmers Jesu an König Herodes und mit einem solchen Szenarium hätten wir es jetzt zu tun.

Die Truppen der USA, die seit 2003 in Ashraf stationiert waren, packten schließlich ihre Sachen und zogen am 1. Januar 2009 ab. Sie brachen ihr den 3400 Bewohnern gegebenes Schutzversprechen und überließen sie ihrem Schicksal. Nur eine Handvoll Militärbeobachter der USF-I (US-Truppen im Irak) blieb zur Beobachtung des Lagers zurück. Auf diese Gelegenheit hatten die Mullahs in Teheran nur gewartet. Jetzt konnten sie sich über die Bewohner von Ashraf hermachen. Dabei verblieb im nördlichen Teil von Ashraf eine beträchtliche Gruppe von US-Soldaten namens „FOB Grizzly" zur Aufsicht über das Gebiet. Sie wussten, was um Ashraf herum vor sich ging, taten aber nichts.

Das Massaker, das wir alle vorausgesagt hatten, trat Ende Juli 2009 ein. Das irakische Militär schickte fünf mit Panzern und gepanzerten Fahrzeugen bewaffnete Divisionen, um unbewaffnete Männer und Frauen in einem brutalen Überfall, der die zivilisierte Welt entsetzte, niederzumetzeln. Am 28. Juli kam Oberst Saadi, der Kommandeur der um Ashraf stationierten irakischen Truppen, um mit der Führung der Bewohner zu sprechen. Er sagte, er habe die Absicht, im Lager in der Nähe des Wasserwerks eine Polizeiwache zu errichten. Die Bewohner widersprachen diesem Plan eindeutig; um 14 Uhr lief Oberst Saadi wütend davon. Zwei Stunden später kam er zurück – mit hunderten Soldaten und Polizisten, die das Lager stürmten und Humvees und Bulldozer einsetzten, um die umgebenden Zäune und Mauern zu planieren.

Sofort bildeten die Bewohner Ashrafs eine Menschenkette, um ihr Gelände zu verteidigen. Sie wurden von den Truppen mit scharfer Munition und Blendgranaten niedergemäht. Unbewaffnete Männer und Frauen wurden mit nagelgespickten Keulen und Stöcken geprügelt. Die Iraker behaupteten, sie seien von den Bewohnern mit Messern, Steinen und scharfen Werkzeugen angegriffen worden; das war absolut unzutreffend. Der Überfall dauerte bis zum Abend, mindestens vier Stunden lang. Am folgenden Morgen, dem 29. Juli, kamen die Iraker gegen 10.15 Uhr erneut nach Ashraf. Diesmal waren es schätzungsweise 1000 Mann, Polizei und Soldaten der berüchtigten 56. Brigade unter dem direkten Befehl von Premierminister Nouri al-Maliki. Sie wüteten in demselben Ausmaß wie am Abend zuvor, feuerten Salven auf fliehende Männer und Frauen, jagten hinter ihnen her und zerquetschten sie mit ihren Humvees und gepanzerten Fahrzeugen. Zeugen berichteten, viele von den Angreifern hätten, obwohl in irakischen Uniformen, perfekt Farsi gesprochen – Beweis, dass es sich um Iraner handelte oder dass sie zumindest im Iran ausgebildet worden waren.

Videofilme, die einige Überlebende gedreht haben, zeigen die extreme Gewalttätigkeit der irakischen Truppen – mit Gewehrfeuer, Wasserwerfern und Schlagstöcken; sie ermordeten 11 Menschen und verletzten 443, davon 42 schwer. Zwei weitere erlagen später ihren Wunden auch weil die Iraker ihnen medizinische Versorgung versagten, denn sie hinderten die Ärzte und Krankenwagen daran, die Verwundeten fortzubringen. Inspektoren der UNAMI fanden später den Krankenwagen Ashrafs von Schüssen durchsiebt. Er war mehrmals, während die Ärzte sich bemühten, die Verwundeten in Sicherheit zu bringen, beschossen worden. Nach dem Überfall machten sich die irakische Armee und Polizei ans Plündern. Sie erbeuteten 49 Fahrzeuge, raubten Klimaanlagen, Tische, Stühle, Generatoren und alles, was sie wegschaffen konnten, um ihre Stellung vor dem Lager damit auszustatten.

Während des Überfalls waren 36 Männer bösartig geschnappt worden. – Später wurde ihnen die lächerliche Anschuldigung gemacht, sie hätten „Beamte im Dienst angegriffen". Sie wurden in eine örtliche Polizeiwache gebracht. Vielen von ihnen waren bei ihrer Festnahme Gliedmaßen gebrochen, ihre Köpfe waren verwundet worden. Am 24. August ordnete ein Ermittlungsrichter wegen Mangels an Beweisen ihre sofortige Freilassung an. Der öffentliche Ankläger hob – zweifellos auf Befehl des Premierministers – den Freilassungsbeschluss sofort auf und setzte zur Vernehmung der 36 Männer einen Termin Mitte September fest. Er fabrizierte noch weitere Beschuldigungen und heftete ihnen das Etikett von illegalen Ausländern an, die ohne korrekte Papiere in den Irak gekommen seien. Aus Protest traten die 36 Männer noch am Tage ihrer Verhaftung in den Hungerstreik.

Amnesty International schrieb 2010 im Bericht der Organisation über die Menschenrechtslage des Irak: „Nach Monaten zunehmender Spannung erzwangen irakische Truppen am 28. und 29. Juli ihren Eintritt in das Lager und übernahmen die Kontrolle über Camp Ashraf. Es beherbergt mehr als 3400 Mitglieder und Anhänger der ‚Organisation der Volksmodjahedin Iran (PMOI)', einer oppositionellen iranischen Gruppe, die seit 2003 vom Militär der USA bewacht worden war. Videoaufnahmen zeigen, wie die irakischen Sicherheitskräfte vorsätzlich mit Militärfahrzeugen mitten in Gruppen von demonstrierenden Lagerbewohnern hineinfuhren. Sie machten Gebrauch von scharf geladenen Waffen, töteten offenbar mindestens neun Bewohner, verschleppten 36 andere und folterten sie."

Tahar Boumedra, Leiter des Menschenrechtsbüros der Hilfsmission der Vereinten Nationen für den Irak (UNAMI), erfuhr in seinem Bagdader Büro vage Einzelheiten von dem Massaker. Unverzüglich bat er die irakische Regierung um Erlaubnis, mit einer Ermittlungskommission nach Ashraf zu fahren. Trotz seiner wiederholten Proteste dauerte es elf Tage, bis die Erlaubnis erteilt wurde. Der Irak argumentierte zynisch, die Bewohner Ashrafs brauchten noch Zeit, um ‚abzukühlen'; erst dann könnte das Team der UNAMI das Lager ungefährdet aufsuchen.

Endlich erhielt Tahar Boumedra die Erlaubnis, am 10. August mit seiner Gruppe das Lager aufzusuchen. Sie befragten die Überlebenden, sammelten Fotos und Videoaufnahmen von dem Überfall, nahmen Einsicht in Arztberichte und Erklärungen. Sie stellten auch Oberst Saadi, der den Überfall kommandiert hatte, zur Rede, und er gab zu, dass das Amt von Premierminister Nouri al-Maliki ihm befohlen hatte, ins Lager einzudringen. Er behauptete, die Bewohner hätten erbitterten Widerstand geleistet und dadurch sei er zum Einsatz der Waffen gezwungen gewesen. Später erklärte Herr Boumedra, seine Gruppe sei auf keine Tatsachen gestoßen, die Oberst Saadis Darstellung der Ereignisse bestätigt hätten. Saadi habe sich – so Boumedra – ausweichend verhalten und eingeräumt, es seien ‚Fehler begangen' worden. Nach den Schüssen befragt, sagte er, er habe Schüsse gehört, könne jedoch nicht sagen, woher sie kamen. Außerdem behauptete er, er habe gesehen, wie Bewohner – Mitglieder der PMOI – sich selbst den Militärfahrzeugen vor die Räder geworfen hätten!

Nach zwei Tagen, am 12. August traf das UNHCR in Bagdad mit Ali al-Yasseri zusammen, dem Chef vom Dienst im Amt des Premierministers und Leiter des so genannten Ashraf-Komitees. Er sagte dem UN-Team, nach dem Überfall auf Ashraf hätten die irakischen Behörden im Lager Raketen und Raketenwerfer gefunden; damit sei bewiesen, dass die PMOI terroristische Aktionen plante. Die Tatsache, dass das irakische Innenministerium, die Verwaltung der Provinz Diyala sowie Militär und Geheimdienste der USA trotz wiederholter Durchsuchung des Lagers keinerlei Waffen gefunden hatten, stellte diese Behauptung als absurd bloß. Im April 2009 hatten Gruppen des irakischen Innenministeriums mit Polizeihunden drei Tage lang alle Teile von Ashraf durchsucht und offiziell bestätigt, dass sie keine Waffen gefunden hatten. Dennoch entschloss sich das Amt des UNHCR, die lächerlichen Behauptungen über Waffenfunde in Ashraf geheim zu halten; offenbar glaubte es den absurden Erklärungen al-Yasseris. So erklärt sich wohl seine spätere Weigerung, den Bewohnern Ashrafs spürbar zu helfen. Al-Yasseri wollte später Tahar Boumedra weismachen, die MEK hätten während des Überfalls vom 28. und 29. Juli auf ihre eigenen Leute geschossen, um die irakischen Truppen in Misskredit zu bringen.

Entgegen allen diesen Lügen, Vorwänden und propagandistischen Erklärungen erkannte die UNAMI, dass für die Todesfälle, die Verwundungen und die Plünderungen, die sich während des Überfalls ereignet hatten, einzig die irakischen Truppen verantwortlich waren. Tahar Boumedra und seine Mitarbeiter von der UNAMI führten Interviews mit einigen Militärbeobachtern der USA, die das gesamte Massaker mit angesehen und gefilmt hatten. Weil die USA mit dem Irak den Rückzug der amerikanischen Truppen vereinbart hatten, waren sie zur Intervention nicht in der Lage gewesen und mussten daher tatenlos zusehen. Sie bestätigten die Erkenntnis der UNAMI, wonach einzig die Iraker für den brutalen Überfall verantwortlich waren. Sie versprachen, eine Kopie ihres Films zur Verfügung zu stellen, falls er nicht für vertraulich erklärt werden würde. Tatsächlich wurde aber dieser Film niemals ausgehändigt – vermutlich um die Iraker nicht zu verärgern. Die Amerikaner waren ja immer noch entschlossen, Maliki den Rücken zu stärken und der Welt zu versichern, nach all dem horrenden Aufwand an Leben und Geld, den der Irak-Feldzug den Westen gekostet hatte, hätten sie eine „funktionierende Demokratie" hinterlassen.

Mich erschütterte ein Film der *Fox News*, der eine Gruppe verwundeter Bewohner Ashrafs zeigte, die während des Überfalls vom 28. und 29. Juli amerikanische Soldaten um Hilfe baten. Die Soldaten ignorierten sie – sie hatten ja entsprechende Instruktionen von ihrem Oberkommando. Es war ein kaltblütiger, schändlicher Überfall, um so schlimmer, weil wir ihn vorausgesagt hatten. Wir hatten die Amerikaner gedrängt, die Verantwortung für den Schutz der Bewohner beizubehalten; wir hatten sie davor gewarnt, diese Aufgabe den Irakern zu übergeben.

Ich hatte in dieser Sache an UN-Generalsekretär Ban Ki-moon, Barack Obama und den damaligen britischen Premierminister Gordon Brown geschrieben. Meine Appelle trafen auf taube Ohren. Niemand war bereit, einen Finger zu rühren. Die PMOI stand ja immer noch auf der Terrorliste der Vereinigten Staaten – daher das Widerstreben Washingtons, irgendetwas zu tun; und das FCO (das britische Außenministerium) in Whitehall litt noch an den Schmerzen daran, dass die Gerichte es gedemütigt hatten, als sie es zwangen, die PMOI von der Terrorliste des

Vereinigten Königreichs zu streichen. Ban Ki-moon war vollauf mit dem blutigen Aufstand im Irak beschäftigt und weigerte sich, durch einen in seinen Augen geringfügigen Vorfall in Ashraf abgelenkt zu werden. Diese Signale aus dem Westen wurden in Bagdad und Teheran gehört und verstanden. Die Botschaft des Westens war klar: Macht mit der PMOI, was ihr wollt – der Westen greift nicht ein.

Die UNAMI, die Hohe Kommissarin der Vereinten Nationen für die Menschenrechte und Baroness Ashton, Hohe Vertreterin der Europäischen Union für auswärtige Angelegenheiten, traten für strenge Proteste gegen die irakische Regierung ein und forderten eine vollständige, unabhängige Untersuchung. Tahar Boumedra forderte die irakische Regierung auf, die für den Überfall Verantwortlichen zu identifizieren und zur Rechenschaft zu ziehen. Später wurde ihm ein Dokument gezeigt, das al-Yasseri vom Amt des Premierministers angefertigt hatte. Es bestand aus Fotos von einem Tisch, auf dem Handgranaten, Pistolen und Messer lagen. Eine Bildunterschrift besagte, diese Waffen seien in Ashraf gefunden worden und bewiesen, dass die PMOI eine terroristische Organisation sei und einen tödlichen Angriff auf die irakischen Truppen unternommen habe. Boumedra riet ihnen, dies Dokument nicht zirkulieren zu lassen; es sei überdeutlich dilettantisch und so absurd, dass es zum Lachen sei. Doch die UNO und der Westen betrachteten diese Angelegenheit nun als abgeschlossen. Sie war bereits Geschichte; die Forderung nach einer unabhängigen Untersuchung würde nicht wiederholt werden. Die Iraker waren buchstäblich Mörder und waren frei davongekommen!

Überall in der Welt traten nun Anhänger der PMOI in den Hungerstreik, in Solidarität mit den 36 Bewohnern von Ashraf, die nach dem Massaker entführt worden waren. Aus Sympathie waren auch 136 Bewohner im Lager selbst in den Hungerstreik getreten. Ich sprach zu großen Protestversammlungen vor dem Hauptquartier der UNO in Genf und vor dem Gebäude des Europäischen Parlaments in Brüssel. Der Richter der irakischen Stadt Khalis, wo die 36 festgehalten wurden, ordnete dreimal ihre Freilassung an, doch das Amt des Premierministers blockierte die Anordnung. Sie wurden in verschiedene Gefängnisse in Bagdad verbracht, obwohl sie alle schrecklich geschwächt waren. Endlich wurden die 36 Geiseln am 7. Oktober aufgrund internationalen Drucks freigelassen; einige von ihnen waren dem Tode nahe.

Tahar Boumedra fuhr nach Ashraf, um die Rückkehr der Entführten mitzuerleben. An den Toren von Ashraf kamen zwei Busse an, umrundet von einer massiven irakischen Militäreskorte. Der Hungerstreik hatte 72 Tage lang gedauert und die 36 Entführten waren gefährlich geschwächt; keiner von ihnen konnte ohne fremde Hilfe aufstehen. Dennoch war Oberst al-Saadi, der das Massaker kommandiert hatte, entschlossen, ihre Leiden noch zu verlängern. Er bestand darauf, dass die Leitung der PMOI in Ashraf ein rechtsverbindliches Dokument unterzeichnete, wonach die 36 sich in einer Art von Hausarrest befänden und sich bei der nächsten Polizeiwache melden müssten, wann immer sie dazu aufgefordert würden. Das war ganz und gar nicht im Sinne der Entlassungbefehle des Gerichts; Tahar Boumedra und Vertreter des Internationalen Komitees vom Roten Kreuz (ICRC) erklärten es für illegal.

Die Mittagstemperaturen stiegen inzwischen immer höher, doch die 36 mussten in den Bussen schmachten; Klimaanlagen und Wasser gab es nicht. Endlich unterschrieb die PMOI-Führung, empört und um ihren Kollegen weitere Leiden zu ersparen. Doch dies befriedigte al-Saadi immer noch nicht. Er verlangte, Tahar Boumedra sollte für die UNAMI unterschreiben und forderte auch eine Unterschrift vom Roten Kreuz. Beide argumentierten, dann müsse das Dokument für sie umgeschrieben werden, um klar zu machen, dass sie nur als ‚Beobachter' die Vereinbarung unterschreiben. Al-Saadi schickte das Dokument zur Korrektur weg und noch mehr Zeit verging. Als endlich alle Unterschriften gesetzt waren wurde es Boumedra gestattet, die Busse zu betreten.

Später berichtete er, als die Türen geöffnet wurden, sei er bei dem Verwesungsgestank ins Taumeln gekommen. Lang anhaltende Hungerstreiks bringen den menschlichen Körper dazu, sich selbst zu verzehren; das führt rasch zu Organversagen. Die 36 Geiseln waren mehr als halbtot. Man musste sie auf Bahren davontragen und viele von ihnen mussten mit einer Kochsalzlösung rehydriert werden. Das Amt des Hohen Kommissars für die Menschenrechte in Genf gab unverzüglich eine Presseerklärung heraus, in der es der irakischen Regierung für die Freilassung der 36 Geiseln dankte und mehr oder weniger sich selbst zu dem „Erfolg" beglückwünschte. Keine Erwähnung der rechtswidrigen Tötungen, der Verwundung von Hunderten und der Plünderungen. Dieser Schrecken wurde alsbald zu den Akten gelegt und wie das Massaker vom Juli nie mehr erwähnt. Man wollte die Beziehungen zu der Regierung Nouri al-Maliki nicht belasten. Der Glückwunschton der Presseerklärung der Vereinten Nationen kam fast einer Billigung des brutalen Überfalls von Maliki gleich. Die Feigheit des Westens kannte offenbar keine Grenzen.

16

Interviews mit politischen Gefangenen
Lager Liberty (Bagdad), August 2014
Die medizinische Blockade Camp Ashrafs

Mahtab Madanchi

„Mein Name ist Mahtab Madanchi. Im Jahre 2010 wurde bei mir rheumatische Arthritis diagnostiziert. Diese Krankheit beeinträchtigte meine Hände, Beine, meinen Hals und meine Schultern so sehr, dass ich nach zwei Monaten vollständig gelähmt war, unfähig, die einfachsten Arbeiten zu tun. Ich lag drei Monate lang im Bett. Meine Beine und mein rechter Arm waren deformiert; selbst zu den einfachsten Tätigkeiten war ich nicht mehr in der Lage.

Der Ausbruch meiner Krankheit fiel in die Zeit, in der die Regierung Maliki Camp Ashraf mit der unmenschlichen medizinischen Blockade belegte. Es dauerte mehr als einen Monat, bis ich einen Arzt aufsuchen konnte, der mir dann erklärte, die Krankheit sei in ein irreversibles Stadium eingetreten, und die Ärzte könnten mich nur mehr mit Kortison behandeln.

Ich versuchte zu der irakischen Klinik zu kommen, in der Hoffnung, an einen Facharzt überwiesen zu werden; doch die Beamten des Informationsministeriums verschoben immer wieder meine Besuche. Als wir in Ashraf waren, pflegte man die Patienten ins Krankenhaus Baqubah zu schicken. Doch dort konnten sie mich nicht behandeln. Nur in Bagdad gab es Krankenhäuser, die das Medikament hatten, das ich brauchte: Remicade. Mehr als ein Jahr lang hinderten mich die Agenten Malikis daran, ein Krankenhaus in Bagdad zu besuchen. Endlich, nach einem Jahr Verzögerung, in dem ich täglich unerträgliche Schmerzen erlitt, wurde mit gestattet, nach Bagdad zu fahren. Überflüssig zu erwähnen: die Beamten des Informationsministeriums, die uns begleiteten, schüchterten die Ärzte ein und schmeichelten ihnen, um sicherzustellen, dass wir nicht angemessen behandelt wurden.

Nach einem Monat der Verschiebungen wurde ich endlich nach Bagdad geschickt, um den mich behandelnden Arzt aufzusuchen, der darauf bestanden hatte, dass ich ohne Verzug mit Remicade behandelt würde. Als wir im Krankenhaus ankamen, zwangen uns die Beamten des Informationsministeriums, nach Camp Liberty zurückzukehren, ohne den Arzt auch nur gesehen zu haben."

17

Das Ultimatum gegen Ashraf

Im Jahre 2009 war der Besondere Vertreter des Generalsekretärs im Irak der ehemalige niederländische Außenminister und Vorsitzende der Arbeiterpartei Ad Melkert. Dem Los der Flüchtlinge Ashrafs stand er mit Anteilnahme gegenüber; er war sich auch der misslichen Position der UNAMI und des UNHCR bewusst, die ja mit Nouri al-Maliki zusammenarbeiten mussten, obwohl er in seinem Vorgehen gegen die Bewohner Ashrafs wiederholt gegen die zentralen Prinzipien des Völkerrechts und die Charta der Vereinten Nationen verstoßen hatte. Gegen Ende 2009 besuchte Melkert das Europäische Parlament in Brüssel. Gemeinsam mit Elmar Brok, Mitglied des Europäischen Parlaments, leitete ich eine Anhörung vor dem Auswärtigen Ausschuss; wir baten ihn, seine Vorstellungen von der Zukunft Ashrafs zu umreißen.

Melkert erklärte, wir müssten eine Schlüsselfigur in der irakischen Regierung benennen können, der wir als einem ernsthaften Vertreter vertrauen könnten. Bis dahin hatten Personen wie al-Yasseri vom Amt des Premierministers sich als unzuverlässig und nicht vertrauenswürdig erwiesen, unfähig, ohne Verbindung mit al-Maliki selbst Entscheidungen zu treffen. „Wenn wir", schlug Melkert vor, „einen vertrauenswürdigen Unterredner benennen, so können wir den Irakern zusichern, dass ihnen natürlich die volle Souveränität über Camp Ashraf zukommt, mit dieser Souveränität allerdings die Verantwortung für das Wohlergehen der 3400 Bewohner verbunden ist; die Vereinten Nationen würden Hand in Hand mit der irakischen Regierung zusammenarbeiten, um ihre Sicherheit zu garantieren." Zugleich erklärte Melkert, dies sei nur der erste notwendige Schritt; darüber hinaus brauche er sowohl von den USA als auch von den Mitgliedsstaaten der Europäischen Union die Zusicherung, dass sie diese Flüchtlinge umsiedeln würden, um sie so rasch als möglich aus dem Irak zu bringen. Er betonte, die Zeit sei hier von entscheidender Bedeutung. Geschähe nichts, würden weitere Gewalttaten wahrscheinlich folgen.

Melkert kehrte nach Bagdad zurück; er und Boumedra trafen sich mit dem Stabschef von Nouri al-Maliki, Dr. Tarik Abdullah. Dieser machte von Anfang an klar, dass Maliki keine besondere Behandlung der Bewohner Ashrafs wünschte, da sie in seinen Augen im Irak keinen rechtlichen Status hätten. Er betonte, sie würden als ausländische Terrororganisation angesehen; nicht nur der Irak, sondern auch die Vereinigten Staaten und viele andere Länder betrachteten sie als solche, und ihre fortgesetzte Anwesenheit im Irak schaffe immer neue Probleme mit dem benachbarten Iran. All dessen ungeachtet sagte Dr. Abdullah, er sei bereit, eine dauerhafte Präsenz der UNAMI in Camp Ashraf zu akzeptieren, solange sie sich dort neutral verhalte. „Wer nicht für uns ist, ist gegen uns," sagte er und sagte auch Mitarbeit der irakischen Regierung bei der Umsiedlung der 3400 Bewohner in die USA, die Europäische Union und andere Länder zu; dabei behielt er sich aber das Recht vor, von der irakischen Souveränität über Ashraf Gebrauch zu machen und die 3400 Bewohner zeitweilig in ein anderes Lager zu verlegen. Das sollte noch vor den auf April 2010 angesetzten Wahlen stattfinden – in erschreckend kurzer Zeit.

Diese Mitteilung ließ die Alarmglocken klingen. Ich arrangierte eine sofortige Zusammenkunft mit Baroness Ashton, der Hohen Vertreterin der Europäischen Union für Auswärtige Angelegenheiten; ich wollte sie dringend bitten, die 27 Mitgliedsstaaten zur Aufnahme je eines Teils der Flüchtlinge von Ashraf zu ermuntern. „Wenn jedes Land 125 von ihnen aufnimmt, haben wir das Problem über Nacht gelöst," sagte ich. In Bagdad rief Ad Melkert die Botschafter von sechs EU-Ländern zusammen, dazu die Botschafter der USA, Japans und Australiens. Er sagte ihnen, es handle sich um eine Angelegenheit von höchster Priorität, die dringliches Handeln verlange.

Erwartungsgemäß erließ Nouri al-Maliki nun ein Ultimatum: Camp Ashraf sollte zum 31. Dezember 2009 geschlossen werden. Der Zeitrahmen war unmöglich. Ein vom 15. November datierter Brief an die Protokollabteilung des Europäischen Parlaments unterstrich die Entscheidung: „Der irakischen Regierung bleibt keine andere Wahl, als auf der Basis der Prinzipien der Souveränität das Lager zu evakuieren und seine Bewohner in andere Lager innerhalb Iraks zu verlegen." Des Weiteren wurde erklärt, die irakische Regierung betrachte die Männer und Frauen Ashrafs als Terroristen und vertrete den Standpunkt, sie hätten keinen Anspruch auf einen gesicherten Status und Schutz im Sinne der Genfer Konventionen und des internationalen humanitären Rechts.

Dieses Ultimatum der Iraker lief darauf hinaus, dass die Bewohner in den Tod geschickt würden; es war offenkundig das Vorspiel eines Massakers, das von dem benachbarten iranischen Regime geplant wurde. In Wahrheit waren alle Bewohner von Camp Ashraf geschützte Personen unter der Genfer Konvention. Doch seit Beginn des Jahres 2009, als die USA die Verantwortung für die Sicherheit Camp Ashrafs der irakischen Regierung übergaben, war Ashraf einer erstickenden Belagerung ausgesetzt. Maliki hatte alles getan, um den Westen zu einer Reaktion zu provozieren. Er und seine Drahtzieher in Teheran testeten wieder einmal das internationale Klima. Wenn der Westen wieder wie gewohnt feige auf die Provokation reagierte, würde ein vernichtender Angriff auf Ashraf mit Sicherheit folgen.

Am 19. Oktober 2009 kam al-Yasseri mit Mitarbeitern nach Camp Ashraf zu einem Treffen mit den führenden Mitgliedern der PMOI, um ihnen das vom Premierminister gestellte Ultimatum mitzuteilen, wonach sie das Lager zu verlassen hatten. Er sagte, am 15. Dezember würden Busse zum Lager kommen und die 3400 Bewohner würden in die Provinz al-Muthanna verlegt werden. Die Sprecher der PMOI erklärten unter der Leitung von Mehdi Baraei, sie würden nun sowohl im Irak als auch im Iran mit äußerster Feindseligkeit behandelt. Wenn sie Ashraf zu verlassen hätten, bestehe ihre einzige Option darin, in sichere Länder außerhalb des Irak umgesiedelt zu werden. Wenn es nicht zu dieser Lösung komme, würden sie sich weigern, Ashraf zu verlassen.

Wie von al-Yasseri angedroht, kam am 15. Dezember ein Konvoi von Bussen in Ashraf an. Die irakische Armee fuhr auf den Straßen des Lagers in Militärfahrzeugen herum und brüllte durch Lautsprecher den Befehl an die Bewohner, in die Busse einzusteigen. Sie hatten eine große Anzahl von Journalisten mitgebracht, die die vollständige Evakuierung des Lagers bezeugen sollten. Natürlich war kein einziger Bewohner bereit abzufahren. Viele sagten das den Journalisten. Endlich, nach einigen vergeblichen Stunden, fuhren die Busse leer davon. Diese demütigende Niederlage, die die Bewohner von Ashraf Maliki beigebracht hatten, rief in ihm eine Reaktion hervor, die man voraussagen konnte. Er befahl jetzt eine Strafaktion gegen die Lagerbewohner, um sie weichzuklopfen und zum Umzug zu zwingen.

Ashraf wurde von irakischen Truppen umstellt; alle Besucher wurden umgehend ausgewiesen. Lastwagen mit Brennstoff, Lebensmitteln, Chlor zur Wasserreinigung und anderen elementaren Lebensgütern wurden routinemäßig an den Toren des Lagers angehalten und mussten zurückfahren. Die irakische Regierung hatte die Bewohner Ashrafs vom Erwerb von Brennstoff im Irak ausgeschlossen; alle Vorräte mussten nun zu enormen Kosten aus Kuwait importiert werden. Einmal wurden die Fahrer zweier Tankwagen angehalten und für 20 Tage in ein örtliches Gefängnis eingesperrt, bis ein Richter sie freiließ. Auch medizinisches Material wurde ferngehalten. Die Werkstätten von Ashraf waren nicht mehr in der Lage, ihre Waren an die örtliche arabische Bevölkerung der Provinz Diyala zu verkaufen; damit waren alle wesentlichen Einnahmequellen verstopft. Da es an Brennstoff fehlte, den sie zum Betrieb der Generatoren brauchten und da sie ihre schwindenden Nahrungsvorräte rationieren mussten, waren die 3400 Bewohner einer maßlosen psychologischen Folter unterworfen. Irakische Techniker stellten vor den Zäunen, die das Lager umgaben, gigantische Lautsprecher auf. Aus mehr als 300 davon wurden Tag und Nacht, sieben Tage in der Woche, in dröhnender Lautstärke Drohungen und Schmähungen ausgestoßen, um die Bewohner zu quälen und ihnen jegliche Ruhe zu nehmen.

Damit hörte der Stress aber nicht auf. Aus dem Amt von Premierminister Nouri al-Maliki drangen bösartige, drohende Nachrichten, die besagten, ranghohe Beamte der irakischen Regierung hätten eine Liste von 23 führenden „Terroristen" aus Camp Ashraf aufgestellt, die sie verhaften würden, der Rest würde in den Iran deportiert werden. Auch wurde erklärt, jeder irakische Bürger, der dabei ertappt würde, einem der „Terroristen" auf irgendeine Weise zu helfen, müsse mit Verfolgung im Sinne der Anti-Terror-Gesetze des Irak rechnen. Schwerkranken Patienten von Ashraf, die zuvor die Krankenhäuser in Baqubah und Bagdad zu Operationen und zur Behandlung von bedrohlichen Krebs- und Herz-Krankheiten hatten besuchen können, wurde nun verboten, das Lager zu verlassen. Aus diesem Grunde starben zehn von ihnen.

Am 24. April 2009 verabschiedete das Europäische Parlament eine energische Resolution zu Ashraf. Wir mussten gegen viele Abänderungen, die Verteidiger des Regimes im Parlament einbrachten, ankämpfen. Sie versuchten nach Anweisung der iranischen Botschaft in Brüssel, aus der Resolution einen Angriff auf die PMOI zu machen. Ich wurde mit der Leitung der Sitzung beauftragt, die den endgültigen Text der Resolution formulieren sollte. Bei der Abstimmung im Plenum gelang es uns, dass alle diese Abänderungen abgelehnt wurden. So wurde die Resolution zu einem historischen Dokument. Sie bekräftigte die Rechte dieser iranischen Dissidenten als geschützter Personen unter der Vierten Genfer Konvention und forderte den Schutz ihrer Sicherheit und ihres Wohlergehens.

Nach einem Jahr brachte ich eine schriftliche Erklärung (eine Petition) ein, in der das Ende der Belagerung und der an den Bewohnern Ashrafs verübten psychologischen Folter sowie ihre umgehende Evakuierung in sichere Länder gefordert wurde. Mehr als die Hälfte der 752 Mitglieder des Europäischen Parlaments unterzeichnete die Petition, die dadurch zur offiziellen Position des Parlaments wurde (angenommen am 25. November 2010). Ich wies außerdem in wiederholten Briefen, Artikeln, Presseerklärungen und Reden auf die provozierenden Menschenrechtsverletzungen im Lager hin – ohne Erfolg. EU, UNO und USA blieben stumm und offenbar gleichgültig.

Vor diesem sich verdüsternden Hintergrund blieb ich tief besorgt darüber, dass jederzeit ein weiterer blutiger Überfall sich ereignen könne. Er würde in der Art von Srebrenica zu einer Vernichtung der unbewaffneten Flüchtlinge im Lager führen. Es war klar, dass eine Lösung für Ashraf dringend gefunden werden musste, doch wieder schien die internationale Gemeinschaft handlungsunfähig. Ad Melkert und Tahar Boumedra beriefen die Botschafter der EU und der USA erneut zu einem Treffen in Bagdad; man begegnete ihnen mit Vorurteilen und einem Gemurmel von Terroristen und bösen Kulten, – das alles stammte von der Propaganda des iranischen Regimes. Die Mullahs wollten um jeden Preis das Gerücht verbreiten, dass viele Leute in Camp Ashraf gegen ihren Willen festgehalten würden. Sie behaupteten, die Disziplin sei dort so rigoros, dass man Andersdenkende schlage und niemandem erlaubt werde, das Lager zu verlassen.

Tatsächlich hatten Alejo Vidal-Quadras und Paulo Casaca, meine engen Freunde und Kollegen im Parlament, Ashraf besucht – Paulo sogar öfters – und waren von den Bewohnern tief beeindruckt. Sie waren vollkommen frei gewesen, zu interviewen, wen sie wollten, und hatten bei ihrer Rückkehr nach Brüssel ausführliche Berichte vorgelegt. Ihre Berichte machten die Angstmärchen und Verleumdungen, die Teheran verbreitete, zu Dreck. Betrüblicherweise hatten – nach Ermutigung durch die irakischen Behörden – diese Geschichten in der diplomatischen Gemeinschaft Bagdads einige Beachtung erlangt; sie hatten auch bei den Mitarbeitern des UNHCR und der UNAMI die Ansichten über Ashraf entstellt.

18

Interviews mit politischen Gefangenen
Lager Liberty (Bagdad), August 2014
Die medizinische Blockade Camp Ashrafs

Hassan Habibi

„Mein Name ist Hassan Habibi. Ich bin 48 Jahre alt und Elektroingenieur. 1983 kam ich nach Ashraf. Im Jahre 2003 ging – nach Unterzeichnung des Abkommens mit den Amerikanern – die Verantwortung für den Schutz von Ashraf auf die Truppen der USA über. Unseren Einwänden entgegen übertrugen die USA im Jahre 2009 den Schutz Ashrafs den Irakern. Uns war klar, dass die irakischen Truppen vom iranischen Regime beeinflusst wurden und die Absicht hatten, Ashraf zu schließen und die Bewohner zur Rückkehr in den Iran zu zwingen, wo ihnen Folter und Hinrichtung drohen würden. Die irakische Regierung belagerte uns und erlegte dem Lager eine medizinische Blockade auf.

In der Folgezeit überfielen Agenten des iranischen Regimes an der Seite irakischer Truppen das Lager; sie setzten gepanzerte Humvees ein und feuerten unterschiedslos auf die unbewaffneten Bewohner. Am 28. Juli 2009 wurde ich von einem dieser Humvees überfahren. Ich wurde schwer verwundet und verlor das Bewusstsein. Mein Becken war an vier verschiedenen Stellen gebrochen und meine Milz zerrissen. Der Krankenwagen, der mich holte, war auch von Schüssen durchlöchert.

Als ich im Krankenhaus von Ashraf wieder zu Bewusstsein kam, sah ich Hunderte von Verwundeten. Es war kein freier Platz mehr; die Leute waren gezwungen, auf dem Boden zu liegen. Dennoch erlaubten die irakischen Truppen es niemandem, das Lager zu verlassen; irakische Ärzte durften das Lager nicht betreten. Nach zwei Tagen wurde einer Gruppe amerikanischer Ärzte, die in dem angrenzenden Lager lebten, gestattet uns zu besuchen. Sie ließen acht von den schwer Verwundeten, darunter mich, zur Behandlung in das Krankenhaus von Ballad bringen. Wegen verzögerter medizinischer Behandlung verstarb Alireza Ahmad Khah, der gleich mir am Becken verwundet worden war. Er lag neben mir in einem Humvee der amerikanischen Truppen und starb, als wir Ashraf verließen.

Ein anderes Beispiel ist Siavoosh Nezamal Molki. Die Iraker hatten mit einem Schlagstock auf seinen Kopf eingeschlagen und im Gehirn ein Aneurisma verursacht. Er kam wegen verzögerter Behandlung ums Leben. Ich blieb anderthalb Monate im Krankenhaus der amerikanischen Truppen, aber sie führten die inneren Operationen, die ich brauchte, nicht durch. Sie sagten, ich hätte bis Januar 2010 zu warten, und brachten mich ins Lager zurück. Der Nationale Widerstandsrat Iran gab eine Erklärung heraus, in der es hieß, er sei bereit, die Kosten für die Operation aufzubringen und werde sogar fähige Ärzte in den Irak senden, damit sie stattfinden könne, oder mich zu einer Operation aus dem Irak bringen lassen. Keiner dieser Vorschläge wurde angenommen.

Endlich kam im Februar 2011 eine Gesandtschaft aus Genf zum Besuch des Lagers. Sie hatten darum gebeten, einige der Verwundeten zu besuchen. Auch mich besuchten sie. Danach konnte ich das Lager verlassen und nach Erbil im Norden des Irak fahren, um mich der dringend benötigten Operation zu unterziehen. Doch die Ärzte in Erbil sagten mir, sie könnten wegen der allzu großen Verzögerung nichts mehr für mich tun. Ich wurde mit einem Foley-Katheder, der an meiner Blase befestigt war, ins Lager zurückgebracht. Die medizinische Belagerung hat zur Verkürzung eines meiner Beine geführt und meine Beweglichkeit beeinträchtigt. Ich kann nichts mehr anheben. Ich muss bis zum Ende mit dem Katheder im Leibe leben.

In Camp Liberty herrscht immer noch genau die gleiche Lage: die Bewohner, die einen Facharzt besuchen müssen, machen immer die gleiche Quälerei durch. Ihnen wird nicht erlaubt, privat einen Arzt oder eine Privatklinik aufzusuchen, und dies angesichts der Situation im Irak, wo die öffentlichen Gesundheitseinrichtungen wegen der hohen Zahl der Patienten in Bezug auf Pflege und Hygiene einen sehr niedrigen Standard aufweisen. Ich war auf einem Auge blind geworden und das andere wurde immer schwächer. Als mir endlich erlaubt wurde, mein Auge in einem Krankenhaus untersuchen zu lassen, folgten uns ständig einige bewaffnete Wachen, die uns wie Gefangene behandelten. Sie kamen sogar mit dem Arzt in den Behandlungsraum. Wegen der großen Zahl von Patienten konnten die Ärzte mit dem einzelnen nur wenige Minuten sprechen, bevor sie ein Rezept ausstellten. Es liegt auf der Hand, dass sie sich in solcher Lage um einen Patienten, der eine komplizierte Krankheit hat und genauerer Aufmerksamkeit bedarf, nicht kümmern können. Ich hatte mehrmals darum gebeten, in eine private Klinik geschickt zu werden, es war mir aber jedesmal verweigert worden."

19

Die irakischen Wahlen

Bis Anfang Januar 2010 stand nach verbreiteter Annahme kaum etwas dem entgegen, dass die Wahlen im Irak am 7. März glatt, ohne falsche Beeinflussung und fair über die Bühne gehen würden. Man war der Meinung, die irakische Regierung lege bedeutende Reife und Führungskraft an den Tag, um für eine friedliche und vollständig korrekte Abstimmung die Grundlage zu schaffen. Doch das anwachsende Ausmaß iranischer Einmischung im Irak bereitete den Beobachtern bald ernste Sorgen. Es war versucht worden, mehr als 500 hauptsächlich sunnitische Politiker aus dem Wahlprozess auszuschließen, darunter prominente Abgeordnete und politische Führungspersonen wie Dr. Saleh al-Mutlak. Es bestand kein Zweifel daran, dass dies auf Verlangen Teherans geschehen und von schiitischen Gruppierungen bewerkstelligt worden war, die mehr mit dem Iran als mit dem Irak verbunden waren. Daraus erwuchs eine erhebliche Destabilisierung des Wahlprozesses. Die eskalierende politische Krise führte dazu, dass US-Vizepräsident John Biden nach Bagdad kam, um die möglicherweise explosive Angelegenheit zu regeln.

Im Dezember davor hatte iranisches Militärpersonal die Grenze zum Irak überquert und das Ölfeld von Fakeh unter seine Kontrolle gebracht. Dort war die irakische Fahne gestrichen und die iranische gehisst worden. Der Vorfall rief im Irak großen Unmut hervor, und es war kein Zufall, dass ein Besuch des iranischen Außenministers Manouchehr Mottaki in Bagdad dazu dienen sollte, den Streit über das Ölfeld in Fakeh in Verbindung mit einer iranischen Strategie zur Kontrolle des irakischen Wahlprozesses zur Ruhe zu bringen. Die Mullahs in Teheran waren Altmeister im Geiselnehmen. Mit dem Ölfeld von Fakeh ließ sich jetzt wundervoll feilschen. Ahmadinejads Außenminister Mottaki verlangte den Ausschluss der 500 anti-iranischen, säkularistischen Politiker aus dem Wahlprozess, insbesondere den Ausschluss von Dr. Saleh al-Mutlak, eines ranghohen Abgeordneten, der gegen die iranische Einmischung in den Irak laut protestierte. Ging der Irak auf diese Bedingung ein, wollte der Iran das Ölfeld Fakeh wieder herausgeben. Es war klassische Mullahdiplomatie. Die irakische Regierung gab nach, schloss die Politiker als Kandidaten aus und fabrizierte Beschuldigungen, die aussahen, als dienten sie der Reinigung des Landes von der Baath-Partei: man behauptete, diese Politiker seien Anhänger des früheren Diktators Saddam Hussein.

In Wirklichkeit hatten die 500 ausgeschlossenen säkularistischen Politiker nur eins gemeinsam, und das war ihre Opposition gegen die iranische Einmischung in die irakischen Angelegenheiten. Einige traten außerdem den repressiven Maßnahmen gegen Ashraf erbittert entgegen. Dr. Saleh al-Mutlak, der eine beträchtliche Parlamentariergruppe leitete, hatte im Juni 2008 an einer großen Versammlung in Ashraf teilgenommen. Daraus war eine erstaunliche Petition erwachsen, die die Unterstützung der Bewohner von Ashraf verlangte und von drei Millionen Schiiten im südlichen Irak unterschrieben worden war.

Doch der Ausschluss der führenden Sunniten aus dem Wahlprozess war ein kalkulierter Schritt. Damit sollte einer von Schiiten dominierten, pro-iranischen Regierung der Sieg gesichert und der Weg zu einem Zustand geebnet werden, in dem Bagdad sich auf Dauer dem Willen Teherans fügen würde. Allein das iranische Regime gab sich damit nicht zufrieden. Es kam zum Mord an politischen Schlüsselfiguren wie Dr. Soha Abdallah in Mossul, zur illegalen Verhaftung von Najem Harbi, Oberhaupt der Kandidatengruppe der al-Iraqiya in der Provinz Diyala, außerdem zu einer umfangreichen Serie von Verhaftungen von Anhängern der al-Iraqiya in Salahed-din und im südlichen Bagdad. Zwei Brüder und eine Schwester von Tariq al-Hashemi, des damaligen Vizepräsidenten des Irak, die laut und deutlich gegen Folter und Unterdrückung politischer Gefangener protestierten, wurden ermordet.

Nachdem al-Maliki einige Schlüsselfiguren der Opposition von der Wahl ausgeschlossen hatte, missbrauchte er seine Stellung als Premierminister und Oberbefehlshaber der Streitkräfte, um eine umfassende Strategie vorzubereiten, mit der das irakische Volk um sein demokratisches Wahlrecht betrogen werden sollte. Es tauchten Beweise dafür auf, dass Kandidaten in Kerbela von irakischen Sicherheitskräften angegriffen und geschlagen worden waren, und es wurden Flugblätter verteilt, auf denen den Freunden der patriotischen, nicht-religiösen Parteien Gewalttat und Tod angedroht wurden. Riesige Beträge von vermutlich iranischem Geld wurden zum Kauf von Stimmen ausgegeben. In einem

Fall wurden offenbar Pistolen beschafft und an Dorfbewohner verteilt, gegen das Versprechen, den Wahlbetrug zu unterstützen.

Die endlose Flut von Emails und Berichten von Betrug und Korruption, die täglich in mein Büro strömten, widerte mich so an, dass ich mich beim Sekretariat des Europäischen Parlaments um den Auftrag bewarb, an der Spitze einer Mission von Wahlbeobachtern in den Irak zu gehen. Das wurde aus Sicherheitsgründen abgelehnt. Daher beschloss ich, im Internet eine Wahlbeobachtung einzurichten. Ich eröffnete eine besondere Website mit einer unverwechselbaren Emailadresse und forderte alle, die über Beweise von Wahlbetrug verfügten, auf, sie mir zu schicken und dabei möglichst die Namen der Schuldigen zu nennen. Ich machte das Vorhaben im Irak bekannt, und zwar durch Pressekonferenzen und Presseerklärungen, die ins Arabische übersetzt wurden. Während die Wahl näher kam, wurde ich mit Emails überflutet. Ich erhielt von ranghohen Politikern, Armeeoffizieren im Dienst, Mitarbeitern der Wahllokale, Lehrern, Journalisten und normalen Bürgern Angaben, die zeigten, dass die Wahl in jeder Hinsicht durch schmutzigen Betrug kompromittiert war.

Ein ranghohes Mitglied der Regierung al-Maliki, ein im Dienst befindlicher Armeegeneral, reiste noch in den Tagen unmittelbar vor der Wahl nach Brüssel, um mir zu berichten, man habe ihm befohlen, von Hubschraubern aus hunderttausende Flugblätter über die vorwiegend sunnitischen Vorstädte Bagdads abzuwerfen, um die Menschen zu warnen, sie seien des Todes, wenn sie für den säkularen Ayad Allawi stimmten. Dies ekele ihn an und er sei bereit, sein Leben aufs Spiel zu setzen, indem er mir davon berichte. Er sagte mir, irakische Truppen seien angewiesen worden, mit Mörsern in den sunnitischen Bezirken herumzuschießen, um die Menschen daran zu hindern, zur Stimmabgabe ihre Häuser zu verlassen. Viele kamen dabei ums Leben.

Ich fand heraus, dass zehntausenden ausgewanderten Irakern die Erlaubnis, ihre Stimme in Europa abzugeben, verweigert wurde – und zwar aus fadenscheinigen Gründen, angeblich wegen mangelhafter Feststellung ihrer Identität. Innerhalb des Irak wurde an dem Tag, der für die Stimmabgabe von militärischem Personal und Häftlingen vorgesehen war, von verbreitetem Betrug berichtet. Ganzen Regimentern verweigerte man das Recht zu wählen, da sie als Gegner al-Malikis angesehen wurden. In Bagdad und anderen irakischen Städten wurden mehr als 1500 Jugendliche verhaftet; man sagte ihnen, sie würden am nächsten Tage freigelassen, vorausgesetzt, sie stimmten für al-Maliki.

Wagenladungen mit Kisten, gefüllt mit Stimmzetteln, die schon zugunsten von al-Maliki ausgefüllt worden waren, wurden an der iranischen Grenze angehalten – ein vereitelter Versuch, sie in den Irak hineinzuschmuggeln. Mitarbeiter von Wahllokalen behaupteten, man habe sie angewiesen, ganze Bündel solcher vorweg ausgefüllter Stimmzettel am Wahltag in die Wahlurnen zu stopfen. Am Ende der Abstimmung wurden Wahlbeobachter angewiesen, die Wahllokale zu verlassen oder man werde auf sie schießen. Die Türen wurden verschlossen, und korrupte Mitarbeiter sollen die Wahlurnen mit zugunsten al-Malikis ausgefüllten Stimmzetteln angefüllt haben. Sie machten zahllose zugunsten Allawis ausgefüllte Stimmzettel durch ein zweites Kreuz ungültig und verfälschten Stimmenzahlen vor der Abgabe der Stimmzettel.

Nachdem ich umfassende Beweise des Wahlbetruges gesammelt hatte, durchsiebte ich alle Emails, um jede Spur der Identität jener zu entfernen, die ihr Leben aufs Spiel gesetzt hatten, um mit mir in Verbindung zu kommen. Die arabischen Emails ließ ich ins Englische übersetzen; ich versuchte so weit wie möglich nur solches Material zu verwenden, das von mehr als einer unabhängigen Quelle bestätigt wurde. Doch selbst nach dieser strengen Auswertung füllte das Beweismaterial 40 Seiten; ich veröffentlichte es in Buchform und verbreitete es im Europäischen Parlament, in der Europäischen Kommission und unter den Außenministern, Diplomaten und Regierungen der EU. Die Publikation rief in Bagdad einen Vulkanausbruch hervor. Nouri al-Maliki selbst hielt eine Pressekonferenz ab und beschimpfte mich als Lügner und Feind des Irak. Dadurch wurde aber die Aufmerksamkeit auf mein Dokument verstärkt, über das anschließend im Mittleren Osten, besonders im Irak vielfach berichtet wurde.

Trotz all dieser gründlich vorbereiteten Pläne al-Malikis und seiner iranischen Verbündeten hielten die vielen Bombenexplosionen, Todesdrohungen und die ganze Angstmache Millionen von tapferen Irakern nicht davon ab, für Ayad Allawi und seine nicht-sektiererische, patriotische Partei zu stimmen. Ich hatte Dr. Allawi wenige Monate zuvor zu einer langen Zusammenkunft in Brüssel empfangen. Er hatte ein sehr wertvolles Bündnis ins Leben gegründet, die Liste al-Iraqiya, mit Hilfe von Dr. Saleh al-Mutlak, Osama al-Nujaifi (dem zukünftigen Parlamentspräsidenten) und Dr. Tariq al-Hashemi (dem künftigen Vizepräsidenten des Irak), die alle die Einmischung des iranischen Regimes in den Irak entschieden ablehnten.

Tapfere Iraker, die die jahrelange Gewalttätigkeit und Korruption und den kriechend bösen Einfluss des Iran gründlich satt hatten, gingen in Scharen zu den Wahlurnen, um gegen al-Maliki und seine Gefolgsleute zu stimmen. Spätere Presseberichte besagten, hätte ich nicht zu Beginn des Wahlprozesses von der Betrügerei berichtet, hätte Maliki ohne Zweifel die Wahl erdrutschartig gewonnen. Doch meine Intervention führte zu größerer Wachsamkeit der Medien und brachte den großen Betrug in seinen späteren Stadien ins Wanken. Ayad Allawi hätte klar gewonnen, wenn nicht die früh einsetzenden Betrugs- und Fälschungsmanöver seine Partei auf die Position Kopf an Kopf mit Maliki gedrückt hätten.

Im Endresultat gewann Allawi mit zwei Sitzen Vorsprung. Die Machthaber in Teheran waren außer sich; Maliki wurde von den iranischen Mullahs angewiesen, eine Neuauszählung sämtlicher Stimmen zu verlangen. Dazu hätte man mehr als 400.000 Stimmenzähler erneut heranziehen müssen, und Maliki hätte eine weitere ausgezeichnete Gelegenheit zu Betrug und Wahlsieg erhalten. Und er war entschlossen, um jeden Preis an der Macht zu bleiben. Er stieß Drohungen aus: Wenn die Stimmen nicht freiwillig neu ausgezählt würden, werde er dies mit Gewalt erzwingen. Ihm waren drei Divisionen der irakischen Armee völlig verpflichtet; daher konnte man seine Drohungen nicht als bloßes Gerede abtun.

Unterdessen verharrten die EU, die USA und die Vereinten Nationen weiterhin in der Rolle der drei weisen Affen! Sie sahen nichts Böses, hörten nichts Böses und sprachen nichts Böses. Sie machten sich Sorgen, jeder Vorwurf, die Wahl sei betrügerisch verlaufen, könne die Saat neuer Gewalttätigkeit sein und den Plan der Amerikaner, ihre Truppen baldigst aus dem Irak abzuziehen, durchkreuzen. Da blieben sie doch lieber dabei, dass die Wahl im Ganzen fair verlaufen sei. Wie Pontius Pilatus sannen sie nur darauf, ihre Hände von der gesamten irakischen Affäre reinzuwaschen und weiterzumachen. Das Durcheinander und Elend, das sie in ihrem Kielwasser hatten, schien ihnen kaum etwas zu bedeuten. Sie hatten Wind gesät und ernteten nach vier Jahren den Sturm.

Inzwischen war ich in meiner Eigenschaft als Reisender Botschafter der Organisation für Sicherheit und Zusammenarbeit in Europa (OSZE) zu einem Besuch nach Semipalatinsk/Ost-Kasachstan eingeladen worden. Am 6. April 2010 sollte ich mit UN-Generalsekretär Ban Ki-moon und dem kasachischen Präsidenten Nursultan Nazarbajew den „Ground

Zero" genannten Ort besuchen und dort den 20. Jahrestag der Schließung des größten atomaren Testgeländes der ehemaligen Sowjetunion
begehen. Wir flogen mit einem Hubschrauber vom Flughafen Semipalatinsk nach „Ground Zero"; dort war ein Zelt aufgestellt worden und
es wurde eine Pressekonferenz abgehalten. Eher komisch wirkte es, als
Präsident Nazarbajew mitten in seiner Grußadresse dem Generalsekretär der Vereinten Nationen ein großes, knotiges Stück Glas überreichte;
wie er erläuterte, war das ursprünglich ein harter Fels gewesen, der
durch die Explosion einer Atombombe in Glas verwandelt worden sei.
Ban Ki-moon reichte den gläsernen Felsen rasch an einen seiner Assi-
stenten weiter. Der reichte ihn seinerseits weiter, und so ging es weiter
wie in dem Spiel ‚Reich das Paket weiter!' Keiner wollte dieses möglicherweise tödlich radioaktive Dokument der Geschichte in Händen
halten!

Nach der Pressekonferenz flogen wir zum Flughafen Semipalatinsk zurück und ich wurde mit dem Generalsekretär und dem Präsidenten zu
einem kleinen Mittagessen eingeladen; danach sollten wir alle zu Kon-
ferenzen in das benachbarte Turkmenistan abfliegen. Zu einem kleinen
Mittagessen gehört in Kasachstan immer ein gekochter Schafskopf.
Pflichtschuldigst setzte man ihn Ban Ki-moon als dem ersten Ehren-
gast vor. Zu meiner großen Überraschung wusste er genau, wie man
diesen schaurigen Gegenstand zeremoniell zerlegte und servierte. Mit
einem kräftigen Schnitt trennte er ein Ohr davon ab und bot es Präsident Nazarbajew an – mit einer anmutigen kleinen Ansprache, in der er
seiner Hoffnung Ausdruck verlieh, das Ohr werde dem Präsidenten die
Aufgabe erleichtern, die Meinungen seines Volkes zu hören.

Nach einigen mit Wodka ausgebrachten Trinksprüchen ergriff ich die
Gelegenheit, den Generalsekretär auf das Thema Ashraf zu bringen. Ich
teilte ihm meine tiefe Besorgnis mit, es könne in dem Lager zu weiterem Blutvergießen kommen; es sei dringend geboten, dass Blauhelme
der Vereinten Nationen nach dem Rückzug der US-Truppen dort permanent stationiert würden, um die Sicherheit der 3400 Bewohner zu
garantieren. Auch erinnerte ich ihn an die Notwendigkeit, die USA und
die Mitgliedsstaaten der EU zu ermutigen, diesen Menschen ihre Tore
zu öffnen, sobald sie vom UNHCR als Flüchtlinge anerkannt worden
seien, damit wir sie vom Irak aus in sichere Länder bringen könnten.
Präsident Nazarbajew und der kasachische Außenminister schauten
bei dieser Unterhaltung ziemlich verblüfft drein. Nachdem der Generalsekretär mir versprochen hatte, sich nach seiner Rückkehr nach

New York um die Sache zu kümmern, wechselten sie sofort das Thema. Als wir uns verabschiedeten – für jeden stand ein anderes Flugzeug bereit –, sagte mir Ban Ki-moon: „Wenn Sie in New York sind, besuchen Sie mich im Hauptquartier der Vereinten Nationen!"

In Teheran rieben die Mullahs sich vergnügt die Hände. Altmeister der Wahlfälschung im eigenen Lande, hofften sie nun auf eine neue Koalitionsregierung im Irak, der ihr schiitischer Gefolgsmann Muqtada al-Sadr, der pro-iranische Mullah und Brandstifter, angehören würde, dessen Mahdi-Armee Dutzende amerikanischer und britischer Soldaten getötet hatte und nun im irakischen Parlament das Zünglein an der Waage war. Die Sadristen hatten bei der Wahl 40 Sitze gewonnen und waren daher ein mächtiger pro-iranischer Block, mit Ammar al-Hakim, dem Leiter des Höchsten Islamischen Rates des Irak (ehemals des Höchsten Rates für die Islamische Revolution im Irak) in einem Boot. Mit ihrer Hilfe würde al-Maliki erneut als Marionetten-Premier des Irak auftreten können.

Die Koalitionsverhandlungen dauerten insgesamt acht Monate. Maliki hing wie eine Klette an der Macht, entschlossen, jedes Mittel zu benutzen, das ihm half, im Amt zu bleiben. Gegen eine Reihe der neu gewählten Abgeordneten von Ayad Allawi wurden rechtliche Vorwürfe erhoben – Versuche, einige von ihnen mit erfundenen Beschuldigungen zu disqualifizieren, sie hätten ehemals Saddam Husseins Baath-Partei unterstützt. Maliki hatte eine so genannte „Kommission für Verantwortlichkeit und Gerechtigkeit" gebildet – unter der rechtswidrigen Leitung des berüchtigten Ahmed Chalabim, der weithin als der Mann angesehen wurde, der die Amerikaner zu der Invasion in den Irak überredet habe, sowie der Leitung seines Spießgesellen Ali al-Lami, des virulent pro-iranischen Hexenfänger-Generals, der in jeder Ecke ein Mitglied von Saddam Husseins Baath-Partei sah. Er hat es sogar fertig gebracht, US-General David Petraeus als Baathisten zu beschimpfen; er sagte, wenn er Iraker wäre, so hätte man ihn verhaftet!

Während diese beiden Schurken den Angriff leiteten, wurden ungefähr 50 Abgeordnete, die bei den Märzwahlen Parlamentssitze gewonnen hatten, beschuldigt, sie seien Baathisten, und man erkannte ihnen das Recht auf ihre Parlamentssitze ab. Die meisten dieser Abgeordneten gehörten zu den anti-iranischen Säkularisten. Doch nicht zufrieden mit der Vertreibung ihrer Gegner, übte die pro-iranische Fraktion nun Druck auf die irakischen Richter aus; sie sollten die vier Millionen Stimmen Bagdads neu auszählen lassen. Der Prozess begann unter großem Gezänk am Montag, dem 3. Mai; vielfach wurde beklagt, man habe Druck auf die Richter ausgeübt und damit die irakische Verfassung gebrochen, die garantiere, dass die Regierung sich in die Angelegenheiten der Justiz nicht einmische. Die anstrengende Neuzählung änderte nichts; sie ergab exakt dasselbe Resultat.

Das neu gewählte irakische Parlament trat zum ersten Male unter strengen Sicherheitsvorkehrungen am 14. Juni zusammen. Nach der irakischen Verfassung muss spätestens dreißig Tage nach der ersten Sitzung des Parlaments ein neuer Präsident gewählt worden sein. Diese Frist sollte am Dienstag, dem 13. Juli enden – ein entscheidendes Datum für das irakische Volk. Wenn die Verfassung gebrochen würde, so würde es bedeuten, dass das gesamte Leid, Tod, Verwüstung und wirtschaftlicher Zusammenbruch alles Unglück, das dem Sturz Saddams gefolgt war, sowie der nachfolgende Aufstand vergeblich gewesen wären. Die Demokratie war der einzige Zweck, dessentwegen das belagerte irakische Volk all dies Elend erduldet hatte. Wenn durch Bruch der Verfassung die Demokratie zum Erliegen gebracht würde, so könnten nur Bürgerkrieg und Rückkehr zu Gewalt und Chaos die Folge sein. Die internationale Gemeinschaft war verpflichtet, dies zu verhindern. Sie hatte die zerbrechliche Verfassung zu schützen. Wenn bis zum 13. Juli kein Präsident gewählt worden wäre, dann hätte es automatisch bedeutet, dass die internationale Gemeinschaft nach Artikel VII der UN-Charta hätte handeln müssen; danach hätten die Vereinten Nationen und die internationale Gemeinschaft dafür sorgen müssen, dass das Land nicht in Gewalt und Bürgerkrieg zurückfiele. Das war von entscheidender Bedeutung; jegliches Vakuum, das durch einen Verstoß gegen die Verfassung herbeigeführt würde, würde rasch durch den benachbarten Iran ausgefüllt werden, der sich ja bereits extensiv in die inneren Angelegenheiten des Irak einmischte und darauf aus war, den bösartig faschistischen Islam über die gesamte Region auszubreiten, um dadurch die Hegemonie über sie zu erwerben.

Am Unabhängigkeitstag der Vereinigten Staaten, dem 4. Juli, kam Vizepräsident Biden zu Besuch in den Irak, um die Zusage zu bekräftigen, dass die Amerikaner sich bis zum Ende des Jahres 2011 vollständig zurückziehen würden, wobei 50.000 Mitarbeiter des amerikanischen Militärs das Land im August 2010 verlassen sollten. Während seines Besuches schien sich Biden keine Sorgen darüber zu machen, wer die nächste Regierung im Irak bilden würde. Er schien entschlossen, den Staub des Irak von den Füßen zu schütteln und die Hände von dem ganzen Durcheinander, das die USA zurückzulassen im Begriff waren, reinzuwaschen.

Mit der zunehmenden Gewalt, den fast täglichen Selbstmordattentaten und sogar dem Wiedererscheinen der Mahdi-Armee von Muqtada al-Sadr auf den Straßen Bagdads mehrten sich die ominösen Vorzeichen. Die religiösen Zwistigkeiten, von denen die Wahl das Land hatte heilen sollen, waren aufs Neue entbrannt. Der Glaube des irakischen Volkes an einen demokratischen Prozess wurde auf eine schwere Probe gestellt. Der Irak brauchte eine stabile, nicht-religiöse Regierung der nationalen Einheit. Die Aufgabe, eine solche Regierung zu bilden, wäre dem Wahlsieger Ayad Allawi zugefallen. Doch die Einmischung des iranischen Regimes machte eine solche Lösung unwahrscheinlich. In den Augen Teherans stellte der Sieg einer säkularen und anti-iranischen Regierung die rote Linie dar. Sie brauchten jemanden, den sie kontrollieren konnten, und das hieß, dass Maliki auf irgendeine Weise in das Amt des Premierministers zurückgehievt werden musste.

In einem Artikel, der im August 2014 in der New York Times erschien, schrieb Ali Khedery, der amerikanische Beamte, der die längste Zeit im Irak gearbeitet hatte – er war Besonderer Assistent von fünf Botschaftern der USA gewesen und hatte drei Leitern des Zentralkommandos der USA als ranghoher Berater gedient:

> „Nachdem sie mehr als eine Billion Dollar ausgegeben und 4500 Soldaten verloren haben, können die amerikanischen Politiker es nicht wagen, ein schmutziges kleines Geheimnis zu enthüllen: Seit 2003 hat sich der Irak zu einer Mischung aus dem Libanon und Nigeria entwickelt – einem giftigen Gebräu aus religiöser Rivalität und mit Öl betriebener Herrschaft der Plünderer. Die Kombination von religiöser Rivalität und epidemischer Korruption hat die irakische Regierung ausgehöhlt, wie bezeugt wird durch die anhaltende Elektrizitätskrise des Landes und den Zusammenbruch ganzer Divisionen der irakischen Armee angesichts des Einmarsches des ‚Islamischen Staates im Irak und in Syrien‘ (‚ISIS‘) nach Mossul, der zweitgrößten Stadt des Irak, der geschehen konnte, obwohl die irakischen Truppen diesen Kämpfern zahlenmäßig weit überlegen waren."

Es heißt dort weiter:

> „Der zunehmende iranische Einfluss hat die Lage nur noch verschlimmert. Amerika lehnte sich zurück und sah zu, als im Jahre

2010 Malikis Kabinett von iranischen Generälen in Teheran gebildet wurde, die damit die strategische Niederlage der USA im Irak sicherten. ISIS ist ein direktes Ergebnis dieser Niederlage. Sowohl Maliki als auch seine iranischen Patrone haben sich das von den Amerikanern hinterlassene Machtvakuum zunutze gemacht, indem sie versuchten, ihre Gewinne zu sichern, indem sie ihre sunnitischen und kurdischen Rivalen wirtschaftlich, politisch und physisch vernichteten. Folglich bestehen heute die „Irakischen Sicherheitskräfte" fast ausschließlich aus Schiiten; sie werden unterstützt von Milizen, die der Iran finanziert, ausbildet, bewaffnet und leitet. Angesichts von Malikis krass sektiererischer Position und seiner Verwicklung in Bashar al-Assads Völkermord an den syrischen Sunniten waren die Radikalisierung der Sunniten und die Ausbreitung des ISIS in der Region voraussehbar."[1]

Derselbe Autor stellte in einem langen biographischen Artikel über Maliki im Juli 2014 in der Washington Post fest:

„Mit einem Wort: Malikis Irak der Ein-Mann-, Ein-Ruf-Partei[2] gleicht in vielem dem Irak der Partei eines Mannes und einer Erweckung, in dem Hussein herrschte. Aber Hussein half wenigstens, einen strategischen Feind Amerikas, den Iran, in Schach zu halten. Und Washington gab nicht eine Billion Dollar aus, um ihn aufzupäppeln. Von ‚Demokratie' ist nicht viel übrig, wenn ein Mann, eine Partei mit engen Bindungen an den Iran die Justiz, die Polizei, die Armee, die Geheimdienste, die Öleinnahmen, das Staatsvermögen und die Zentralbank kontrolliert. Unter diesen Umständen war der ethnisch-religiöse Bürgerkrieg im Irak nicht eine Möglichkeit. Er war eine Gewissheit."[3]

Wir kehren in das Jahr 2010 zurück: Sehr bald tauchten Nachrichten auf, die besagten, die beiden größeren schiitischen Blöcke – die „Rechtsstaatskoalition" Malikis und das „Nationale Bündnis des Irak (INA)", das vom Iran unterstützt wird – hätten nur um wenige Parlamentssitze die Fähigkeit verfehlt, eine neue Regierung zu bilden. Zu der INA gehörten Ahmed Chalabi und seine „Partei des Irakischen Nationalkongresses" sowie der eifernde Schiit Ibrahim al-Jaafari. Teheran wendete sich nun Ammar al-Hakim zu, einem jüngeren schiitischen Geistlichen und Leiter einer der einflussreichsten schiitischen Gruppierungen des

---

1   http://www.nytimes.com/2014/08/17/opinion/sunday/iraqs-last-chance.html
2   „Ruf" hier im Sinne des „Rufes zu Gott"
3   http://www.Washingtonpost.com/opinions/why-we-stuck-with-maliki-and-lost-iraq/2014/07/03/0dd6a8a4-f7ec-11e3-a606-946fd632f9f1_story.html

Irak, des „Höchsten Islamischen Rates des Irak (ISCI)". Der ISCI befehligte die mächtigste schiitische Miliz des Irak, die Badr-Organisation (früher Badr-Brigade). Die Mullahs wiesen Hakim an, seine Unterstützung auf Maliki zu konzentrieren.

Einzig der große kurdische Block musste noch überredet werden, sich Malikis Koalition anzuschließen; man machte ihm verführerische Angebote – das Amt des Präsidenten des Irak und die Rolle des Präsidenten des Repräsentantenrates sowie das Amt des Außenministers. Unverzüglich stimmten die Kurden zu. Am Ende verfügte Maliki Monate nach der Wahl über eine hauchdünne Mehrheit, die aber zur Regierungsbildung ausreichte. Am 13. Juli wurde Jalal Talabani, der angesehene kurdische Anführer, für eine zweite Amtszeit zum Präsidenten ernannt, innerhalb der verfassungsmäßigen Frist, doch über die wichtigsten Posten im Kabinett war noch immer nicht entschieden worden.

Um aus der Sackgasse herauszukommen – denn acht Monate nach der Wahl war immer noch kein Kabinett gebildet worden -, forderte Massoud Barzani, der Präsident Kurdistans, die Bildung eines nationalen Kongresses, der die Schwierigkeiten lösen und eine Regierung bilden solle. Dieser Kongress kam in Erbil zusammen; die Vorsitzenden aller wichtigen politischen Lager einschließlich Ayad Allawi und Nouri al-Maliki nahmen daran teil. Am Ende wurde eine aus neun Artikeln bestehende Vereinbarung angenommen; sie ermächtigte Maliki, auf dem Posten des Premierministers zu verbleiben, versprach aber entscheidende Ministerien, darunter das Verteidigungsministerium, das Innenministerium und das Ministerium für Sicherheit dem Al-Iraqiya-Block Ayad Allawis und anderen politischen Parteien. Allawi sollte außerdem den „Nationalen Strategischen Rat" leiten, dem die Überwachung der Entscheidungen oblag. Die „Vereinbarung von Erbil" wurde in Anwesenheit des US-Botschafters Jim Jeffrey unterzeichnet; und doch wurde dieses verbindliche Abkommen von Maliki konsequent ignoriert. Er hielt mit eisernem Griff die Kompetenzen der Schlüsselministerien – des Verteidigungs-, des Innen- und des Sicherheitsministeriums – fest, band sie an das eigene Amt des Premierministers und erhielt dadurch fast diktatorische Macht. So maßlos waren die Art, in der er die Vereinbarung von Erbil missbrauchte, und sein bedenkenloser Machtmissbrauch, dass einige prominente irakische Politiker ihn mir gegenüber „schlimmer als Saddam" nannten.

Während im Irak diese Kontroverse im Gange war, bei der die iranischen Mullahs die Drähte zogen, um ihrem Mann Nouri al-Maliki eine zweite

Amtszeit zu sichern, stattete am 1. Juni 2010 der umstrittene iranische Außenminister dem Europäischen Parlament in Brüssel einen Besuch ab. Mottaki war als iranischer Botschafter aus der Türkei ausgewiesen worden, nachdem man im Gepäckraum eines Fahrzeugs der iranischen Botschaft einen Häftling gefunden hatte, den man gefesselt und geknebelt in den Iran hatte schaffen wollen. Aufmerksame türkische Grenzwächter hatten gehört, wie es im Gepäckraum rumpelte, und seine Öffnung verlangt. Nach seiner Freilassung erklärte der Gefangene, er sei einer von mehreren Mitgliedern der PMOI, die von Straßen in türkischen Städten entführt und danach im Keller unter der iranischen Botschaft in Ankara gefangen gehalten wurden, wo sie schwer gefoltert und dann zur Hinrichtung in den Iran zurückgeschickt wurden.

Ich war empört, dass man diesen Mörder Mottaki eingeladen hatte, vor dem Ausschuss für auswärtige Angelegenheiten zu sprechen; daher bereitete ich für ihn ein kleines Begrüßungsfest vor. Als er am 1. Juni um 15 Uhr vor dem Sitzungssaal des Ausschusses eintraf, stand ich mit einer Gruppe von Abgeordneten da; wir trugen Bilder von Neda Agha Soltan, einer Studentin, die im Jahre 2009 während einer Demonstration gegen die betrügerische Wiederwahl des iranischen Präsidenten Ahmadinejad getötet worden war. Mottaki kam mit einer großen Gefolgschaft von Mitarbeitern und Leibwächtern sowie einer gewaltigen Phalanx von Filmteams und Fotografen. Als er unsere Plakate sah, blieb er für einen Augenblick stehen. Ich trat vor und rief ihm ins Gesicht: „Sie sind ein Mörder, Sie sind im Europäischen Parlament nicht willkommen!" Andere Abgeordnete stimmten in die Rufe und Pfiffe ein. Seine Leibwächter begannen unverzüglich ein Handgemenge mit uns; sie versuchten uns aus dem Weg zu schaffen, indem sie riefen: „Nicht berühren!", wenn jemand ihrem Boss zu nahe kam. Ich rief: „Fassen Sie mich nicht an! Wagen Sie es nicht, Hand an ein gewähltes Mitglied dieses Hauses zu legen. Hier ist nicht im Iran. Wir dulden hier keine Schlägertypen." All das wurde gefilmt – sehr zum Verdruss von Mottaki.

Ein Nachtrag zu dieser Geschichte: Im weiteren Verlauf der Woche betrat ich einen der Aufzüge des Europäischen Parlaments, um zu meinem Büro im zwölften Stockwerk zu kommen. Außer mir befand sich nur eine weitere Person im Aufzug: der Erste Sekretär der iranischen Botschaft in Brüssel. Er sagte: „Sie sind neulich mit meinem Außenminister etwas hart umgegangen." „Wieso?" fragte ich. „Sie nannten ihn einen Mörder," antwortete er. „Aber er ist ein Mörder", sagte ich. In eisigem Schweigen fuhren wir hinauf.

20

Interviews mit politischen Gefangenen
Lager Liberty (Bagdad), August 2014
Akbar Saremi spricht über seinen Vater Ali Saremi

Akbar Saremi

„Mein Name ist Akbar Saremi. Mein Vater war einer der am längsten inhaftierten politischen Gefangenen des Iran. Er wurde im Januar 2010 als Anhänger der PMOI hingerichtet – und weil er mich in Camp Ashraf besucht hatte. Tausende wie er waren oder sind noch in Haft. Sie wurden gefoltert und hingerichtet, weil sie die PMOI unterstützten. Mein Vater hat insgesamt 24 Jahre seines Lebens in Haft zugebracht. In der Schahzeit saß er ein Jahr lang im Gefängnis; er wurde während der Revolution von Demonstranten befreit. Unter dem Mullah-Regime verbrachte er insgesamt 23 Jahre im Gefängnis.

Viermal wurde er in der Zeit des Mullah-Regimes verhaftet. Im Jahre 1981 wurde er festgenommen und zu sechs Jahren Gefängnis verurteilt – als Anhänger der PMOI, der ihre Zeitung las. Ein Jahr nach seiner Freilassung entschied ich mich, der PMOI in ihrem Kampf gegen das Regime beizutreten. Ich hatte die Verbrechen dieses Regimes gesehen und gefühlt – besonders die gegen meine Familie gerichteten. Als das Regime bemerkte, dass ich nach Ashraf gegangen war und mich dort dem Widerstand angeschlossen hatte, verhaftete es meinen Vater. Es folterte ihn auf so brutale Weise, dass es bei ihm zu einem Rückenleiden kam; er konnte sich nur mehr in einem Rollstuhl fortbewegen. Meine Mutter pflegte zu sagen, er sei nicht fähig, auf den Füßen zu stehen und zu gehen; man gestattete ihm aber nicht, das Gefängnis zu verlassen, um sich zu einer Behandlung zu begeben. In diesem Zustand verbrachte er Jahre im Gefängnis, bevor er entlassen wurde.

Nach der Invasion der USA in den Irak besuchten mich meine Eltern in Ashraf. Während der Woche, die sie dort verbrachten, führte ich sie im Lager herum; sie lernten alle meine Freunde kennen und nahmen an verschiedenen Veranstaltungen teil. Bis zu dieser Zeit, selbst im Gefängnis, war mein Vater ein Anhänger der PMOI geblieben. Er gehörte zu den Häftlingen, die den Versuchen der Schergen, ihre Moral zu brechen, widerstanden. Dennoch wurde er durch den Besuch Ashrafs und seine Gespräche mit so vielen seiner Bewohner verändert. Er sagte zu mir: ‚Ich bin nicht mehr der, der ich war, als ich hierher kam. Ich werde Ashraf niemals vergessen.' Er pflegte zu sagen: ‚Wohin ich gehen werde, werde ich versuchen die Botschaft von Ashraf zu verbreiten.' Er fügte hinzu, die PMOI ist in der iranischen Geschichte einzigartig; das Opfer, das sie für das Volk bringt, ist beispiellos. Mein Vater war kein Durchschnittsmensch; er trat niemals für eine Sache ein, wenn er nicht wirklich an sie glaubte. Er sprach flüssig fünf Sprachen – Englisch, Deutsch, Französisch, Arabisch und Farsi. Er war Schriftsteller, ein Dichter, der die meiste Zeit seines Lebens auf Bücher und Zeitungen aus aller Welt verwandte. Er war der Herausgeber der iranischen Zeitung ‚Arian Homeland' (‚Arische Heimat') gewesen, die zwei Jahre nach Beginn ihres Erscheinens wegen regimekritischer Artikel verboten wurde.

Als mein Vater mich in Ashraf besuchen kam, fragte er mich: ‚Bist du Akbar?' Ich antwortete: ‚Warum fragst du mich?' Er sagte: ‚Ich habe während meiner Haft verschiedene Geschichten über dich gehört.' Er berichtete, während seiner ersten Haft sei ein Besucher mit Nachrichten von seinem Sohn (d. h. von mir) gekommen. Der Besucher traf ein und sagte, ich hätte die PMOI verlassen und befände mich in einem Lager im Irak und brauchte Geld. Mein Vater sagte: ‚Ich war nicht sicher, ob er die Wahrheit sagte oder nicht,' wollte aber vor den Wärtern keine Schwäche zeigen und sagte daher zu dem Besucher: ‚Es bekümmert mich nicht, was er tut; es geht mich nichts an. Er hat seinen eigenen Weg gewählt.' Er sagte, diese Geschichte habe ihn monatelang beschäftigt und irritiert und er habe sich gefragt: Was, wenn sie stimmt?

Die Schergen versuchten, seinen Widerstand zu brechen – mit jedem schmutzigen Trick, dessen sie habhaft werden konnten. Er sagte, zum zweiten Mal habe er nach der Invasion der USA in den Irak von mir gehört. Er sei angewiesen worden, das Gefängnis aufzusuchen, um von meinem Befinden zu berichten. Doch dann hätten sie ihm gesagt, ich sei während der Angriffe von Truppen der USA getötet worden. Er sagte: ‚Nachdem ich das gehört hatte, beschloss ich, nach Ashraf zu gehen und die Wahrheit herauszufinden. Darum wirkt es auf mich wie ein Schock, dich lebend in Ashraf zu finden.'

Nach seiner Rückkehr aus Ashraf wurde mein Vater verhaftet, weil er bei einer Versammlung auf dem Friedhof von Khavaran eine Rede gehalten hatte (dort befinden sich Massengräber mit den Leichen der politischen Gefangenen, die im Jahre 1988 massakriert wurden). Nach seiner Verhaftung erfuhr das Regime, dass er mich in Ashraf besucht hatte; man setzte ihn unter noch stärkeren Druck - er solle Buße tun, sonst werde er hingerichtet werden. Er gehorchte ihren Forderungen aber niemals und wurde wirklich hingerichtet, weil er nach Ashraf gegangen war, um seinen Sohn zu besuchen.

Mein Vater war in Ashraf gewesen; er hatte dort den hochherzigen Geist des Widerstands kennengelernt. Er hatte diesen Geist ins Gefängnis mitgenommen. So war er dort zu einer Verkörperung des Widerstands geworden. Er strahlte diesen Geist auf die anderen Häftlinge aus. Er schrieb bei jeder Gelegenheit aus dem Gefängnis Briefe und Botschaften, in denen er die Verbrechen des Regimes enthüllte. Während seiner Haft verfasste er 25 verschiedene Botschaften und Briefe an Zeitungen, in denen er die Verbrechen des Regimes verurteilte. Seine Tätigkeit ließ Druck und Folter zunehmen; es folgte ein Herzanfall, der ihn an der linken Seite lähmte und an den Rollstuhl fesselte. Meine Mutter erzählte mir, als er entlassen worden war und in unserem Schuhgeschäft arbeitete, habe er Bilder von Massoud und Maryam Rajavi gehabt und sie unter dem Ladentisch abgelegt. Immer wenn er ein Paar Schuhe verkaufte, legte er eines von diesen Bildern in die Schachtel für den Kunden; er sagte ihm, er habe ihm ein Geschenk hineingelegt. Meine Mama sagte: ‚Immer wieder sagte ich ihm, dies sei gefährlich, er hörte aber nicht auf mich und pflegte zu sagen: Wir müssen die Botschaft von Ashraf und der PMOI verbreiten.'

Nachdem sie meinen Vater hingerichtet hatten, händigten sie uns seinen Leichnam nicht aus; sie bestatteten ihn heimlich in einem der Dörfer in der Nähe seiner Heimatstadt. Er war ein bekannter Mann; als die Dorfbewohner erkannten, dass er es war, den man begrub, informierten sie meine Familie. Die Revolutionsgarden des Regimes hatten meiner Familie gesagt, sie dürften keine Feier für ihn abhalten. Doch meine Familie kümmerte sich nicht darum; sie veranstaltete eine große Gedächtnisfeier. Die wurde von den Garden angegriffen. Meine Mutter wurde verhaftet und zu zehn Jahren Gefängnis verurteilt. Sie konnte aber aus dem Iran fliehen; das Regime stand mit leeren Händen da. Sie lebt jetzt in Paris.

Das Gedächtnis meines Vaters und das aller der anderen, die für ihre Überzeugungen den Tod auf sich genommen haben, wird immer lebendig bleiben; ihr Kampf wird weitergehen."

21

Das zweite Massaker in Ashraf

Am Donnerstag, dem 7. April 2011, erhielt ich morgens in meinem Brüsseler Büro einen Anruf von Tahar Boumedra mit tief beunruhigenden Nachrichten. Er sagte, einige Bataillone der irakischen Armee seien um Camp Ashraf herum in Stellung gegangen und Dutzende von gepanzerten Mannschaftswagen, Humvees, Bulldozern und anderen technischen Fahrzeugen seien an dem äußeren Zaun des Lagers strategisch aufgestellt worden. Er sagte, jede halbe Stunde erhalte er einen Anruf von den Bewohnern Ashrafs mit den neuesten Einzelheiten von der sich zuspitzenden Krise. Er sagte, er sei sicher, dass ein weiterer Überfall unmittelbar bevorstehe; er habe mit einem ranghohen Armeeoffizier gesprochen. Der habe natürlich alles geleugnet und ihm versichert, es werde nichts geschehen.

Am nächsten Morgen, dem 8. April, begann um 4:45 Uhr der Angriff. Bei mir ging eine Serie von Anrufen und Emails ein, während der Angriff seinen Lauf nahm und immer mehr Bewohner getötet wurden. Um 9 Uhr vormittags waren schon 22 tot und hunderte schwer verletzt; drei Bataillone der iranischen Armee hatten den Angriff verstärkt. Mehr als ein Drittel des Lagergebietes war besetzt. Fieberhaft rief ich Ban Ki-moon in New York, António Guterres - den UNHCR in Genf - und Baroness Ashton in Brüssel an. Ich hinterließ Nachrichten von diesem neuerlichen brutalen Überfall auf unbewaffnete, wehrlose „Personen mit Anspruch auf Fürsorge" seitens der Vereinten Nationen und drängte darauf, dass meine Gesprächspartner umgehend Kontakt mit Maliki aufnähmen, um dem Gemetzel ein Ende zu machen.

Am Ende dieses Tages klärte sich das Bild auf. Unter dem Befehl von General Ali Gheidan[1], des Kommandeurs der Bodentruppen, drangen drei irakische Bataillone im Morgengrauen in Ashraf ein. Sie setzten Tränengas sowie Rauch- und Betäubungsgranaten ein. Die Ashrafer, die,

---

1   Gheidan war Kommandeur der Bodentruppen und später verantwortlich für Angriffe auf friedliche Demonstrationen von Sunniten. Während des Überfalls von ISIS auf Mossul ergriff er schändlicherweise die Flucht und wurde später wegen Feigheit entlassen.

nachdem sie die Positionierung von Truppen in den vergangenen drei Tagen wahrgenommen hatten, mit einem Angriff rechneten, bildeten umgehend eine Menschenkette – ein Versuch, die Armee an weiterem Eindringen ins Lager zu hindern. Die Soldaten eröffneten das Feuer; Heckenschützen waren verteilt, um jeden, der versuchte, den Überfall mit Mobiltelefon zu fotografieren, zu erschießen. Humvees und gepanzerte Mannschaftswagen rasten in großem Tempo in die Menge der Ashrafer und zerquetschten sie mit ihren Rädern. Am Abend waren 28 Ashrafer tot. Seit Wochen war eine kleine Gruppe von Beobachtern des US-Militärs (USF-I) in Ashraf stationiert. Diese Einheit unter dem Kommando von Oberstleutnant Robert Molinari befand sich auf dem Gelände von Ashraf; sie war vollständig im Bilde über die Absicht der irakischen Regierung, das Lager anzugreifen. Doch trotz der Appelle der Bewohner zu bleiben verschwand diese Einheit am 7. April um 22 Uhr, sieben Stunden vor Beginn des Angriffs, auf mysteriöse Weise. Wäre sie geblieben, hätten die irakischen Truppen den Angriff niemals gewagt. Später kam heraus, dass mit Blick auf einen gewalttätigen Angriff des Irak auf das Lager die Soldaten der USF-I den Befehl erhalten hatten, das Gelände zu verlassen, damit sie nicht zu Zeugen würden, wie wehrlose Menschen getötet wurden, während ihnen, den Amerikanern, strikt befohlen worden sei, nicht einzugreifen. Immerhin kehrten die Amerikaner am 10. April, nach dem Massaker zurück und brachten zehn Bewohner, die lebensbedrohlich verletzt worden waren, in das nahe gelegene Lazarett der USF-I.

Die erschreckenden Fotos und Videos von dem Massaker häuften sich auf meinem Email-Account, und ich war wie betäubt. Wir hatten wiederholt vor einem weiteren Massaker gewarnt, doch niemand hatte auf uns gehört. Jetzt waren 34 unbewaffnete Zivilpersonen tot – niedergeschossen oder von Militärfahrzeugen überfahren. Unter den Toten waren acht Frauen, junge Lehrerinnen und Künstlerinnen, die ihr Leben vor sich hatten. Jetzt starrte ich auf ihre Fotos und sah ihre glasigen Augen, blutverschmierten Köpfe und von Geschossen zerrissenen Leiber, angeschossen von Soldaten der 9. Infanteriedivision und der 5. Panzerdivision der irakischen Armee, die auf direkten Befehl von Premierminister Nouri al-Maliki in das Lager geschickt worden waren. Zwei Jahre lang hatte ich mit anderen Politikern gewarnt, es werde zu einem weiteren Massaker kommen. Zweimal war ich nach Washington D. C. gereist, zuletzt im März 2011 – zu Sitzungen im State Department, im Kongress und im Senat -, um zu warnen: Wenn Hillary Clinton nicht eine öffentliche Erklärung zu der Angelegenheit abgebe, werde es gewiss zu einem Blutvergießen kommen. Doch man hörte nicht auf mich.

Wiederholt hatte ich in Diskussionen, Sitzungen, Anhörungen, Briefen und Zeitungsartikeln vor dem gewarnt, was sicher kommen werde. Ich hatte an Baroness Ashton, die Hohe Vertreterin für Auswärtige Angelegenheiten, geschrieben – mit der Bitte um Intervention. Während einer Debatte in Straßburg appellierte ich an sie, die irakische Regierung vor weiterer Gewalttätigkeit in Ashraf zu warnen. Sie antwortete, über die Angelegenheit gebe es „verschiedene Meinungen". Es bedurfte des Todes von weiteren 34 unbewaffneten Zivilpersonen, damit sie sich gezwungen sah, in einer öffentlichen Erklärung den Überfall zu verurteilen. Zu wenig, zu spät! Ihre Indifferenz sowie die von weiteren Führern der Welt wie Außenministerin Clinton hatten Nouri al-Maliki grünes Licht für seinen mörderischen Überfall gegeben.

Die Europäische Union macht viel her von ihren wunderbaren „europäischen Werten". Wir klopfen uns auf die Schultern wegen der Einhaltung der Menschenrechte und unseres Einstehens für die Unterdrückten gegen die Tyrannen und Aggressoren. Am 8. April wurde um 4:45 Uhr in Camp Ashraf blutig offenbar, wie hohl diese Ansprüche sind. Wie es scheint, hatte die EU wenig mehr beizutragen als heiße Luft; im Fall von Ashraf noch nicht einmal das.

2500 schwer bewaffnete Soldaten und mehr als 40 gepanzerte Fahrzeuge, darunter Raupenfahrzeuge mit Kanonen an der Spitze wie bei kleinen Panzern, drangen in Ashraf ein, eröffneten das Feuer auf 3400 Flüchtlinge und schossen sie nieder wie Kaninchen auf dem Felde. Mehr als 300 der Lagerbewohner wurden schwer verletzt, doch die irakischen Behörden versagten ihnen angemessene medizinische Behandlung.

Ich sah erschreckende Filme von dem Massaker; die Lagerbewohner hatten sie auf YouTube gepostet. Es war klar zu sehen: Die Flüchtlinge liefen um ihr Leben, als die gepanzerten Fahrzeuge durch das Lager rasten. Sie bogen nach links und rechts aus, um sie niederzumähen – vor dem Hintergrund von Gewehrfeuer und Explosionen. Es war ein kalkuliertes, vorsätzliches Massaker, eine krasse Verletzung der Menschenrechte. Die Reaktion der irakischen Regierung fügte dem Unrecht die Beleidigung hinzu und fachte meinen Ärger über dieses Verbrechen gegen die Menschlichkeit umso stärker an. Zuerst behaupteten sie, niemand sei in Ashraf getötet worden, ihre Truppen hätten mit Platzmunition geschossen. Doch als die Bilder des Entsetzens über das Internet durchzusickern begannen, änderten sie ihre Geschichte. Bald behaupteten sie, ihre 2500 Soldaten und 40 gepanzerten Fahrzeuge seien von einem Steine werfenden Mob gewalttätig angegriffen worden; sie seien gezwungen worden, diesen unprovozierten Angriff zurückzuschlagen. Der widerwärtige Außenminister des Iran beglückwünschte Maliki zu der guten Arbeit und verriet damit, wer die treibende Kraft des Massakers gewesen war.

Die irakische Regierung verweigerte Tahar Boumedra bis zum 13. April, dem normalen wöchentlichen Besuchstag der UNAMI, jeglichen Zugang zu Ashraf; dann wurde er von einer Gruppe der UNAMI und einigen ranghohen Offizieren der USF-I begleitet. Er ging sofort zu dem Krankenhaus in Ashraf; dort versicherte ihm der irakische Arzt, es seien nur drei Menschen getötet worden. Er bemerkte, dass das Krankenhaus leer war, obwohl ihm berichtet worden war, es seien bei dem Massaker mehr als 300 Menschen schwer verletzt worden. Die Vertreter der Lagerbewohner gingen mit Boumedra und seinen Mitarbeitern zu einer provisorisch eingerichteten Klinik; sie fanden sie vollgestopft mit den Verletzten. In jeder Ecke lag einer, während einer der Ärzte der PMOI sich um sie bemühte. Viele waren von Schrapnells und Geschossen verwundet worden. Andere waren von den Fahrzeugen überfahren worden und hatten schwere Wunden erlitten.

Vor der Klinik hatte sich eine Menge von Ashrafern versammelt. Sie trugen Bilder von ihren ermordeten Freunden und Verwandten. Ein 14-jähriges Mädchen erzählte Boumedra, wie ihre Schwester zu einem der Opfer geworden war. „Sie bat die UNAMI um Hilfe und fragte, warum ihnen niemand zu Hilfe gekommen sei," berichtete Boumedra später. Seine Gruppe wurde nun in zwei Hälften geteilt. Die eine Hälfte war mit dem Zählen und Fotografieren der Leichen beschäftigt, während Boumedra und zwei weitere Mitarbeiter der UNAMI mit den Überlebenden zu sprechen begannen. Man sagte ihnen, dass wie bei dem ersten Massaker viele von den beteiligten Soldaten miteinander Farsi sprachen. Auch riefen sie den Ashrafern Dinge in persischer Sprache zu. Es erhellte somit, dass ausgebildete iranische Heckenschützen an dem Überfall beteiligt waren; viele von den Opfern waren durch einzelne Gewehrwunden an Kopf oder Herz getötet worden.

Es war offensichtlich: Maliki war durch das Ausbleiben irgendeiner nennenswerten Kritik an dem ersten Massaker in Ashraf (Juli 2009) zu einem weiteren Schlag ermutigt worden; damit unterstrich er seine

Drohung, sich „aller möglichen Mittel" zu bedienen, um das Lager bis zum Ende des Jahres 2011 zu entvölkern. Tahar Boumedra verlangte ein sofortiges Gespräch mit dem Stabschef von Premierminister Maliki, Dr. Hamid K. Ahmed und den mit der Angelegenheit Ashraf Befassten. Noch an demselben Tage kamen sie in Malikis Amt zusammen.

Dr. Ahmed wurde von Faleh al-Fayyadh, dem Berater für die nationale Sicherheit, George Y. Bakoos, dem politischen Berater des Ministerpräsidenten sowie den Sicherheitsoffizieren Haqqi und Sadiq Mohammed Kazim begleitet. Herrn Boumedra begleiteten Despina Saraliotou von der UNAMI und Botschafter Lawrence Butler, Berater des Kommandeurs der USF-I in auswärtigen Angelegenheiten.

Dr. Ahmed leitete die Sitzung mit einem Lob der andauernden Zusammenarbeit zwischen der UNAMI und der irakischen Regierung. Aberwitzigerweise betonte er das Engagement der irakischen Regierung für die Aufrechterhaltung der höchsten Maßstäbe der Menschenrechte in Camp Ashraf; zugleich drang er auf Eile bei dem Umzug der Bewohner zu einem anderen Gelände, damit das Lager bis zum Jahresende evakuiert werden könne. Das Massaker vom 8. April erwähnte er mit keinem Wort. Niemand von der irakischen Seite erwähnte es.

Dann erstattete Boumedra einen minutiösen Bericht von dem Besuch, den er am Vortage dem Lager abgestattet hatte; er nannte die Zahl der Toten und Verwundeten, die sie angetroffen hatten. Er sagte, die Iraker hätten alle auf ihre Notizbücher gestarrt, jeglichen Augenkontakt vermieden und seien offenkundig sehr verlegen gewesen. Danach versuchte der Berater für nationale Sicherheit Faleh al-Fayyadh – vollkommen unglaubwürdig –, zu leugnen, dass irgendein Überfall stattgefunden habe, bis Boumedra ihm Bilder von den Toten zeigte. Er forderte die Bildung einer unabhängigen Kommission zur Untersuchung des Falles, damit die Verantwortlichen zur Rechenschaft gezogen werden könnten. Botschafter Butler unterstützte ihn. Faleh al-Fayyadh blickte, so Boumedra, zunehmend irritiert drein und erklärte verärgert: „Niemand kann uns vorschreiben, auf welche Weise wir eine Untersuchung durchführen."

Die internationale Reaktion auf dieses vorsätzliche, rechtswidrige Morden glich jener, die auf das erste Massaker in Ashraf im Jahre 2009 gefolgt war. Anstatt das Massaker scharf zu verurteilen und eine unabhängige Untersuchung unter Aufsicht der Vereinten Nationen zu fordern, gab die UNAMI am Ende eine Erklärung heraus, in der sie von

„der Initiative der Regierung des Irak sprach, eine Untersuchungskommission zu bilden". Durch diese lendenlahme Reaktion verärgert, umging Boumedra das übliche Verfahren und sandte seinen Bericht mit einer entschiedenen Verurteilung direkt an das Amt der Hohen Kommissarin für die Menschenrechte, Navi Pillay, in Genf. Frau Pillay gab eine deutliche Verurteilung der militärischen Beteiligung des Iran an dem Massaker heraus und verlangte eine vollständige, unabhängige und transparente Untersuchung sowie die Verfolgung von jedermann, der als für den Gebrauch exzessiver Gewalt verantwortlich gefunden würde. Doch wie üblich hielten sich die Vereinten Nationen weder an die Erklärung der UNAMI noch an die des UNHCR. Sie waren wie immer entschlossen, ihre Beschwichtigungpolitik fortzusetzen, anstatt das irakische Boot zum Schwanken zu bringen und die Beziehungen zu der mörderischen Regierung Maliki zu verschlechtern. Der damalige Vorsitzende des auswärtigen Ausschusses des Senats der Vereinigten Staaten, John Kerry, bezeichnete den Überfall als „Massaker" und forderte eine gründliche, unabhängige Untersuchung. Er betonte, die Iraker müssten sich jeglicher militärischen Maßnahme gegen Camp Ashraf enthalten. Ironischerweise – doch vielleicht nicht überraschend – vergaß Kerry, als er zum Außenminister der USA wurde, seine strenge Warnung vollständig!

Es fällt schwer, sich einer Verurteilung der Art zu enthalten, wie Amerika die Sache der Ashrafer von Anfang bis zum Ende verraten hat. Es ist wirklich interessant, dass beide Massaker, das vom April 2011 und das vom Juli 2009, stattfanden, während sich der Verteidigungsminister der USA, Robert Gates, in Bagdad aufhielt. Tatsächlich ereigneten sich beide Massaker nur Stunden, nachdem er mit Nouri al-Maliki zusammengetroffen war. Man möchte fast meinen, die Überfälle hätten Washingtons Segen gehabt!

22

Interviews mit politischen Gefangenen
Tirana (Albanien), August 2014

Fatimeh Nabavi Chashmi

„Mein Name ist Fatimeh Nabavi; ich bin 45 Jahre alt und Mitglied der PMOI. Ich entstamme einer religiösen Familie; mein Vater ist Geistlicher. Während der 80er Jahre wurden viele von meinen Freunden und Verwandten verhaftet und zu Gefängnisstrafen verurteilt – wegen Unterstützung der PMOI. Zwei meiner Verwandten namens Hojat Emadi und Emad Nabavi wurden hingerichtet. Als Hojat Emadi hingerichtet wurde, unterrichtete man seine Familie darüber nicht. Als sein Vater ihn im Gefängnis besuchen wollte, kamen Wärter zu seiner Wohnung und brachten Hojats blutbefleckte Schuhe. Sie sagten, sie hätten ihn hingerichtet, es sei nicht mehr nötig, zum Gefängnis zu gehen, um ihn zu besuchen. Es muss nicht gesagt werden, dass Hojats Eltern davon schwer schockiert waren; Nervenzusammenbrüche waren die Folge.

Im Jahre 1988 wurde ich wegen Unterstützung der PMOI und Opposition gegen das Regime Khomeinis von diesem verfolgt; ich sah mich gezwungen, das Land zu verlassen. Später ging ich nach Ashraf. Als das Regime erkannte, dass ich aus dem Lande geflohen war, übte es starken Druck auf meine Familie aus und überwachte sie. Sie lebte in beständiger Angst vor Verhaftung und Hinrichtung. Meine Mutter erlitt mehrere Nervenzusammenbrüche. Zwei meiner Brüder, die keine Verbrechen begangen und gegen kein Gesetz verstoßen hatten, wurden in den 90er Jahren vom Regime gezwungen, die Stadt zu verlassen und ins Exil zu gehen; damit sollten wir in die Knie gezwungen werden. Es war eine der Taktiken, mit denen das Regime den Angehörigen der Mitglieder der PMOI das Leben schwer machen wollte. Meine Brüder lebten viele Jahre lang getrennt von ihren Familien.

Nach der Invasion der USA in den Irak und der Bildung einer provisorischen Regierung durch die Koalitionstruppen im Irak war der Weg

115

dorthin offen. In dieser Zeit reisten viele Freunde der PMOI in den Irak, um sich der Organisation in Ashraf anzuschließen. So ging im Jahre 2005 auch mein Bruder in den Irak und schloss sich ihr an. Als er nach Camp Ashraf kam, wollten, so erzählte er mir, viele junge Leute das Gleiche tun. Nach einer Zeit kamen meine Eltern mit meinen drei Brüdern und Schwestern nach Ashraf, um mich zu sehen. Sie waren über die Sicherheit des Lagers verwundert. Als sie sich zur Rückkehr in den Iran anschickten, sagte mein Bruder Javad, er wolle nicht mit den anderen zurückkehren, sondern in Ashraf bleiben, um sich dem Kampf gegen das Regime anzuschließen. Er befindet sich jetzt in *Camp Liberty*.

In jener Zeit entschied sich ein noch anderer von meinen Angehörigen namens Mojtaba Nabavi Chashmi, der ebenfalls zum Besuch nach Ashraf gekommen war, dort zu bleiben, um sich dem Kampf der PMOI um Freiheit für das iranische Volk anzuschließen. Auch er lebt jetzt in Liberty; ihm folgten Ammar und Marzieh, später auch Assadollah, Saeed und Hadi; sie alle gehören zu meiner ausgedehnten Familie. Sie alle kamen nach Ashraf und baten darum, dort bleiben zu dürfen. Nach einer Zeit kamen noch Emmad, Vahideh, Maryam und Maryeh nach Ashraf. Damals verwandte das Regime nicht viel Aufmerksamkeit auf die Leute, die nach Ashraf gingen, um sich den Modjahedin anzuschließen. Doch als sie erkannten, dass die jungen Leute der PMOI in Ashraf beitraten, begannen sie, unsere Familien unmenschlich unter Druck zu setzen. Es begann damit, dass sie Mama, Papa, die Schwestern und Brüder verhafteten. Sie warfen meinen 80-jährigen Vater, der kein Verbrechen begangen hatte, ins Gefängnis und schüchterten ihn auf jede denkbare Weise ein. Sie fragten ihn, warum er nach Ashraf gegangen sei, und sagten ihm, die Reise nach Ashraf zum Besuch der Modjahedin werde als Verbrechen angesehen. Die ihn vernahmen, sagten ihm, er sei nicht qualifiziert, ein geistliches Gewand zu tragen. Von da an durfte er nicht mehr als Geistlicher amtieren; er durfte nicht mehr in die Moschee gehen, um das Gebet der Menschen zu leiten. Auch befahlen sie ihm, seine Unterstützung der PMOI aufzugeben. Es war ihre Absicht, meinen Vater zu brechen, doch er widerstand ihrem Druck. Er sagte: ,Ich brauche das geistliche Gewand nicht,' und ging nach Shahmirzad zurück, in das Dorf, in dem er jahrelang gelebt hatte und von allen Bewohnern geliebt wurde. Später baten ihn die Einwohner, sie beim Gebet anzuführen. Die Agenten des Regimes setzten ihren Druck auf ihn fort. Sie versuchten, ihn zur Verurteilung der PMOI zu bewegen und seine Unterstützung aufzugeben, allein mein Vater ergab sich nicht.

Im Gefängnis hatte ein Vernehmungsbeamter zu ihm gesagt: ‚Sie sind zu einem Dorn in unserer Flanke geworden.' Nach meinem Vater verhafteten und folterten sie meine Brüder. Vor zwei Jahren erfuhr ich aus dem Fernsehsender ‚Simaye Azadi' von ihrer Verhaftung. Sie wurden beide in einer anderen Provinz ins Gefängnis geworfen; sie durften nicht einmal von ihren Frauen und Kindern Besuch empfangen. Meine Schwägerin hatte soeben ein Kind geboren; doch sie wollten es meinem Bruder nicht gestatten, sein neugeborenes Kind zu sehen. Weiterhin übten sie solchen Druck aus, um unsere Familie zu brechen.

Maliki hatte Khamenei versprochen, den Druck auf die PMOI zu erhöhen. In Einlösung dieses Versprechens belagerte er Ashraf und unternahm am 28. und 29. Juli 2009 einen militärischen Überfall auf das Lager. Die zugänglichen Videos zeigen, dass seine Truppen beim Angriff auf die Modjahedin scharfe Geschosse, Humvees, Hochdruckwasserwerfer und Bulldozer benutzten. Die Modjahedin widerstanden mit leeren Händen. Meinem Bruder Mohammad Kazem, einem der Sänger in einem traditionellen Ashrafer Chor, wurden beide Hände gebrochen; er wurde mit einer Axt geschlagen. Beide Hände blieben drei Monate lang in Gips; seine Kameraden mussten ihm bei den alltäglichen Verrichtungen helfen. Er konnte nicht einmal ein Glas Wasser zum Munde führen oder sich die Zähne putzen.

Beim zweiten Überfall am 8. April 2011 erlitt mein Bruder Javad einen Schuss ins Bein. An demselben Tage wurde auch meiner Nichte Maryam ins Bein geschossen. Noch Monate danach verweigerte ihr im Zuge der Belagerung Ashrafs die irakische Regierung, dass sie sich in ein Krankenhaus außerhalb von Ashraf begäbe, um das Geschoss entfernen zu lassen. Nach einigen Monaten vermochten es die Ärzte in Ashraf, das Geschoss aus dem Bein zu entfernen. Einige Monate litt sie an großen Schmerzen – wegen der unmenschlich über Ashraf verhängten medizinischen Blockade. Der heldenhafte Mut, den die Bewohner während der Massaker vom 28. und 29. Juli und vom 8. April an den Tag gelegt hatten, hörte in diesen Tagen nicht auf, sondern er dauert bei den Überlebenden bis auf den heutigen Tag weiter – in der Hoffnung, dass eines Tages die Freiheit unseres Volkes die Antwort auf unsere Leiden sein wird.

Vor einigen Jahren wurde bei mir multiple Sklerose festgestellt. Während der vergangenen Jahre wurde meine Krankheit wegen der medizinischen Blockade Ashrafs und der unmenschlich gegen uns gerichteten psychologischen Kriegführung von Tag zu Tag schlimmer. Mein Arzt pflegte mir zu sagen: ‚Sie mit Ihrer Krankheit müssen an einem Ort sitzen, wo viel Schatten und viel Grün sind.' Stattdessen war ich gezwungen, an einem Ort zu leben, wo weder Grün noch Schatten ist. Ich fragte mich immer wieder: Wozu haben wir den Status ‚geschützter Personen'? Was geschah, als die Amerikaner uns unsere Waffen abnahmen und uns dafür Schutz versprachen? Warum haben sie uns belogen?

Albanien erklärte sich bereit, eine Anzahl Bewohner aufzunehmen; ich wurde in die Liste derer, die nach Albanien gehen sollten, aufgenommen. Im Jahre 2013 wurde ich nach Albanien gebracht, obwohl ich wirklich bei meinen Freunden bleiben wollte. Dank ihrer Beharrlichkeit konnte ich in ein Krankenhaus gebracht werden; dort begann meine Behandlung. Mein Arzt klärte mich darüber auf, dass ich auch an Epilepsie litte und mein Nervensystem angegriffen sei. Nach einem Jahr der Behandlung hat sich – auch dank der Unterstützung durch meine Freunde – mein Zustand einigermaßen stabilisiert.

Ich habe einen Sohn Amir; er ist 26 Jahre alt und lebt in den Vereinigten Staaten. Er hat sein Studium im Fach ‚Business Administration' (‚Geschäftsverwaltung') mit dem Masterexamen abgeschlossen. Wegen der über Ashraf und Liberty verhängten Belagerung konnte er mich dort nicht besuchen. Als ich nach Albanien gebracht wurde, kam er mich besuchen. Wir waren so glücklich, einander nach so vielen Jahren der Trennung wiederzusehen. Er sagte mir, er hätte sich so sehr gewünscht, auch seinen Vater wiedersehen zu können, doch die Untätigkeit der internationalen Organisationen gegenüber Ashraf hatte zu einer Katastrophe geführt. Als Amir sich verabschiedete, fühlte er den Schmerz wieder so heftig wie damals, als er erfuhr, dass sein Vater zu den 52 Personen gehörte, die während des Massakers am 1. September 2013 in Ashraf getötet worden waren."

23

Bagdad

Zu Beginn des Jahres 2011 hatte ich darum gebeten, mit einer kleinen Gruppe von Mitgliedern des Europäischen Parlaments – Mitgliedern der Delegation für die Beziehungen zum Irak – nach Bagdad reisen zu dürfen. Anfang April erhielten wir die Visa, wenige Tage vor dem Massaker in Ashraf. Es war ein glücklicher Zufall, denn nach den Schandtaten im Lager wären sie uns mit Sicherheit verweigert worden. Wir machten uns zur Reise bereit; dazu gehörte intensives Sicherheits-Training; man warnte uns vor den erheblichen Risiken, die uns in Bagdad erwarteten. Wir erfuhren, der Aufenthalt außerhalb der „Grünen Zone" – der Hochsicherheitszone im Zentrum Bagdads – sei lebensgefährlich; wir sollten ihn meiden.

Zu der Gruppe gehörten außer mir drei weitere Mitglieder des Europäischen Parlaments: Mario Mauro (Italien), John Attar Montalto (Malta) und Jelko Kacin (Slowenien). Am 25. April 2011 kamen wir auf dem Internationalen Flughafen Bagdad an. Die Stadt war immer noch Kriegsgebiet. Die Straßen waren mit einer dicken Schicht Beton gepflastert. An jeder Ecke fand man Panzer und gepanzerte Fahrzeuge. Hinter Sandsäcken waren Maschinengewehre in Stellung gebracht. Überall sah man Betonbunker und Wachtürme. Die Politiker bewegten sich in schwer gepanzerten Fahrzeugen. Bei der schnellen Fahrt vom Flughafen zur Grünen Zone mussten wir Schutzanzüge tragen. Wir mussten zu zweit in gepanzerte Wagen vom Typ Lexus 4-WD einsteigen. Wir hatten irakische Fahrer und europäische Wachen. Sie waren mit automatischen Gewehren und Pistolen bewaffnet.

Unser freundlicher englischer Sicherheitsbeamter Mark war früher Fallschirmjäger gewesen. Er stammte aus Birmingham. Er sagte, er sei mit einer Schottin aus Inverness verheiratet, könne sie aber nur alle fünf oder sechs Wochen besuchen. Während wir die zahlreichen Sicherheitskontrollen in der Umgebung des Internationalen Flughafens von Bagdad passierten, eröffnete er uns, wir führen auf der „Irischen

Straße – der ehemals gefährlichsten Straße der Welt". Er beruhigte uns aber: heutzutage fänden sich dort nur gelegentlich Bomben am Straßenrand und vereinzelt Angriffe auf Konvois gleich dem unseren! Ich fragte ihn, wie gut unser Lexus die Explosion einer improvisierten Sprenganlage (IED) überstehen würde; er antwortete, unlängst habe eine von ihnen ein einzelnes Fahrzeug um einige Meter in die Luft gejagt. Es sei danach auf sein Dach gefallen und alle Insassen seien unverletzt ausgestiegen!

Diese Nachricht noch im Ohr, rasten wir auf die Stadt zu und erreichten die ersten größeren Straßensperren, vor denen Schlangen von Autos darauf warteten, durchsucht zu werden; dazu gehörte die Kontrolle der Ausweise der Insassen. Mark wies auf zwei große Krater in der Straße – eben vor Beginn der Grünen Zone – hin; dort waren erst vor einer Woche Selbstmordattentäter mit ihren Autos in den Verkehrsstau gestoßen. Dabei waren zwölf Personen getötet und mehr als 50 verletzt worden. Das war, so sagte er, ziemlich ungewöhnlich, denn meistens bediene sich neuerdings al-Qaeda einer neuen Taktik, zu der gezielte Tötungen irakischer Soldaten und Polizisten – für gewöhnlich an Straßensperren – gehörten. „Sie haben schallgeschützte Handfeuerwaffen, und wenn ein Soldat oder Polizist an das Fenster klopft, um nach den Ausweisen zu fragen, drehen sie das Fenster herunter und schießen ihm ins Gesicht; dann rasen sie davon, um dasselbe am nächsten Kontrollpunkt zu wiederholen" – so erklärte er belustigt. Auf diese Weise waren während der 16 Tage vor unserer Ankunft 81 Menschen getötet worden.

Hohe, dicke Betonmauern, gekrönt von Stacheldraht, umgaben unsere Wohnanlage inmitten der Grünen Zone. Am Eingangstor stand ein Posten mit einer Kalaschnikow. Ich wurde in den für mich bestimmten unterirdischen Bunkerraum geführt. An der Tür war ein Zettel mit der Aufschrift angeheftet: „Ein Angriff mit Geschossen oder Mörsern wird von einer Trillersirene und roten Blitzlichtern gemeldet." Unheilvoll lag auf dem Nachttisch ein khaki-farbener Helm, daneben ein schwerer Schutzanzug für den ganzen Körper.

Ich fand bald heraus, dass Raketen und Mörser in Bagdad zum täglichen Leben gehörten. Für gewöhnlich werden sie in einer entlegenen und verzweifelt armen Vorstadt namens Sadr-City abgefeuert; sie ist nach Muqtada al-Sadr benannt, dem leidenschaftlich anti-amerikanischen islamischen Geistlichen, der die schwarzgekleidete „Mahdi-Armee" kommandiert und heute als gewähltes Mitglied dem irakischen Parlament angehört. Er erhält seine Befehle aus dem Iran. Er hat öffentlich gedroht, er werde den Aufstand neu entfachen, wenn die Amerikaner ihr Versprechen, bis zum Ende des Jahres vollständig aus dem Irak abzuziehen, nicht einlösten. Die Drohung musste ernst genommen werden.

Während wir am frühen Abend zum polnischen Botschafter unterwegs waren, hörten wir plötzlich Sirenen heulen. Mark schaltete sein Walkie-Talkie ein und meldete: „Objekt im Flug." „Was für ein Objekt?" fragte ich nervös. „Oh, es wird sich wahrscheinlich um eine Rakete oder einer Mörser handeln," antwortete Mark. „Im Allgemeinen zielen sie auf die amerikanische Botschaft im Herzen der Grünen Zone; uns wird wohl nichts passieren."

Und wirklich, nach einigen Sekunden ertönte das Signal „Alles in Ordnung", und Mark erhielt eine Nachricht des Inhalts, die Mine sei im Tigris gelandet. Während wir an dessen Ufer entlangfuhren, konnte das uns nicht vollkommen beruhigen.

In der polnischen Botschaft waren wir zusammen mit einer Reihe von europäischen Botschaftern zum Essen eingeladen. Zunächst wurden wir über die Situation innerhalb des Irak ins Bild gesetzt. Es wurde mitgeteilt, in Bagdad stehe nur etwa sechs Stunden täglich Strom zur Verfügung, doch hoffe man, diese Zeit bis zum Ende des Sommers auf 18 Stunden zu verlängern – in der Zeit, in der die Temperaturen bis 50°C ansteigen, was zu überreizter Stimmung führen könne. Besonders Kurdistan gehe es wirtschaftlich gut; dort registriere man ein Wachstum von jährlich 10% - bei verhältnismäßig großer Sicherheit und politischer Stabilität. Es wurde der Eindruck erweckt, Irak finde allmählich aus dem Alptraum heraus, den es während der Diktatur Saddam Husseins erlitten hatte und dem die amerikanisch-britische Invasion und danach der Aufstand gefolgt waren, der zehntausende Tote hinterließ und die größeren Städte zerstörte. Die Botschafter der EU schienen darin übereinzustimmen, der Irak sei zu Geschäften bereit; wir sollten nichts tun, was die Chance lukrativer wirtschaftlicher Vereinbarungen schmälern könnte. Ich kann nicht behaupten, dass mich diese Argumente überzeugten!

Ich dankte dem polnischen Botschafter für seine Gastfreundschaft und berichtete, während wir in Bagdad seien, blickten wir auf das eben zurückliegende schreckliche Massaker in Camp Ashraf zurück; es sei meine Pflicht als Leiter der Delegation, eine unabhängige Untersuchung der am 8. April begangenen Schandtaten zu verlangen, durch die 36 Personen getötet und viele hundert verletzt worden seien. Ich sagte, die EU müsse umgehend mit der PMOI, der irakischen Regierung, den Vereinigten Staaten und der UNAMI Verhandlungen aufnehmen, um eine dauerhafte Lösung dieser Krise zu erreichen und weiteres Blutvergießen zu vermeiden. Die Umsiedlung der 3400 Bewohner Ashrafs in die USA und in Länder der EU sei die einzige tunliche Lösung und sollte bis Ende 2011 zuwege gebracht sein, denn das sei die Frist, die die irakische Frist bis zur Schließung von Ashraf gesetzt habe. Doch die Verhandlungen könnten erst beginnen, wenn die irakische Regierung ihre Truppen aus Ashraf abziehe, angemessene Behandlung für die schwerverletzten zur Verfügung stelle, die Belagerung des Lagers aufhebe und die dortige Lage einigermaßen normalisiere.

Alle Botschafter sprachen; alle verurteilten den Überfall vom 8. April, doch alle flochten negative Bemerkungen über die PMOI in ihre Reden ein. Ich sagte, es sei fruchtlos und tief beunruhigend, erneut die übliche, von den Mullahs inspirierte Propaganda zu hören, mit der die 3400 Bewohner Ashrafs als Marxisten, als terroristische Organisation und als Geheimkult denunziert würden. Ich sagte: „Diese Menschen sind nun zweimal brutal überfallen worden. Sie leiden unter der Ashraf auferlegten Belagerung; ihnen werden angemessene Vorräte an Lebensmitteln, Brennstoff und Wasser vorenthalten. 300 Lautsprecher brüllen Tag und Nacht ihre Schmähungen. Halten Sie es in dieser Lage für richtig, diese Menschen zu kritisieren?" Ich war sehr verärgert, fühlte aber, woher der Wind wehte.

Am nächsten Morgen, Dienstag, den 26. April kamen wir mit Ad Melkert, Tahar Boumedra und der Arbeitsgruppe der UNAMI zusammen. Ich eröffnete das Treffen mit dem Hinweis darauf, das Abkommen von Erbil sei nicht erfüllt worden und Maliki bisher nicht in der Lage gewesen, die Posten des Innenministers, des Verteidigungs- und des Sicherheitsministers zu besetzen. Ich sagte, diese Regierung solle eine Regierung der nationalen Einheit sein; sie zeige aber zunehmend ein sektiererisches Gesicht. Ich sagte, das Massaker in Ashraf zeige die tiefe Störung, von der Malikis Regierung gezeichnet sei. Es zeige deutlich, dass er zum Missbrauch der Macht entschlossen sei und nur auf Geheiß des Iran handle. Das Massaker habe gegen alle Werte verstoßen, die der EU teuer seien, es sei eine erschreckende humanitäre Katastrophe und eine vollkommen unabhängige Untersuchung sei geboten, damit die Verantwortlichen festgestellt und zur Rechenschaft gezogen werden könnten. Ich erinnerte meine Zuhörer daran, dass das Europäische Parlament zwei strenge Resolutionen an den Irak gerichtet habe, in denen es verlangte, die Einschüchterung und Belagerung Ashrafs müsse aufhören, und an die irakischen Behörden appellierte, sich nicht auf Gewalt zu verlegen.

Ich stellte fest, der Überfall vom 8. April beweise Verachtung des Europäischen Parlaments und seiner Mitglieder. Ich räumte ein, es müsse für die Bewohner Ashrafs eine dauerhafte Lösung gefunden werden, denn die gegenwärtige Situation sei untragbar und das Risiko, dass sie durch ein an Srebrenica erinnerndes Massaker vernichtet würden, nehme zu. Ich fragte Ad Melkert, ob die UNAMI nicht eine Einheit im Lager stationieren könne, um es zu schützen, oder ob die USA Schutz bieten könnten, während eine Umsiedlung ausgehandelt und ins Werk gesetzt werde. Ich fragte, ob der Generalsekretär der Vereinten Nationen sich dieser Angelegenheit annehmen und Schutz für die Bewohner Ashrafs verlangen könne. Zugleich erklärte ich, es könnten mit der irakischen Regierung keine Verhandlungen über eine dauerhafte Lösung des Problems Ashraf stattfinden, solange die Bewohner vom irakischen Militär bedroht würden, demselben Militär, das einen riesigen Damm aufgeschüttet habe, um das Lager zu bedrohen. Die Truppen müssten abgezogen, die Belagerung müsse beendet werden; es müsse den Schwerverwundeten sofort Hilfe geleistet und im Lager müssten Frieden und Normalität wiederhergestellt werden. Erst dann könnten EU und Irak über irgendeine Resolution diskutieren.

Ad Melkert sagte, die irakische Regierung sei gewillt, das Lager bis Ende 2011 zu schließen. In dieser Sache bestehe Zusammenarbeit mit dem Iran. Er sagte, die Haltung der EU und der USA sei zur Lösung dieses Problems von vitaler Bedeutung; denn die UNAMI könne die Situation nur beobachten. Sie könne nicht intervenieren. Der Sicherheitsrat werde über Ashraf nicht sprechen. Daran sei gar nicht zu denken. Die UNAMI habe eine internationale Untersuchung des Massakers verlangt. Der Irak wolle, dass die Regierung mit Beteiligung der Vereinten Nationen eine Untersuchung vornehme. Wenn aber die UNAMI auf irgendeine Weise beteiligt werden solle, müsse sich zuerst die Armee zurückziehen.

„Doch wenn", fuhr Melkert fort, „die Vereinten Nationen beteiligt werden sollen, müssen sie (die Bewohner – Anm. d. Übs.) zunächst individuelle Registrierung als Flüchtlinge akzeptieren. Für uns ist die Kommunikation mit der MEK von vitaler Bedeutung. Wir können sofort mit der Lagerleitung in Ashraf sprechen; wir brauchen aber auch Kommunikation mit der Leitung in Paris. Dafür benötigen wir einen Kanal, den Sie, Mr. Stevenson, herstellen können."

Das nächste Treffen brachte uns mit Osama al-Nujaifi, dem Präsidenten des irakischen Repräsentantenrates, zusammen. Als ich eine Tirade gegen das Massaker von Stapel ließ, sagte der Parlamentspräsident: „Was Ashraf betrifft, so ist eine vollständige Untersuchung der Ereignisse des 8. April eingeleitet worden. Aber Sie müssen verstehen, dass die irakische Regierung ihre eigene Auffassung von dieser Sache hat." Er war sichtlich nicht gewillt, weiter auf diese Angelegenheit einzugehen.

Wir begegneten dem gleichen Widerstreben gegen die Zumutung, auf Ashraf zu sprechen zu kommen, als wir mit dem Vorsitzenden des Auswärtigen Ausschusses im Repräsentantenrat, Humam Hammoudi von der Partei Hakims, zusammenkamen. Er entschuldigte sich damit, für diese Angelegenheit sei eher der Menschenrechts- als der Auswärtige Ausschuss zuständig. Man hatte den Eindruck, jedermann sei durch die von Maliki befohlene brutale Attacke überrascht und in Verlegenheit versetzt worden. Hammoudi betonte aber die Notwendigkeit bedeutender Freundschaft und Zusammenarbeit zwischen der EU und dem Irak. Ich sagte ihm, vorsätzlicher, gesetzwidriger Mord an unbewaffneten Zivilpersonen sei nicht die geeignetste Methode zur Sicherung guter Beziehungen mit der EU.

Nach unserer Zusammenkunft mit dem Repräsentantenrat suchten wir den Vorsitzenden des Sicherheits- und Verteidigungsausschusses, Hassan al-Sunaid, einen engen Verbündeten Malikis, und einige Mitglieder seines Ausschusses auf. Der Vorsitzende sagte: „Offenkundig ist die MEK der Hauptgrund Ihres Besuches. Wir wollen den Iran, den Irak und die MEK an einen Tisch bringen – zur Regelung dieser Angelegenheit. Wir sind nicht gegen die MEK und werden immer auf humanitäre Weise mit ihr umgehen. Sie sollten aber verstehen: Das Lager strotzt vor Waffen. Ich kann Sie jetzt dorthin bringen und sie Ihnen zeigen. Sie haben Gebiete in der Nähe Ashrafs angegriffen. Sie haben unsere Truppen angegriffen. Beständig setzen sie unseren Premierminister und seine Regierung herab und fordern ihren Sturz. Sie missbrauchen ihre Stellung als Gäste unseres Landes und sind hier nicht mehr willkommen. Dessen ungeachtet wird unser Verteidigungs- und

Sicherheitsausschuss die Ereignisse des 8. April untersuchen und die Verantwortlichen bestrafen."

Ich dankte Herrn al-Sunaid für sein freundliches Angebot, sogleich mit mir nach Ashraf zu reisen, um mich dort von den den Terrorismus beweisenden Waffen zu überzeugen und sagte, ich nähme diesen Vorschlag gern an. Ich fragte, wann wir aufbrechen könnten. Er überhörte meine Frage!

Danach begaben wir uns zu Salim Abdullah al-Jabouri[1], dem Vorsitzenden des Menschenrechtsausschusses. Er sagte, die Mitglieder seines Ausschusses seien durch das, was am 8. April geschah, tief beunruhigt, doch zugleich dächten sie an die irakische Souveränität, ebenso daran, wie die Situation die Nachbarn, darunter den Iran, betreffe, auch an die Provokation, die Ashraf für diese bedeute. Er schlug vor, die Vereinten Nationen sollten sich der Sache annehmen und bei ihrer Lösung behilflich sein. Doch jede denkbare Lösung müsse die Sorge des Irak um seine Souveränität und um den Iran respektieren.

Eine ähnliche Reaktion erfuhren wir von Außenminister Hoshyar Zebari, einem angesehenen Kurden. Er sagte: „Es muss Ihnen klar sein, dass die irakische Regierung gegenüber der MEK keine Animosität hegt. Die USA haben sie entwaffnet; danach haben sie und Bulgarien in Ashraf ihren Schutz übernommen. Das betreffende Abkommen habe ich unterzeichnet. Die Bewohner erklärten sich bereit, den irakischen Gesetzen zu gehorchen; wir kamen überein, es solle niemand mit Anwendung von Zwang an den Iran ausgeliefert werden. Wir sagten zu, wir würden ihre Menschenrechte respektieren. Jetzt aber betrachtet die MEK Ashraf als befreites Gebiet, als hätte sie es in einem Krieg erobert. Dabei sind sie unsere Gäste. Sie können sich nicht eines Teils des Irak bemächtigen und erklären, er gehöre ihnen. Natürlich, sie sind stark und besitzen eine Lobby in den USA und in der EU. Aber im Jahre 2009 baten wir sie, unsere Polizei ihr Lager betreten zu lassen; ein Aufruhr war die Folge, bei dem zwölf Personen getötet wurden. Dieses Jahr, im April, kam es zu einem noch schlimmeren Überfall. Sie müssen erkennen, dass es sich um irakisches Gebiet handelt, sie aber Iraner sind. Sie haben uns sogar gefragt, ob sie dafür eine Pacht zahlen sollten! Wir versorgten sie mit Wasser und Strom und so revanchieren sie sich für unsere Freundschaft!"

---

1 Salim al-Jabouri wurde im September 2014 Präsident des irakischen Parlaments.

Natürlich war mir klar, dass die meisten dieser Behauptungen bodenlos waren. Niemals hat die irakische Regierung die Bewohner von Ashraf mit Wasser und Strom versorgt. In Wirklichkeit haben die Bewohner selbst das Wasser aus einem nahe gelegenen Fluss gepumpt; dabei haben sie auch mehr als 20.000 Iraker in Dörfern nahe dem Lager mit Wasser versorgt. Das haben amerikanische Beamte offiziell bestätigt.

Zebari fuhr fort: „Jetzt sind der Irak und der Iran Freunde; daher hat sich die Lage verändert. Wir haben uns sehr bemüht, den Bewohnern Ashrafs freiwillige Repatriierung nahezubringen; das Problem besteht darin, dass kein Land bereit ist, sie aufzunehmen. Das ist bedauerlich, denn die Regierung hat eine klare Entscheidung gefällt: Nach Ablauf des Jahres 2011 ist für sie im Irak kein Platz mehr. Die Regierung ist bereit, zu einer Lösung eng mit der UNAMI zusammenzuarbeiten. Es haben ausführliche Gespräche mit dem Iran stattgefunden. Die Iraner sind bereit, solche, die die Rückkehr wünschen, aufzunehmen. Dazu besteht eine eiserne Garantie, unterzeichnet von beiden Seiten, dass sie nicht verhaftet und nicht verfolgt werden. Die Iraner sind in dieser Sache sogar an einer Zusammenarbeit mit dem Internationalen Komitee vom Roten Kreuz interessiert. Andernfalls ist der Iran bereit, alle 3400 Bewohner mit Pässen auszustatten, damit sie gehen können, wohin sie wollen. Jetzt haben sie die letzte Gelegenheit. Wir werden versuchen, ihnen bei der Umsiedlung zu helfen. Was die Ereignisse des 8. April betrifft, besteht darüber noch keine Klarheit, wir haben aber eine eigene Untersuchung in Gang gebracht, um die Wahrheit zu enthüllen."

Ich antwortete, es gebe eine sehr klare Antwort auf die Frage, was am 8. April geschehen sei. Es war ein Massaker, verübt von 2500 schwer bewaffneten Soldaten und gepanzerten Fahrzeugen, angeordnet vom Premierminister. Ich fragte, ob meine Delegation nach Ashraf reisen dürfe, um dort selbst zu sehen, was geschehen sei. Zebari sagte: „Auf keinen Fall." Er könne uns unter keinen Umständen gestatten, Ashraf einen Besuch abzustatten. Es komme nicht in Frage. Danach fragte ich, was am Ende des Jahres geschehen werde, wenn alle Versuche, die Bewohner Ashrafs zu repatriieren, scheitern würden. In diesem Falle, so sagte Zebari, würden sie mit Anwendung von Zwang in ein anderes Lager umgesetzt werden.

Dann verstand Zebari sich zu einer erstaunlichen Verteidigung von Malikis sektiererischer und spalterischer Politik. Er fügte hinzu: „Unsere Demokratie hat sich in Nordafrika und im Nahen Osten als Ansporn des Arabischen Frühlings erwiesen. Andere Länder sehnen sich nach unserer Freiheit. Deswegen wurde eine Zeit lang im Nahen Osten fast jeder Selbstmordattentäter in den Irak geschickt."

Man hatte mich bisher glauben lassen, Zebaris Hintergrund und politische Absichten unterschieden sich bedeutend von denen Malikis; daher befremdete mich die Entdeckung, dass er nun bereit war, Malikis sektiererische Politik zu verteidigen – offenbar bemüht, seinen hohen Posten zu behalten. Es war eine Enttäuschung für mich festzustellen, dass ein angesehener Kurde wie Zebari bereit war, sich von der ehrwürdigen Position des kurdischen Präsidenten Massoud Barzani zu distanzieren. Zebari war sogar bereit, Malikis Überfälle auf die Mitglieder der PMOI zu rechtfertigen. Er behauptete nämlich, sie seien an der Unterdrückung der irakischen Kurden durch Saddam Hussein beteiligt gewesen. Es war eine überraschende Kehrtwendung Zebaris, denn ich hatte selbst die Zeugenaussage eingesehen, die er am 14. Juli vor einem niederländischen Gericht abgegeben hatte; damals hatte er als Leiter der Internationalen Beziehungen der KDP (Demokratische Partei Kurdistans) geschrieben: „[Wir] können versichern, dass die Modjahedin an der Unterdrückung des kurdischen Volkes nicht beteiligt waren, weder während des Aufstandes noch in der Folgezeit. Uns ist kein Beweis dafür begegnet, der nahelegen würde, dass die Modjahedin gegenüber dem Volk des Irakischen Kurdistan irgendeine Feindseligkeit an den Tag gelegt hätten."[2]

Zebaris verschleierte Drohungen und seine Feindseligkeit gegenüber den Ashrafern wurden vom stellvertretenden Premierminister Dr. Saleh al-Mutlak auf erfrischende Weise gekontert. Er sagte uns, die Ereignisse in Ashraf hätten ihn tief betrübt. „Ich habe es meinen Kollegen in der Regierung gesagt. Es schwächt nach 5000 Jahre alter Zivilisation das Ansehen des Irak, dass wir nun darauf verfallen, unbewaffnete Gäste zu ermorden. Es sind unbewaffnete Zivilpersonen. Wir brauchen eine humanitäre Lösung, an der die EU, der Irak, der Iran und die UNAMI beteiligt sind. Doch jedwede Lösung muss den Interessen sowohl der MEK als auch des Irak genügen. Ich schätze mich glücklich, mit Ihnen an einer Lösung zu arbeiten."

---

2   Oberst Wes Martin, Kommandeur der US-Truppen in Ashraf, bezeugte während einer Anhörung im Kongress unter Eid, er habe, während er sich in Ashraf aufhielt, Zebari diesen Brief gezeigt und ihn um Bestätigung gebeten, und Zebari habe gesagt: „Ja, ich habe diesen Brief geschrieben."

Am Abend dieses Tages wurden wir von unseren bewaffneten Sicherheitsbeamten zu einem Treffen mit dem irakischen Präsidenten Jalal Talabani begleitet, einem weiteren ranghohen Anführer der Kurden. Der Palast des Präsidenten befindet sich außerhalb der Grünen Zone; daher hatte man uns gewarnt, wir sollten nicht länger als eine Stunde auf das Treffen verwenden. „Eine längere Dauer", sagte Mark, unser waffenstrotzender Begleiter, „würde den Terroristen die Gelegenheit zu einem Angriff mit Mörsern oder aus dem Hinterhalt geben. Daher müssen Sie nach spätestens einer Stunde wieder draußen sein."

Präsident Talabani begann damit, dass er Nouri al-Maliki entschuldigte. „Es tut dem Premierminister Leid, dass er Sie nicht sehen kann; er befindet sich derzeit in Korea." Ich kommentierte, allzu laut flüsternd: „Ich nehme an: Nordkorea." Der Präsident überhörte meine Bemerkung und stellte fest: „Ich persönlich bin gegen Gewalt in jeder Form. Der Iran nimmt die MEK zum Vorwand, Druck auf uns auszuüben. Ich bin nach Teheran gereist und habe sie gebeten, den Terrorgruppen im Irak keine Waffen mehr zu schicken. Sie antworteten mit der Forderung, Ashraf zu schließen. Was können wir unter diesen Umständen tun? Wir können ihnen nicht erlauben zu bleiben. Terroristen, die vom Iran mit Waffen versorgt werden, töten fast täglich Christen und Angehörige anderer Minderheiten."

Er wiederholte die Behauptungen Zebaris über die Rolle der PMOI bei der Unterdrückung der Kurden und Schiiten und sagte: „Die MEK sind bei den Kurden und Schiiten verhasst, allerdings nicht bei den Sunniten. Der Iran droht, er werde Ashraf mit Raketen angreifen, wenn wir nichts tun. Wir müssen handeln."

Dies war paradox, denn ich hatte ja Zebaris Brief an die niederländischen Gerichte gesehen und wusste auch, dass die PUK (Patriotische Union Kurdistans, d. Ü.), die Partei Talabanis, nachdem sie ihre starke Bindung an die Mullahs in Teheran befestigt hatte, die PMOI-Mitglieder im Irak zu unterdrücken begann und dabei so weit ging, sie mit Waffen anzugreifen. Bei diesen unprovozierten Angriffen kamen Dutzende PMOI-Mitglieder ums Leben. Auch brüstete sich die PUK damit, sie habe Mitglieder der PMOI dem iranischen Regime ausgeliefert und die seien später hingerichtet worden (Agence France-Press, 13. April 1991).

Am nächsten Morgen tauchten wir zu einem weiteren Tag in Bagdad aus unseren Betonbunkern auf. Wir begaben uns zur US-Botschaft – einem riesigen Komplex, hunderte Morgen groß, innerhalb der Grünen

Zone gelegen und Routineziel für Mörserangriffe der Terroristen. Wir mussten strenge Sicherheitskontrollen passieren, um das Gelände der Botschaft zu betreten; dann wurden wir in ein großes Arbeitszimmer geführt. Man bat uns Platz zu nehmen und versorgte uns mit Tee und Kaffee. Nach gebührlicher Wartezeit erschienen US-Botschafter Jim Jeffrey und Botschafter Lawrence Butler, ein weiterer ranghoher amerikanischer Diplomat, der im Irak stationiert war.

Ich dankte den beiden amerikanischen Botschaftern für die Zeit, die sie uns widmeten, und ihre Gastfreundschaft, und trug ihnen meine Besorgnis vor, Maliki werde sich rasch zu einem Diktator entwickeln; er habe das Abkommen von Erbil gebrochen und alle Schlüsselpositionen der Staatsmacht an sich gerissen; ich führte aus, er habe seine Bereitschaft, das Geheiß der iranischen Mullahs zu erfüllen und seine Stellung als Premierminister zu missbrauchen, deutlich genug unter Beweis gestellt, indem er mehrere gewalttätige militärische Angriffe auf Ashraf angeordnet und die Bewohner beständiger psychologischer Folter unterworfen habe.

Botschafter Jeffrey eröffnete dann mit folgender Erklärung die Tagesordnung:

> „Die Länder der EU sind unsere wirklichen Partner. Dem Irak wird im neuen Mittleren Osten, der sich aus den gegenwärtigen Aufständen erhebt, eine größere Rolle zukommen. Das hier vorhandene demokratische System steckt noch in den Kinderschuhen; es ist ein steiniger Weg, aber es geht vorwärts. Die Sicherheit nimmt zu. Die Anschläge haben um 90% abgenommen; die USA treffende Zwischenfälle haben fast aufgehört. Der Strombedarf nimmt rascher zu, als das System bewältigen kann. Die Ölförderung ist von 2 Millionen Barrel pro Tag auf 2,1 Millionen angestiegen; sie wird bald 2,3 Millionen erreichen. In zwei oder drei Jahren werden es schon 3 Millionen Barrel am Tag sein. Der Irak besitzt etwa 2/3 so viel Öl wie Saudi-Arabien, doch die Infrastruktur ist noch mangelhaft; sie muss gegenwärtig noch aus dem Kapitalbudget finanziert werden. Die USA werden sich mit Sicherheit bis zum Ende des Jahres zurückgezogen haben, wir werden aber weiterhin die Polizei ausbilden.
>
> Ich stimme Mr. Stevenson zu: Das Abkommen von Erbil muss eingehalten werden. Ich nahm an der Formulierung und Unterzeichnung des Abkommens teil; es ist nicht akzeptabel, dass drei

der sensiblen Ministerien noch nicht besetzt sind. Maliki hat es selbst gesagt und Ayad Allawi gebeten, eine Liste von fünf Kandidaten aufzustellen und einen von ihnen als Verteidigungsminister zu bestimmen. Allawi stellte die Liste auf, wählte einen Kandidaten und stellte ihn Maliki vor. Maliki stimmte zu; danach änderte Allawi seine Meinung und erklärte, er sei nicht mehr für diesen Kandidaten. Also trägt Allawi ebenso viel Verantwortung für den Hiatus wie Maliki.

Hinderlich ist hier besonders der Iran, denn er will nicht, dass Allawi an der Macht beteiligt wird. Muqtada al-Sadr ist eine furchtbare Person. Er führt eine furchtbare Partei, die in der Knechtschaft Teherans gefangen ist. Er gewann 39 Sitze und handelt auf Befehl des Iran."

Es war recht erstaunlich, dass der amerikanische Botschafter offenbar versuchte, Maliki von dem Vorwurf, das Abkommen von Erbil zunichte zu machen, reinzuwaschen, indem er zugleich Ayad Allawi die Schuld zuwies. Er sagte:

„Die Leute von der MEK behaupten, geschützte Personen im Sinne der Vierten Genfer Konvention zu sein. Doch sie wissen, dass dies nicht zutrifft, denn es wurde gemeinsam mit all ihren anderen Ansprüchen auf Schutz durch das US-Militär zurückgenommen, als unsere Kampfhandlungen im Irak endeten. Am Ende dieses Jahres werden keine US-Truppen mehr im Irak sein, und die MEK kann keinen Schutz mehr von uns erwarten. Sie scheinen anzunehmen, dass die Siebente Kavallerie der Vereinigten Staaten über den Hügel geritten kommt, um sie zu schützen, aber das ist nur ein Traum. Die Iraker könnten im Sommer, wenn die Temperaturen auf über 50 Grad ansteigen, ihren Strom und Wasservorrat blockieren, und das Lager wäre am Ende. Ashraf kann auch anders als durch militärische Gewalt vernichtet werden; die MEK muss das einsehen."

Ich protestierte gegen die unverantwortliche Einstellung der USA zu dieser humanitären Angelegenheit; da änderte Botschafter Jeffrey seinen Ton und sagte: „Sehen Sie, wir sind ja bemüht zu helfen und sicherzustellen, dass niemand mit militärischer Gewalt auf Ashraf Druck ausübt."

Ich war bestürzt – nicht nur durch die Weigerung der Amerikaner, Maliki als verbrecherischen Diktator zu bezeichnen, sondern auch durch die papageienhaft nachplappernde Art ihrer Kritik an den Ashrafern. Es schien fast, als wollten sie das Massaker an den Bewohnern von Ashraf, das sich erst drei Wochen zuvor ereignet hatte, rechtfertigen und sich von der Untätigkeit des US-Militärs, das seinen Verpflichtungen nicht nachgekommen war, reinwaschen. Es schien, als wollten sie die Schutzgarantie zurücknehmen, die ihr Militär jedem einzelnen Bewohner von Ashraf gegenüber ausgesprochen hatte. Das war ganz gewiss ein Verrat. Es deprimierte mich, dass wir nicht nur mit der Ankündigung, Ashraf bis zum Ende des Jahres zu schließen, konfrontiert waren, sondern dass die Amerikaner diese Absicht zu decken schienen. Doch ihre Haltung konnte mich nur in meinem Entschluss bestärken, nicht aufzugeben, sondern noch härter zu arbeiten, um die Bewohner von Ashraf zu schützen und eine friedliche Lösung ihrer Schwierigkeiten zu finden.

24

Interviews mit politischen Gefangenen
Camp Liberty (Bagdad), August 2014

Hossein Farzanehsa

Mein Name ist Hossein Farzanehsa. Ich wurde 1953 in eine gebildete, vermögende Familie in Teheran geboren. Mein Vater unterstützte Premierminister Dr. Mohammad Mossadegh, der 1953 durch einen britisch-amerikanischen Coup gestürzt wurde. Während der Jahre, die ich auf dem Gymnasium verbrachte, entstanden die gegen den Schah gerichteten Widerstandsbewegungen. Ich bezog im Jahre 1972 die Universität – zugleich mit den Feiern zum Krönungstag. Ich wurde verhaftet und verbrachte 15 Tage im Gefängnis. Nach zwei Jahren begann mein Bruder Majid eine Ausbildung zum Lehrer; er wurde im Jahre 1976 wegen politischer Tätigkeit verhaftet und zu lebenslanger Haft verurteilt.

Im Gefängnis trat er der PMOI bei. Einmal, als ich ihn im Gefängnis besuchte, sah ich den Leiter der PMOI, Massoud Rajavi, der dort zusammen mit anderen Häftlingen einen Besuch ihrer Angehörigen erwartete. Diese Angehörigen spielten bei der Befreiung ihrer Lieben eine wichtige Rolle. Maryam Rajavi war für die Koordinierung der Tätigkeit dieser Angehörigen politischer Gefangener verantwortlich. Jeden Dienstag suchten wir das Qasr-Gefängnis auf; dann gab sie uns besondere Anweisungen, um mit Menschenrechtsorganisationen und Journalisten in Kontakt zu treten. Meine Mutter und ich besuchten jeden Dienstag meinen Bruder Majid im Gefängnis.

Nach der Revolution hatten die Versuche des Regimes, sich in den alleinigen Besitz der Macht zu bringen, ernste Beschränkungen der bürgerlichen Freiheiten zur Folge. Auf der anderen Seite begann die nationale Bewegung der Modjahedin in Teheran und anderen Provinzen, sich zu bilden und zuzunehmen. Zu dieser Zeit waren alle Mitglieder meiner Familie aktiv in der Bewegung der Volksmodjahedin engagiert. Mein Bruder Majid war verantwortlich für die Studentenbewegung in

Teheran, meine Schwester Mahshid und ich waren an der Universität Teheran aktiv. Meine Mutter war in der Arbeiterbewegung engagiert und pflegte die Modjahedin zu ihren Reden in verschiedenen Fabriken zu begleiten. Auch Alireza und Fatimeh – sie waren Zwillinge – waren in der Studentenbewegung aktiv. Während die Bewegung der Volksmodjahedin sich ausbreitete, fuhr das Khomeini-Regime fort, die Freiheit der Menschen Tag für Tag einzuschränken. So ging es weiter bis zum 20. Juni 1981. An diesem Tage kamen in Teheran in einer unangekündigten Demonstration mehr als 500.000 Menschen zusammen, um Freiheit zu verlangen. Khomeini befahl seinen Garden, auf die Demonstranten zu schießen; viele fanden den Tod, und noch viel mehr wurden verhaftet. Mein Bruder Alireza und meine Schwester Fatimeh – beide waren erst 15 Jahre alt – wurden gemeinsam mit meiner Mutter verhaftet. Meiner Mutter gelang es, den Garden nach einigen Stunden zu entkommen, doch Alireza und Fatimeh wurden zu drei Jahren Gefängnis verurteilt.

Nach diesem Ereignis begannen die Sicherheitskräfte, die Wohnungen der Leute zu überfallen. Sie nahmen Freunde und Mitglieder der PMOI fest; in der Regel richteten sie sie hin. Am 8. April 1981 wurden meine Schwester Mahshid und ihr Mann Mohammad Moghadam, der Begleiter von Massoud Rajavis Stellvertreter Moussa Khiabani, sowie Massouds Frau Ashraf Rajavi getötet. Nach der Ermordung meiner Schwester überfielen die Revolutionsgarden unser Haus und verhafteten meinen Vater. Sie brachten ihn zum Leichnam meiner Schwester. Sie wollten ihn zwingen, mit ihnen zusammenzuarbeiten, doch er widerstand. Im Alter von 62 Jahren warfen sie ihn ins Gefängnis; dort erlitt er drei Herzanfälle. Danach entließen sie ihn und brachten ihn immer wieder in Haft. Er starb im Jahre 1985 an einem Herzanfall.

Die Revolutionsgarden töteten am 9. Juni 1982 meinen Bruder Majid in Teheran. Im August 1982 wurde das Haus, in dem ich lebte, überfallen; dabei wurden fünf Mitglieder der PMOI ermordet. Ich konnte dem Getümmel entkommen und eine andere Wohnung beziehen. Nach einigen Monaten halfen mir Freunde, in die Türkei zu gehen, wo ich mich erneut den Modjahedin anschließen konnte. Im Jahre 1988 wurde während der Operation „Ewiges Licht" mein Bruder Alireza, der damals 23 Jahre alt und im Jahre 1985 aus der Haft entlassen worden war, hingerichtet. Bei dieser Operation wurde auch meine Frau Soraya Adibi getötet.

Jahre später, während der Belagerung Ashrafs im Jahre 2008 wurde bei mir Prostatakrebs diagnostiziert. Einen Monat lang musste ich auf einen Anästhesisten warten, der endlich zu meiner Operation nach Ashraf kam. Der Mangel an Behandlung in Ashraf und Liberty hat bei mir zu schweren Belastungen geführt. Der Krebs hat sich ausgebreitet; er ist irreversibel geworden. Daher habe ich dauernd Schmerzen."

25
Erbil

Am 28. April 2011 flogen wir von Bagdad nach Erbil, der Hauptstadt Kurdistans. Die Regionalregierung von Kurdistan (KRG) hatte in den vergangenen zehn Jahren durch Versiegelung ihrer Grenze mit dem Rest des Irak Frieden und Stabilität behaupten können. 130.000 entschlossene Kämpfer der Peschmerga-Miliz patrouillierten an der Grenze. Sie verhinderten das Eindringen von Terroristen und Selbstmordattentätern, die im übrigen Irak fast täglich Chaos und Verwüstung anrichteten, und so gelang es der Regionalregierung, ökonomisches Wachstum und Prosperität zu schaffen. Auch war Kurdistan für zehntausende Flüchtlinge, die vom irakischen Aufstand vertrieben worden waren, zu einem sicheren Hafen geworden; und trotz Mangels an Wohnungen, Schulen, Krankenhäusern und elementaren sozialen Einrichtungen waren die Kurden bereit, Christen, Turkmenen, Schabaken, Yesiden und anderen verfolgten Minderheiten, die dem Tod entflohen, ihre Tore zu öffnen.

Wir kamen zuerst mit Dr. Barham Saleh, dem Premierminister der KRG, zusammen. Er sagte: „Die Lebensqualität ist hier in Kurdistan besser als anderswo im Irak. Wir bewegen uns auf einen Zustand zu, in dem wir 24 Stunden am Tag lang Strom zur Verfügung haben, während wir im vergangenen Jahr noch bei zwölf Stunden waren. Wir werden in diesem Sommer bis zu 18 Stunden am Tag erreichen. Doch die kurdische Politik wird von der PUK und der KDP dominiert; die ‚Facebook-Generation' stellt sich etwas anderes vor. Die oppositionellen Demonstranten verlangen, dass die Korruption aufhört; sie verlangen bessere Dienstleistungen und Arbeitsplätze. Wir blicken im Irak auf 60 Tage mit Unruhen zurück. Zwei Geistliche, die das Verlangen nach dem Sturz unserer Regierung geschürt haben, sind aus dem Gefängnis entlassen worden – wenn auch gegen meine Auffassung, was aber zeigt, dass die Regierung die Unabhängigkeit der Gerichte hier nicht antasten kann. Niemand befindet sich aus politischen Gründen in kurdischer Haft."

Danach begaben wir uns noch zum Präsidenten des Parlaments von Kurdistan, Dr. Kemal Kerkuki, bevor wir die belebte Metropole Erbil verließen, um zum Präsidentenpalast in Salahaddin zu kommen, wo wir auf den imponierenden Stufen, die zu dem riesigen Palast führen, von Präsident Massoud Barzani begrüßt wurden. Der Präsident ist eine eindrucksvolle Persönlichkeit. Er trägt die traditionelle Uniform eines Kommandeurs der Peschmerga in Khaki und einen farbenfrohen Turban. Er sagte: „Die Erhebungen im Mittleren Osten bezeichnen für die gesamte Region einen Wendepunkt. Wir im Irak sind mit größeren Herausforderungen konfrontiert; ich kann nur zwei Amtsperioden lang Präsident sein. Unser größtes Problem ist jetzt der Terrorismus – im Verein mit einem Mangel an Dienstleistungen und der Korruption."

Ich kam auf Ashraf zu sprechen. Seine Antwort unterschied sich erheblich von der seines Parteifreundes Zebari in Bagdad und der des irakischen Präsidenten Talabani – obwohl auch diese beiden Kurden sind. Er sagte: „Es war ein sehr trauriges und bestürzendes Ereignis. Tausende fanden Zuflucht in Ashraf; es ist eine Schande, dass ihnen dies angetan wurde. Sie müssen geschützt werden. Solange sie im Irak unsere Gäste sind und es im Iran nicht zu einem Regierungswechsel kommt, haben sie ein Recht darauf. Ich habe das Maliki gesagt und meiner tiefen Besorgnis Ausdruck verliehen."

Nach Erbil zurückgekehrt, erfuhr ich, dass Dr. Ayad Allawi, der Vorsitzende der al-Iraqiya und bei den letzten Wahlen im Irak der wirkliche Sieger, nach Kurdistan gereist war, um mit mir zusammenzukommen. Wir trafen einander in einem Büroraum unseres Hotels. Er erklärte: „Das Massaker in Ashraf war ein Rückschlag auf dem Wege des Irak zur Demokratie. Der menschliche und moralische Aspekt dieser Angelegenheit wurde missachtet. Diese Menschen hätten geschützt werden müssen. Es geschah alles nur dem Iran zu Gefallen."

Dr. Allawi sagte mir, er habe in einem Brief an Maliki vier Punkte herausgestellt:

1. Gespräche zwischen dem Irak und dem Iran über Ashraf sind notwendig.
2. Gespräche zwischen der irakischen Regierung und der Leitung der MEK in Ashraf sind notwendig.
3. Die Vereinten Nationen müssen an diesen Gesprächen beteiligt werden.
4. Die internationale Gemeinschaft muss beteiligt werden.

Struan Stevensons trifft den kurdischen Premierminister Nechirvan Barzani im November 2013 in Erbil

Struan mit PMOI Demonstranten vor dem UN Hauptquartier in Genf

Über 100.000 Teilnehmer im Juni 2013 bei der jährlichen Versammlung der PMOI in Villepinte, Paris

Struan mit PMOI Demonstranten vor dem Weißen Haus im Juli 2006 in Washington DC

Alejo Vidal-Quadras und Struan begrüßen Frau Rajavi vor dem Europäischen Parlament in Brüssel

Am 16. Oktober 2013 lädt Struan zu einer Pressekonferenz mit dem irakischen Vizepräsidenten, Dr. Tariq al-Hashemi, in Brüssel. Links von ihm sitzt Sid Ahmed Ghozali, ehem. Premier von Algerien.

Struan und Sheikh Dr. Rafie al Rafaee, der Großmufti des Irak, auf einer Konferenz des Europäischen Parlamentes am 19. Februar 2014 in Brüssel.

Struan mit Patrick Kennedy auf der NWRI Versammlung in Villepinte, Paris

Struan hält am 10. Februar 2005 eine Rede auf einer "illegalen" PMOI Demonstration in Berlin

Der verstorbene Lord Slynn of Hadley, Paulo Casaca (EU-Parlamentarier), Maryam Rajavi, Struan Stevenson (EU-Parlamentarier) und Alejo Vidal-Quadras (EU-Parlamentarier) auf einem Treffen der Freunde für einen freien Iran im EU Parlament in Straßburg (vl.n.r)

Struan trifft den kurdischen Präsident Massoud Barzani in seinem Palast in Salahaddin (Nordirak)

Struan mit dem irakischen PräsidentenTalabani in Bagdad, April 2011

Struan nimmt im März 2015 auf einer Veranstaltung zum internationalen Frauentag in Berlin teil

Landschaftsgarten und Garten von Camp Ashraf

Schlamm und steiniger Boden umgeben die unsicheren Wohncontainer in Camp Liberty

Er fuhr fort:

„Wir brauchen unbedingt eine Zusicherung vom Iran, dass er die Einmischung in unsere inneren Angelegenheiten aufgeben werde. Ich würde mich glücklich schätzen, die Umsiedlung der 3400 Bewohner von Ashraf in die EU zu erleben, fürchte aber, dass es bis dahin noch lange dauern wird. Wir brauchen eine Zwischenlösung, aber keine, die Einschüchterung, Tötung und Verletzung als Mittel der Politik benutzt. Diese Sache stellt keinen Schritt zur Demokratie dar, sondern einen Schritt zur Diktatur!

Bedauerlicherweise scheint es, dass das, was Maliki im Irak tut, von den Vereinten Nationen und den Vereinigten Staaten unterstützt wird. Im Abkommen von Erbil hatte man sich auf neun Punkte geeinigt; nicht einer von ihnen ist eingehalten worden. Stattdessen haben wir es mit einer Reihe von repressiven Institutionen zu tun – alle unter direkter Kontrolle Malikis. Er hat zwei oder drei Brigaden und einen Geheimdienst, ähnlich dem, den Saddam hatte; er hat auch eine so genannte Anti-Terror-Gruppe. Sie alle sind Maliki verantwortlich und empfangen ihre Befehle direkt von ihm. Als sich al-Iraqiya bereit erklärte, die Macht mit ihm zu teilen, taten wir es in gutem Glauben – es war vergeblich.

Es gibt keine Arbeitsteilung. Die Wirtschaft stagniert. Die Sicherheitslage verschlechtert sich. 81 Mitarbeiter der Polizei und des Militärs wurden in den vergangenen 16 Tagen an Straßensperren und Kontrollpunkten mit Schalldämpfer erschossen.

Ich möchte die Initiative von Erbil neu beleben, doch die internationale Gemeinschaft nimmt daran nicht auf angemessene Weise teil. Inzwischen finden im Irak viele Demonstrationen statt; viele Menschen sind getötet, viele verletzt worden. Maliki reagiert gegen mit nackter Gewalt sein eigenes Volk. Viele werden verhaftet. Sie werden in geheimen Gefängnissen gehalten und dort gefoltert. Bei uns entsteht eine Diktatur. Ich habe 30 Jahre lang gegen Saddam Hussein gekämpft und werde niemals eine Diktatur unterstützen, die sich an seine Stelle setzt. Wir hoffen auf die Hilfe der EU.

Für Teheran kam meine Wahl zum Premierminister nicht in Frage; daher erhielt Maliki den Posten. Die Korruption ist riesig. Wir haben eine sozialistische Wirtschaft und keinen freien Markt."

Wir verließen Erbil auf dem neuen, spektakulären, marmornen internationalen Flughafen, der 500 Millionen Dollar gekostet hatte; wir waren davon überzeugt, dass die autonome Region Kurdistan für den Nahen Osten zu einem Modell der Stabilität und des wirtschaftlichen Fortschritts geworden war. Die Regierung der kurdischen Region hat massive innere Investitionen auf den Weg gebracht und die prosperierende Öl- und Gasförderung hat raschen wirtschaftlichen Fortschritt gebracht. Die kurdische Hauptstadt Erbil ist jetzt ein Spiegelbild westlicher Städte – mit Einkaufszentren, Designer-Geschäften, Luxushotels und eleganten Restaurants. Kurdistan ist das leuchtende Beispiel dessen, was im Irak möglich wäre, wenn der Friede wiederhergestellt und eine Regierung der nationalen Rettung gebildet würde. Die Kurden stellen eine Gesellschaft dar, die viel offener ist und eine Toleranz gegenüber dem Alkohol an den Tag legt, die man im übrigen Irak vermisst; in den Cafés und Bistros wimmelt es von Touristen und Geschäftsleuten aus jeder Kultur und Religion. Es ist erschreckend, dass dieser Hafen des Friedens und der Prosperität nun zu einem Hauptziel der ISIS-Terroristen geworden ist. Während dieses Buch in Druck geht, verteidigen die kurdischen Peschmerga, von Luftschlägen der USA und der Koalition unterstützt, die Grenzen Kurdistans leidenschaftlich gegen ein Eindringen des „Islamischen Staates".

Der Ölsektor ist in Kurdistan, das versteht sich, eine Quelle großen Wohlstandes. Kurdische Fachleute sagen voraus, im Jahre 2019 könnte Kurdistan die Förderung Libyens übertreffen, indem es zwei Millionen Barrel am Tag fördere; damit geriete das Land auf die Liste der ölfördernden Giganten. Doch Öl ist ein getrübter Segen. Es trübt die Beziehungen zur irakischen Zentralregierung in Bagdad, die viele von den neuen lukrativen Ölverträgen Kurdistans für illegal hält. Dadurch ist es in der umstrittenen Grenzstadt Kirkuk, die, auf einem Hügel liegend, eines der größten Ölfelder des Irak überblickt, das sowohl von Bagdad als auch von Erbil beansprucht wird, häufig zu gewalttätigen Zusammenstößen gekommen. Die Spannung nimmt zu, die kurdische Unabhängigkeit gerät unter Druck. Die Kurden träumen schon lange davon, ein „Groß-Kurdistan" zu gründen, das alle von Kurden bewohnten Gebiete – im Iran, Irak, in der Türkei und in Syrien – unter seinem Dach vereinigen würde. Man schätzt die Zahl der kurdischen Diaspora auf weltweit mehr als 40 Millionen; vielleicht handelt es sich um das größte Volk auf Erden ohne Heimat.

Die Türkei und der Iran lehnen die Schaffung eines unabhängigen Kurdistan ab. Dennoch hat die türkische Regierung die Grenze zum irakischen Kurdistan praktisch geöffnet und massive innere Investitionen gefördert. Die neue Infrastruktur in Erbil und anderen kurdischen Städten wurde im Wesentlichen von türkischen Firmen gebaut. Im Jahre 2014 wurde eine neue Öl-Pipeline fertiggestellt, die Kurdistan und die Türkei miteinander verbindet.

All dies ist gewiss weit entfernt von der schrecklichen Gewalt und Unterdrückung, die die Kurden unter Saddam Hussein zu leiden hatten. Seine Baath-Partei unternahm im Jahre 1986 gegen die Kurden die infame „Anfal"-Kampagne. Diese Kampagne, die Züge eines Völkermords an sich hatte, dauerte bis 1989; man operierte mit Bodenoffensiven, Bomben aus der Luft, systematischer Zerstörung von Siedlungen, Massendeportationen, Exekutionskommandos und dem Einsatz chemischer Waffen. Schätzungen zufolge wurden bis zu 100.000 Zivilpersonen getötet, darunter Frauen und Kinder. Die Operation Anfal forderte einen Todeszoll von insgesamt mehr als 180.000 Personen. Ungefähr 4500 kurdische Dörfer wurden dem Erdboden gleichgemacht. Schulen, Krankenhäuser, Moscheen und Kirchen wurden vernichtet.

Doch es gibt Zeichen eines neuen Anfangs. Viele neue Schulen und Universitäten öffnen überall in Kurdistan ihre Tore; sie bieten der nächsten Generation der Kurden eine bessere Zukunft. Unterdessen ist das Land zu einem Magneten für Flüchtlinge geworden, die vor dem Aufstand, der im übrigen Irak stattfindet, und vor dem Bürgerkrieg im benachbarten Syrien fliehen. Der Westen schuldet Präsident Massoud Barzani Dank für den Schutz, den er diesen Flüchtlingen bietet. Kurdistan ist ein leuchtendes Beispiel für die Art, wie Frieden und Stabilität wirtschaftliches Wachstum erzeugen können und wie wirtschaftliches Wachstum dem kurdischen Volk Arbeitsplätze und Prosperität verschafft hat, ebenso auch für ein Bewusstsein der Verantwortung für die verfolgten Minderheiten, die vor den Konflikten in den Nachbarländern fliehen. Es ist ein Gegenstand ernsthafter Besorgnis, dass der ständige Fortschritt des terroristischen „Islamischen Staates" (ehemals ISIS genannt) Kurdistan mit der Rückkehr zu den Tagen des Genozids bedroht. Es ist von wesentlicher Bedeutung, dass der Westen interveniert, um die kurdischen Peschmerga in ihrem Kampf gegen die Dschihadisten zu unterstützen; es wäre nur eine faire Anerkennung der Gastfreundschaft und Hilfe, die Kurdistan in den vergangenen zehn Jahren hunderttausenden Flüchtlingen hat angedeihen lassen.

26

Interviews mit politischen Gefangenen
Camp Liberty (Bagdad), September 2014

Mohammad Shafaei

„Mein Name ist Mohammad Shafaei. Ich wurde im Jahre 1973 in Isfahan (Iran) geboren. Ich habe an der Universität North Carolina in
Greensboro (USA) Medizin studiert. Als ich die Universität verließ,
um mich der PMOI anzuschließen, befand ich mich im zweiten Studi-
enjahr. Alle meine Angehörigen waren Mitglieder bzw. Anhänger der
PMOI. Im Jahre 1981 – ich war acht Jahre alt – wurde mein Vater Dr.
Morteza Shafaei gemeinsam mit meiner Mutter Efat Khalifeh Soltani
und meinem 16-jährigen Bruder Majid Shafaei hingerichtet. Ein Jahr
später wurde mein 27 Jahre alter Bruder im berüchtigten Gefängnis
Evin zu Tode gefoltert. In demselben Jahr wurden meine 24 Jahre alte
Schwester Maryam Shafaei und ihr Mann Hossein Jalil Parvane auf den
Straßen Teherans von Revolutionsgarden erschossen. Meine Schwester
Zohreh Shafaei – außer mir die einzige Überlebende der Familie – wur-
de 1981 ins Gefängnis gesperrt und nach einigen Jahren entlassen.

Vor diesem Hintergrund kann ich sagen: Ich kenne die PMOI seit meiner Kindheit. Damals wusste ich nicht viel von ihr; ich war noch nicht
alt genug, über Gut und Böse zu urteilen. Ich wusste nicht deutlich, warum ich all meine Angehörigen verloren hatte. Warum waren sie getötet worden? Ich liebte sie ja, ich wusste, dass es gute Menschen waren.

Im Alter von 18 Jahren entschloss ich mich, den Iran zu verlassen, um
der von der Diktatur der Mullahs ausgeübten Repression zu entkommen. Wenn ich in die USA ginge, so wäre es eine Umgebung, geeigneter
für den Versuch herauszufinden, was richtig ist, was falsch. Daher
befasste ich mich neben meinem Universitätsstudium mit der PMOI
– ihren Zielen, ihrer Position, ihren Plänen für den Iran, ihren An-
triebskräften, ihrer Ideologie &c. Ich versuchte, mich stärker in der Organisation zu engagieren, um sie besser zu verstehen. Ich begann ihre

Publikationen zu lesen, mit ihren Freunden zu sprechen, an ihren Versammlungen teilzunehmen usw. Es lag mir viel daran herauszufinden, ob sie auf dem richtigen oder einem falschen Wege war. Solange ich im Iran lebte, hatten mich Leute davor gewarnt, mich politisch zu engagieren; sonst würde ich die Schönheiten des Lebens nicht mehr genießen können. Einige Freunde der Mullahs, die die Geschichte meiner Familie kannten, warnten mich davor, mich den Modjahedin anzuschließen – einfach weil meine Verwandten Anhänger der PMOI waren. Sie gaben sich alle Mühe, das Ansehen der PMOI herabzusetzen. Nachdem all dies geschehen war, beschloss ich, über meine Zukunft mit offenen Augen selbst zu entscheiden.

Im Jahre 1981 ließ Khomeini alle offiziellen Büros der PMOI in verschiedenen Städten schließen und die Mitglieder verhaften. Danach war sie gezwungen, ihre Versammlungen in Häusern von Freunden abzuhalten. In der Stadt Isfahan wurde unser Haus zu solch einer Versammlungsstätte. Auch am 2. Mai 1981 fand ein solches Treffen in unserem Hause statt. Während es zu Ende ging, begann eine Menschenmenge in den Nachbarstraßen mit einer Demonstration. Das IRGC griff die Demonstranten an und überfiel auch unser Haus; dabei wurden meine Mutter und einige andere, die sich noch im Hause befanden, verhaftet. Es war die erste Verhaftung meiner Mutter. Sie wurde nach einigen Tagen entlassen.

Nach ungefähr zwei Monaten klopften, als meine Mutter, mein Vater und ich zu Hause waren, einige Pasdaran – Agenten des IRGC – an die Tür und verlangten, meinen Vater zu sehen. Sie sagten, sie hätten einige Fragen; sie würden ihn nach einer halben Stunde zurückbringen. Sie brachten ihn niemals zurück; ich hatte ihn zum letzten Mal gesehen. Nach einigen Tagen geschah meiner Mutter dasselbe; es kamen Pasdaran und baten sie, sie zu begleiten. Ich fing an zu weinen. Meine Mutter küsste mich und sagte: ‚Ich werde nicht zurückkehren. Sie haben deinen Vater nicht wiedergebracht; sie werden mich nicht wiederbringen.‘ Für ein achtjähriges Kind gibt es nichts Wertvolleres als die Mutter. Ich verlor die Selbstbeherrschung. Ich wurde hysterisch. Ich griff den Agenten vom IRGC an; ich trat ihn mit Füßen und schlug auf ihn ein. Er lachte mich aus und demütigte mich. Ich sah in seinem Gesicht kein Mitleid, nur Hass und Brutalität.

Nun war niemand mehr im Hause, der sich hätte um mich kümmern können; meine Mutter bat meine Nachbarin, sich meiner anzunehmen.

Die Agenten des IRGC nahmen meine Mutter mit und hinterließen mich mit tiefem Schmerz im Herzen. Nach einigen Tagen kam mein Onkel (der Bruder meines Vaters), der in der Stadt Schiras lebte, und nahm mich an Sohnes Statt an.

Einmal wurde ich in ein Gefängnis gebracht, um meine Mutter zu sehen. Ich ging durch ein riesiges Tor. Dann fand ich einen urwaldähnlichen Hof mit großen Bäumen vor. Ich sah keine Häuser. Sie brachten mich hinein; ich musste an einem Baum warten. Sie brachten meine Mutter. Sie umarmte mich fest. Ich küsste sie. Ich verlangte verzweifelt nach ihrer Liebe. Ich war so glücklich, sie wiederzusehen, allein meine Freude verwandelte sich bald in Leid. Sie sagten mir in Anwesenheit meiner Mutter, ich würde sie nie wiedersehen dürfen. Offensichtlich wollten sie mich benutzen, um sie unter Druck zu setzen, damit sie die PMOI verriete. Sie fingen an sie zu beleidigen. Sie sagten ihr, sie könne in ihr normales Leben zurückkehren und mit ihrem kleinen Sohn ein gutes Leben führen. Sie sagten, wenn ihr an ihr selbst nichts liege, müsse ihr doch an ihrem armen Sohn liegen. Sie wiederholten immer wieder, es sei niemand vorhanden, der dies Kind großziehen könne. Ohne jemanden, der ihn behüte, werde er sehr bald zu einem Verbrecher werden. ... Meine Mutter beachtete sie nicht. Sie küsste mich und sagte mir, sie werde niemals nach Hause zurückkehren; ich müsse stark sein. Am 27. September 1981 wurden mein Vater, meine Mutter und Majid, mein 16-jähriger Bruder, gemeinsam mit 50 weiteren Anhängern der Modjahedin in Isfahan hingerichtet.

Während meines Studiums in den USA versuchte ich, je mehr ich über die Modjahedin erfuhr, mich desto stärker in ihrer Tätigkeit zu engagieren. Ich entschloss mich zum Umzug nach Washington D. C. und zur Immatrikulation an der George-Mason-Universität, um mich in der Bewegung der PMOI, die in Washington ein Hauptquartier hatte, stärker aktivieren zu können. In jener Zeit schloss ich Bekanntschaft mit einer Reihe von PMOI-Mitgliedern. Die meisten von ihnen hatten studiert. Einer hatte seine Promotion an der philosophischen Fakultät abgebrochen und die Universität verlassen. Ein anderer stand vor dem Master-Examen usw. Als ich diese Leute kennen lernte, sah ich, dass meine Träume wahr wurden. Es waren wirklich sehr gute Menschen mit hohem moralischen Sinn und Gefühl für die menschlichen Werte. Dadurch, dass ich mit ihnen zusammenkam, lernte ich, gründlicher über mein Leben nachzudenken. Ich konnte mein normales Leben nicht fortsetzen. Ich sah mich mit einer ganzen Reihe von Fragen konfrontiert. Diese Leute wollten wie ich ihr Studium fortsetzen. Doch wenn sie die Universität nicht verließen, wer würde dann für den Kampf gegen die Mullahs zur Verfügung stehen? Warum sollte ich tatenlos bleiben und andere darum bitten, mein Heimatland zu befreien?

Auf der anderen Seite sagte ich mir: ,Warum solltest du dein Studium nicht beenden, um ein guter Arzt zu werden? Dann kannst du deinem Volk besser dienen. Du hast schon zu viel gelitten. Es ist genug. Warum solltest du keine Freude am Leben haben? Mach deinen medizinischen Doktor in Harvard oder an der Johns-Hopkins-Universität und werde zu einer geachteten Person mit einer Stimme, die in der Lage ist, dein Volk und Land zu vertreten!' Es war wirklich ein Dilemma. Der Konflikt in mir vertiefte sich – viele Fragen, viele Antworten. Eines Nachts erreichte der Kampf seinen Höhepunkt. Es war der schwerste Augenblick meines Lebens. Ich war an den Punkt gekommen, an dem die Entscheidung unausweichlich war. Ich konnte diese Entscheidung nicht umgehen, denn ich wusste jetzt hinlänglich, was richtig und was falsch war. Ich hegte keine Zweifel an der Redlichkeit der PMOI.

Während meiner Tätigkeit in der Organisation - ich war nun ein Jahr lang dort aktiv -, hatte ich erkannt, dass die PMOI sich dem iranischen Volk und der Befreiung meines geliebten Landes verschrieben hatte. Es stand nun fest, dass sie nicht zu eigenem Vorteil kämpfte, nicht darum, im Iran an die Macht zu kommen. Ich hatte den Augenblick der Entscheidung erreicht. Ich entschied mich, ein Mojahed zu werden und mein Leben dem freien Iran zu widmen. Die ,Nationale Befreiungsarmee des Iran' hatte ihre Stellungen im Irak; ich entschloss mich, über Jordanien dorthin zu gehen. Ich verließ die Universität. Ich packte meine Sachen und verließ die USA. Am 7. April 1996 kam ich in Bagdad an.

In Ashraf habe ich viele Dinge gelernt, angefangen von der Bedienung eines Chieftain-Panzers über die Beherrschung der Computertechnik bis hin zur arabischen Sprache. Ich bin jetzt Programmierer. Vor dem zweiten Golfkrieg war ich Panzerschütze im Chieftain. Ich habe an der Iranischen Universität Ashraf Computertechnik gelehrt. Nach dem Krieg konzentrierte ich mich auf die Entwicklung von Computerprogrammen, um die Arbeit und das soziale System in Ashraf zu rationalisieren.

Auch von anderen Modjahedin habe ich in Ashraf viel gelernt. Ich lernte, mehr und mehr anderen zu opfern. Ich lernte, wie solch Opfer die Menschen einen und die Liebe unter ihnen befördern kann.

Ich lernte, die Fehler anderer zu übersehen und ihnen zu helfen, ihre Lücken auszufüllen und ihre Fehler zu verbessern. Während meines ganzen Lebens hatte ich vom Studium an Spitzenuniversitäten der USA geträumt. Am Ende war ich nach Ashraf gekommen und habe dort mehr erhalten als ein Universitätsstudium. Es war eine wunderbare menschliche Gemeinschaft – eine Utopie für jeden Freiheitskämpfer.

Schon in den USA fand ich heraus, dass die Modjahedin nicht heiraten. Sie widmen der Sache all ihre Energie. Männer und Frauen arbeiten als Brüder und Schwestern zusammen. Ich hatte ja einige Jahre im Iran gelebt. Ich hatte sehen können, wie grausam die Mullahs sind und wie schwierig es ist, sie zu stürzen. Als ich darüber nachdachte, ob ich ein Modjahed werden sollte, konnte ich voraussehen, dass ich viel Auf und Ab, viele Leiden, aber auch Erfolge erleben würde. Ich erkannte, es werde nicht leicht sein zu kämpfen. Ich erkannte, dass ich viele Dinge würde opfern müssen. Es konnte mir passieren, dass ich festgenommen würde, wie es meinen Angehörigen passiert war. Vielleicht würde ich hingerichtet werden wie meine Eltern. Mein Bruder war gefoltert worden - auch das konnte mir zustoßen. Ich dachte in jener Zeit viel an meine Mutter. Ich könnte in eine Situation kommen, in der ich eine schwere Entscheidung zu treffen haben würde – gleich meiner Mutter. Sie musste zwischen einem ruhigen Leben mit ihrem Sohn wählen, das sie hätte führen können, wenn sie sich den Mullahs ergeben hätte, und einer entschiedenen Position gegen sie.

In vielen Jahren haben die Mullahs ihre obszöne Brutalität bis zur Neige ausgekostet. Manchmal denke ich an die Straßenkinder im Iran – ein Phänomen, das sie, die Mullahs, geschaffen haben. Ich denke an die unschuldigen Mädchen, die unter dem frauenfeindlichen Regime der Mullahs verkauft werden. Es sind meine Schwestern und Brüder, meine Söhne und Töchter. Obwohl ich als Mojahed nicht geheiratet habe, habe ich doch eine Familie. Ich bin stolz darauf, dass sie so groß ist. Ich trage sie alle im Herzen. Ich liebe sie alle. Ich träume von einem Tag in einem freien Iran, in dem jedes iranische Kind auf eine gedeihliche und sichere Zukunft hoffen darf. Obwohl ich nicht heiraten und keine eigene Familie gründen konnte, ist meine Familie nun die volkreichste, die man sich vorstellen kann.

In Ashraf und Liberty war ich einer von denen, die unsere Patienten als Dolmetscher zu den irakischen Krankenhäusern begleiteten. Ich erlebte viele Versuche von Söldnern des iranischen Regimes in den ira-

144

kischen Truppen, diese Krankenhausbesuche zu sabotieren und die Behandlung von Patienten der PMOI zu behindern. Ich erinnere mich an einen Schwerverwundeten, der während Malikis Überfall auf Ashraf im Jahre 2009 von einem gepanzerten Fahrzeug der Iraker überfahren worden war. Er brauchte sofortige Behandlung in einem der privaten Krankenhäuser Bagdads, doch die irakischen Truppen hinderten ihn an dem Besuch mit dem fadenscheinigen Argument, er könne auch in einem öffentlichen Krankenhaus behandelt werden. Am Ende brachte ich ihn in das private Krankenhaus, in dem er von einem professionellen Chirurgen operiert wurde. Er sagte mir, dieser Patient werde niemals mehr zu seinem normalen Leben zurückkehren können – aufgrund der langen zwischen seiner Verletzung und seiner Operation verstrichenen Zeit.

Immer wenn ich einen Patienten ins Krankenhaus begleitete, wurden wir von einem Agenten des irakischen Geheimdienstes überwacht; er blieb 24 Stunden des Tages bei uns. Seine Aufgabe war es, die Ärzte einzuschüchtern, damit sie sich weigerten, einen Patienten, der zur PMOI gehörte, zu behandeln. Der Agent lag den ganzen Tag und die ganze Nacht auf einem Bett neben dem Patienten von der PMOI. Er gestattete mir nicht, mit dem Patienten oder den Ärzten zu sprechen. Wenn ich mit den Ärzten oder Schwestern Englisch sprechen wollte, brüllte er: ‚Sprechen Sie arabisch!' Er sagte: ‚Sie wollen Englisch sprechen, um Propaganda über die Modjahedin zu verbreiten, anstatt die Behandlung zu begleiten.'

Eines Nachts erlitt einer meiner Kollegen um 2 Uhr früh einen Herzanfall. Ich rief das Krankenhaus in Camp Liberty an. Nur ein Arzt war im Dienst, und es war kein Sauerstoff vorhanden, der dem Patienten das Atmen erleichtert hätte. Es dauerte zwei Stunden, bis die irakische Polizei uns erlaubte, das Yarmuk-Krankenhaus in Bagdad aufzusuchen; mein Patient erlitt ständig neue Herzanfälle. Während unserer Fahrt zum Krankenhaus hielt uns der Polizeikommandant an einer Tankstelle an. Ich sagte ihm, mein Patient befinde sich am Rande des Todes, und wir dürften die Fahrt zum Krankenhaus nicht abbrechen. Er aber wollte nicht hören. Er hatte den Auftrag, uns so viel Leid wie möglich zuzufügen. Endlich kamen wir in dem Krankenhaus an. Es war keine Zeit mehr zu verlieren, doch wir konnten meinen Freund noch retten. Solcher Bedrängnis sind wir jeden Tag ausgesetzt."

27

Der Stevenson-Plan

Alle Diskussionen, die ich im Irak geführt hatte, machten klar: Es musste zur Lösung der andauernden Krise in Camp Ashraf baldigst eine Regelung gefunden werden, der die irakische Regierung, die PMOI und
die internationale Gemeinschaft zustimmen konnten. Ad Melkert, Vertreter des UN-Generalsekretärs im Irak, hatte mich besonders gebeten, mich mit der Leitung der Flüchtlinge von Ashraf in ihrem Pariser
Hauptquartier in Verbindung zu setzen, um mögliche Wege zu einer
langfristigen Lösung zu erkunden. Also fuhr ich nach meiner Rückkehr
aus dem Irak sofort nach Paris und nahm intensive Gespräche mit Frau
Maryam Rajavi, Mohammad Mohaddessin, dem außenpolitischen Sprecher der PMOI sowie anderen Mitarbeitern der Leitung der iranischen
Oppositionsbewegung auf. Oft konnten wir durch Konferenzschaltung
mit Ashraf verbunden werden, um die dortige Leitung der PMOI zu
konsultieren. Wir stellten einen Plan auf – die einzige gangbare Alternative zu Gewalt und weiterem Blutvergießen.

Mir war klar, dass ohne die Zustimmung der Leute von Ashraf wenig
Hoffnung auf eine gerechte, dauerhafte Lösung bestand. Doch auf ihrer
Seite bestand erhebliches Widerstreben. Sie argumentierten zu Recht,
Ashraf sei seit 30 Jahren ihre Heimat. Ihre toten Freunde und Kollegen
waren dort begraben. Sie hatten zig Millionen Dollar aufgebracht, um
das Lager zu entwickeln. Sie wollten nicht wegziehen.

An dem Vorschlag mussten die UNO, die USA und die EU aktiv beteiligt werden. Er musste die souveräne Herrschaft der irakischen Regierung über ihr eigenes Land anerkennen. Er musste aber ebenso den
Rechten der 3400 unbewaffneten Bewohner Ashrafs gerecht werden,
die im Sinne der Vierten Genfer Konvention Anspruch auf Schutz hatten. Der Rahmen schuf die Grundlage für Verhandlungen, an denen die
irakische Regierung teilnehmen würde. Er enthielt den Vorschlag, dass
alle diese Flüchtlinge in sichere Länder wie die USA, Kanada, Australi-
en, Norwegen, die Schweiz und die 27 Mitgliedsstaaten der EU umzie-

hen sollten, je nach ihren früheren Verbindungen und Familienbeziehungen.

Der Plan, bekannt als „Stevenson-Plan", enthielt die folgenden wichtigen Bestimmungen:

Voraussetzungen jeder Verhandlung

Um die Verhandlungen zum Zweck einer langfristigen Lösung in Angriff zu nehmen, müssen die folgenden Voraussetzungen erfüllt werden:

- Rückzug der irakischen Truppen aus dem Gelände von Ashraf

- Beendigung der Belagerung Ashrafs (einschließlich der Aufhebung des Verbotes von Besuchen von Journalisten, Delegationen von Abgeordneten, Rechtsanwälten und Familienangehörigen der Bewohner)

- sofortiger Zugang der Bewohner, besonders der verletzten, zu medizinischer Behandlung in den öffentlichen und privaten Krankenhäusern des Irak auf ihre eigenen Kosten

- unabhängige Untersuchung des Vorfalls vom 8. April 2011, bei dem 35 Bewohner getötet und hunderte verletzt worden waren, durch eine Gruppe von Juristen

- Rückgabe aller Habseligkeiten, die am 8. April konfisziert wurden, an die Bewohner

Der Plan sah vor, dass die Bewohner in Gruppen von Ashraf zu einem anderen Gelände gebracht würden, wo sie einzeln vernommen und vom UNHCR als Flüchtlinge registriert werden sollten, um dann in einem „Drehtürsystem" binnen einiger Wochen nach ihrer Registrierung als Flüchtling in sichere Länder gebracht zu werden. Mir schwebte vor, dass die Ashrafer in Gruppen von bis zu 500 Personen in das neue Lager gebracht, dort vom UNHCR interviewt und registriert werden und danach die Reise in sichere Länder antreten sollten, eben bevor die nächste Gruppe von 500 Personen aus Ashraf eintreffen würde. Zu dem Plan gehörte ferner die Idee, zum Schutz der Bewohner permanent Blauhelme der UNO am Lager zu stationieren.

Wir alle stimmten darin überein, dass die Sicherheit der Flüchtlinge in Camp Ashraf schon zu lange gefährlich instabil war. Die betroffenen Parteien mussten nun gemeinsam den politischen Willen an den Tag legen, die Situation ein- für allemal zu lösen und für den Sieg der Gerechtigkeit über die Brutalität zu sorgen. Ich setzte meinen Plan auf die Tagesordnung der nächsten Sitzung der „Delegation für die Beziehungen zum Irak" des Europäischen Parlaments; er wurde einstimmig angenommen. Wir wurden auch vom Auswärtigen Ausschuss des Parlaments unterstützt. Danach bat ich auch Baroness Ashton um ihren Beistand. Nach dem Massaker vom April hatte sie als Hohe Vertreterin der Europäischen Union für Auswärtige Angelegenheiten eine starke und geschlossene Reaktion der EU und eine sofortige Untersuchung der Bluttaten gefordert. Sie erklärte sich bereit, den „Stevenson-Plan" zu befürworten. Ebenso bedeutsam war die Tatsache, dass mein Plan von verschiedenen politischen Lagern des irakischen Parlaments begrüßt wurde – dazu gehörte ein Brief, der von 74 irakischen Abgeordneten unterzeichnet worden war.

Es war ein entscheidender Schritt auf dem Wege zur Lösung der Krise in Ashraf: Wir würden die Bewohner mit einer für sie akzeptablen Lösung überzeugen können, dass es richtig sei, das Lager zu verlassen; diese Lösung würde auch den Interessen der irakischen Regierung entsprechen. Es war ein großer Sieg. Dagegen stand leider die Tatsache, dass das iranische Regime an einer friedlichen Lösung der Krise in Ashraf nicht interessiert war. Die Absichten der Mullahs in Teheran waren ganz und gar destruktiv.

Während wir im Europäischen Parlament gemeinsam mit Frau Rajavi, der PMOI, dem NWRI und Freunden des iranischen Widerstandes eine Kampagne führten, um die Umsiedlung der Bewohner in dritte Länder zu ermöglichen, erfuhren wir plötzlich, der amerikanische Diplomat Larry Butler sei in Ashraf aufgekreuzt und habe die Bewohner mit Drohungen bedrängt, seinen Plan eines Umzugs in ein anderes Lager innerhalb des Irak anzunehmen. Wirklich begann die Regierung der Vereinigten Staaten, auf derselben Linie wie das iranische Regime und Maliki auf Ashraf Druck auszuüben – den Interessen der Bewohner zuwider.

Auch Butlers Konzept zielte darauf, dass alle Bewohner Ashrafs das Lager verließen – und zwar in dem zeitlichen Rahmen, den Maliki gesetzt hatte, d. h. noch vor dem Rückzug der zuletzt verbliebenen Truppen der USA aus dem Irak; die Ashrafer sollten in mehreren Gruppen in eine Reihe von ehemaligen Stellungen der USA, die über den Irak verstreut waren, umgesiedelt werden. Die Ashrafer erklärten, dieser Plan spiele dem von den Mullahs befolgten Prinzip „Teile und herrsche" direkt in die Hände. Sie lehnten ihn aus verständlichen Gründen ab. Sie fürchteten, dass sie, einmal in kleinere Gruppen aufgeteilt, fernab von den Blicken der Öffentlichkeit jederzeit vernichtet werden könnten. Sie erklärten, sie würden es vorziehen, in dem ungeschützten Gelände von Ashraf zu bleiben. Denn dort schaue die Welt zu; dort sei es für Maliki und seine iranischen Drahtzieher schwieriger, ein weiteres Massaker anzurichten. Larry Butler jedoch verwandte viel diplomatische Energie darauf, seinen Plan zu befördern. Mindestens drei Monate lang war unsere Kraft daran gebunden, die Menschen davon zu überzeugen, dass dies eine schlechte Idee und der Stevenson-Plan die einzige gangbare Alternative sei. Butler war arrogant genug gewesen, die Leute von Ashraf mit der Aussicht zu bedrohen, wenn sie nicht umzögen, „so werden wir euch bald bei eurer Beerdigung zu betrauern haben".

Sowohl die Bewohner als auch Tahar Boumedra, der damals einmal pro Woche mit Larry Butler das Lager besuchte, berichteten mir regelmäßig von der Lage. Uns war klar, dass der Plan einer Umsiedlung im Irak unserer Idee, alle Bewohner aus dem Lande hinauszubringen, direkt widersprach. Damals war Ad Melkert der Besondere Gesandte des UN-Generalsekretärs für den Irak; er verweigerte die Mitarbeit an dem von den USA verfolgten Plan einer Umsiedlung innerhalb des Irak, da ihm vollkommen klar war, dass diese den Bewohnern nur schaden würde.

Zwischen Mai und Juli kam Butler sieben- oder achtmal nach Ashraf; er übte Druck jeglicher Art auf die Bewohner aus, um sie zum Umzug in ein anderes Lager zu zwingen. Sie wiesen seine Forderung kategorisch zurück. Sie sagten, nur wenn die USA die volle Verantwortung für den Schutz eines neuen Lagers übernähmen, seien sie bereit, solch einen Umzug in Betracht zu ziehen. Sie schlugen ihrerseits, um zu einem Kompromiss zu kommen, verschiedene Pläne vor. Einer ihrer Vorschläge besagte, alle Bewohner sollten in die Vereinigten Staaten gebracht werden und dort auf Zeit unter Bewachung leben, während andere Länder herausgefunden würden, die bereit wären, sie auf Dauer aufzunehmen. Ein weiterer Vorschlag ging dahin, dass ein befreundetes Nachbarland wie die Türkei, Jordanien, Kuwait oder Saudi-Arabien ein ungenutztes Gelände zur Verfügung stellte, wo die Bewohner sich einen zeitweiligen sicheren Hafen errichten würden, bis sie endgültig in dritte Länder umgesiedelt werden könnten. Doch die USA lehnten alle diese Vorschläge ab. Offensichtlich waren sie bemüht, alles zu vermeiden, was die Mullahs hätte gegen sie aufbringen können.

Während seiner letzten Reise nach Ashraf beging Butler eine eines offiziellen Gesandten zutiefst unwürdige Handlung. Er brachte einen Journalisten der New York Times mit und stellte ihn lügnerisch als amerikanischen Diplomaten vor. Am 23. Juli erschien ein Artikel dieses Journalisten. Nach zwei Wochen wurde seine unredliche Handlung vom Herausgeber der New York Times selbst verurteilt; sein Artikel trug die Überschrift: „Ein Reporter verbirgt seine Identität und die Ansichten einer Gruppe iranischer Exilanten gehen unter."

Gemeinsam mit anderen Abgeordneten des Europäischen Parlaments beharrte ich darauf, wir müssten all unsere Energie auf den direkten Umzug der Bewohner Ashrafs in dritte Länder konzentrieren; am Ende wurde Butlers Plan beerdigt, und er musste den Irak mit eingezogenem Schwanz verlassen. Botschafter David E. Lindwall, der während seiner ersten Reise nach Ashraf im September 2011 betonte, die Idee einer Umsiedlung in andere irakische Lager gehöre der Vergangenheit an, trat an seine Stelle.

Nachdem wir Butler im Juli losgeworden waren, kehrten die Dinge in ihre sinnvollen Bahnen zurück. Doch nun wurden wir mit einem weiteren Problem konfrontiert; es ging vom Hohen Kommissar der Vereinten Nationen für Flüchtlinge (UNHCR) aus. Die Bewohner betonten zu Recht, die PMOI sei seit 1986 als eine Gruppe von aus politischen Gründen Geflüchteten im Irak anerkannt worden; der UNHCR solle sie daher kollektiv als ‚politische Flüchtlinge' anerkennen und nach dritten Ländern, die sie en masse und sicher aufnehmen könnten, Ausschau halten.

Dieses Argument akzeptierte aber der UNHCR nicht. Er sagte, zunächst müsse jede einzelne Person aus der PMOI austreten und dann individuell politisches Asyl beantragen. Der NWRI sowie weltbekannte Juristen veröffentlichten juristische Stellungnahmen, die diesen Anspruch des UNHCR entschieden zurückwiesen. Gemeinsam mit Alejo Vidal-Quadras und einigen einflussreichen Freunden des iranischen Widerstands hatte auch ich erklärt, ich sei gegen diesen Plan. Am Ende akzeptierte der UNHCR die Auffassung, die Mitgliedschaft in der PMOI habe mit der Erreichung des Flüchtlingsstatus nichts zu tun.

In dieser Lage fuhr ich am 24. August 2011 zum Hauptquartier der Vereinten Nationen nach Genf, um António Guterres, den Hohen Kommissar der Vereinten Nationen für Flüchtlinge, für den Stevenson-Plan zu gewinnen. Ich erzählte ihm von der Reise in den Irak, die ich nur wenige Tage nach dem Massaker von Camp Ashraf unternommen hatte, und erklärte, kein einziger der zentralen Punkte des Abkommens von Erbil sei eingehalten worden; daher übe Premierminister Nouri al-Maliki die volle Kontrolle über Armee und Polizei aus. Er halte mithin die Vollmachten eines Diktators in Händen – darunter auch die Möglichkeit zu Überfällen auf Ashraf. Ich unterstrich die entscheidenden Bestimmungen des Stevenson-Plans und bat ihn um seine Unterstützung.

António Guterres äußerte sich ähnlich besorgt zu dem Massaker und erklärte, der UNHCR habe seine Beziehungen zum irakischen Ministerium für Migration und Umsiedlung (MoMD) verbessert. Zugleich räumte er ein, es sei eine Herausforderung, mit Premierminister al-Maliki zu tun zu haben. Auch berichtete er, er habe in der vergangenen Woche einen Brief an al-Maliki geschrieben, der von den Menschenrechten und humanitären Problemen in Camp Ashraf handle; er habe darum gebeten, die Schließung des Lagers, die zu Ende des Jahres 2011 stattfinden sollte, um sechs Monate zu verschieben. Auch habe er in dem Brief dargelegt, was der UNHCR zur Lösung der Situation zu unternehmen gedenke – und dies angesichts der Tatsache, dass der Irak nicht zu den Signatarstaaten der Menschenrechtskonvention von 1951 gehöre.

Er sagte, das größte Problem, dem die Bewohner von Camp Ashraf ausgesetzt seien, bestehe in der ablehnenden Haltung möglicher Aufnahmeländer. Er führte aus, eine erste Gruppe von 200 Personen habe sich in Bagdad beim UNHCR um den Flüchtlingsstatus beworben, doch bisher sei niemand von ihnen umgesiedelt worden. Um die festgefahrene Situation zu lösen, sei eine für die Umsiedlung offenere Haltung unumgänglich; dabei schwang mit, auch die Ashrafer selbst sträubten sich, das Lager zu verlassen. Ich berichtete Herrn Guterres, die italienische Botschaft sei auf dem Wege zu einer neuen Haltung gegenüber der Umsiedlung der Vorreiter; sie habe bereits sieben Personen, die schwer krank bzw. beim Überfall vom April schwer verwundet worden seien, Visa ausgestellt und die Prüfung weiterer sieben Fälle in Angriff genommen.

Zu dem Anliegen, allen Bewohnern von Camp Ashraf den Flüchtlingsstatus prima facie (d. h. aufgrund des vorliegenden Beweismaterials) zuzuerkennen, erklärte Guterres, der UNHCR sei nicht in der Lage, der Gruppe diesen Status sozusagen blanco zu gewähren, denn die Bewohner von Camp Ashraf hätten verschiedene Hintergründe.

Ich erwähnte, eines der Hindernisse einer Umsiedlung in die USA bestehe darin, dass die PMOI immer noch auf der Liste ausländischer Terrororganisationen (FTO) des State Department geführt werde. Dabei, so führte ich aus, hätten Bundesgerichte in Washington D. C. bereits entschieden, es bestehe absolut kein Grund, dass die PMOI auf dieser Liste verbleibe, und man erwarte deren Revision, die hoffentlich in den nächsten Tagen stattfinden werde. Andrew Harper, Leiter der Hilfsgruppe des UNHCR für den Irak, fügte hinzu, die PMOI stehe auch noch auf den Terrorlisten Australiens und Kanadas, zweier weiterer Länder, die für die Aufnahme von Flüchtlingen in Frage kämen. Doch wenn die PMOI erst einmal von der Terrorliste der USA gestrichen worden sei, würden sich Australien und Kanada diesem Schritt höchstwahrscheinlich anschließen.

Zum Schluss unseres Gesprächs wies ich darauf hin, dass Vertreter der Botschaften der USA und Kanadas nach Ashraf gekommen waren, um die Lage zu prüfen, und fragte Guterres, ob ein Mitarbeiter des UNHCR das Lager besucht habe. Er antwortete, die Botschaftsvertreter hätten die UNAMI gebeten, an dem Besuch teilzunehmen; er werde an einem der nächsten Tage stattfinden. Ich dankte Herrn Guterres für seine Bemühungen und sagte, ich würde den Bewohnern von Ashraf umgehend mitteilen, es sei dringend notwendig, dass jeder von ihnen die Vereinten Nationen um Zuerkennung des Flüchtlingsstatus bitte. Ich berichtete davon den Anwälten, die Camp Ashraf vertraten. Nach vier Tagen trafen in diesem Sinne 3400 Briefe bei Herrn Guterres in Genf ein.

Im September hatten wir ein Triumphgefühl; wir glaubten einen großen Schritt vorwärtsgekommen zu sein. Wir sahen uns nach einem geeigneten Ort um, an dem das UNCHR seine Interviews würde führen können. Mitarbeiter des UNHCR hatten das Gelände schon geprüft und mehrere Orte für die Interviews ausgesucht; sie hatten sogar schon mit den Vorbereitungen begonnen. Die Interviews sollten im Oktober beginnen. Doch erneut setzten das iranische Regime, Maliki und die USA – diesmal durch die UNAMI und den Gesandten der Vereinten Nationen im Irak – dem Unternehmen Hindernisse entgegen; und wieder beharrten sie darauf, alle 3400 Bewohner müssten innerhalb des Irak umgesiedelt werden.

Maliki konnte Ad Melkert nicht leiden; in einem Akt krasser politischer Kapitulation entschied sich Ban Ki-moon, ihm keine zweite Amtszeit im Irak zu geben; Ende August 2011 verließ Melkert das Land für immer. Die abschließende Begegnung zwischen Melkert und Maliki wurde wegen Ashraf zu einem diplomatischen Skandal. Am 29. August 2011 lautete die Schlagzeile der Washington Post: „An seinem letzten Tag in Bagdad lehnt der Gesandte der Vereinten Nationen den Plan des irakischen Premierministers zur Deportation der Exilanten von Camp Ashraf ab." In dem Artikel hieß es:

> „Der scheidende Leiter der UN-Mission für den Irak widersprach am Montag unverblümt dem Bericht, den Premierminister Nouri al-Maliki von dem Abschiedstreffen der beiden gegeben hatte. Er sagte, er sei mit der Absicht der Regierung, eine Gruppe iranischer Exilanten vor Ende des Jahres zu deportieren, nicht einverstanden. Solch ein öffentliches Dementi ist im Büro der UNO in Bagdad eine Seltenheit; in der Regel vermeidet es die Beteiligung an politischen Debatten. Ein tödlicher Überfall irakischer Gruppen auf das Lager hatte internationale Kritik an der Art hervorgerufen, wie Bagdad die Gruppe behandelt; die Antwort Malikis bestand darin, dass er verbindlich erklärte, man werde noch vor dem Ende des Jahres die Bewohner von Ashraf deportieren. In einer Erklärung nach ihrem Abschiedstreffen am Sonntag hatte al-Maliki gesagt, der UN-Gesandte Ad Melkert bestätige in vielen Angelegenheit die Unterstützung seiner Regierung durch die Vereinten Nationen – ‚einschließlich der Angelegenheit Camp Ashraf und des Kabinettsbeschlusses - , noch vor Ende dieses Jahres seine Bewohner aus dem Irak zu deportieren'. In einer seiner letzten Handlungen nach den zwei Jahren, die er als Gesandter im Irak verbracht hatte, erklärte der milde Melkert schlichtweg, dies treffe nicht zu.

> ‚Die Vereinten Nationen treten weiterhin dafür ein, dass die Bewohner Ashrafs vor gewaltsamer Deportation, Vertreibung oder Expatriierung geschützt werden', sagte Melkert am Montag in einer Erklärung. Es heißt darin ferner, Melkert habe diese Haltung auch bei seinem Treffen mit dem Premierminister am Sonntag zum Ausdruck gebracht."

28

Interviews mit politischen Gefangenen
Camp Liberty (Bagdad), September 2014

Amir Ali Seyed Ahmadi

„Mein Name ist Amir Ali Seyed Ahmadi. Ich bin 1980 in Teheran geboren. Mein Studium an der Technischen Hochschule dauerte bis zum zweiten Jahr. Eine Zeit lang war ich in verschiedenen Kfz-Werkstätten Teherans angestellt. Ich entstamme einer religiösen Familie; als ich sechs Monate alt war, wurde meine gesamte Familie einschließlich meiner Mutter und meines Onkels bei einem Überfall der Streitkräfte des Regimes auf unser Haus wegen des ,Verbrechens' der Freundschaft mit der PMOI getötet. Das Regime hasste meine Mutter, meinen Vater und die PMOI und darum wurde ich vier Jahre lang im Gefängnis Evin festgehalten. Dort kümmerten sich Freunde der PMOI um mich. So lernte ich diese kennen - so begann mein politisches Leben. Zwei meiner Onkel wurden während des 1988 an politischen Gefangenen verübten Massakers hingerichtet, und ich begab mich mit meiner Großmutter zur Entgegennahme ihrer Habseligkeiten. Seit damals trachte ich nach Vergeltung für das Blut dieser und all der anderen Ermordeten, die, während sie nach Freiheit und einem für das Volk handelnden, gerechten und freien Staat im Iran strebten, ihr Leben verloren haben.

Nach der Erhebung, die im Juli 1999 überall im Lande von Hochschulstudenten gegen das Regime veranstaltet wurde, begann ich mit meiner Tätigkeit als Anhänger der PMOI. Wenige Monate später kam ich nach Ashraf und schloss mich dort der Nationalen Befreiungsarmee Iran an; ich sah in ihr die einzige Möglichkeit zum Sturz des diktatorischen Regimes. Niemals werde ich den Widerstand und die Würde vergessen, mit der meine Großmutter nach dem Massaker des Jahres 1988 an politischen Gefangenen den Soldaten der üblen Revolutionsgarden entgegentrat, um die Habseligkeiten ihrer Lieben in Empfang zu nehmen. Sie teilten ihr nicht einmal den Ort mit, an dem ihre Söhne bestattet lagen. Meine Tante wurde psychisch krank; ihre Brüder wurden hingerichtet. Als ich sie unlängst besuchte, litt sie immer noch daran.

Nach Ashraf kam ich mit Hilfe von Freunden; wir fuhren drei Tage lang per Anhalter, bis wir die Grenze zum Irak überquerten. Vor dem Krieg von 2003 gehörte ich der NLA an und erhielt die für den Kampf gegen das Mullah-Regime notwendige militärische Ausbildung. Nach dem April 2003 und dem von den USA angeführten Feldzug gegen den Irak händigten wir unsere Waffen freiwillig den Truppen der USA aus. Danach begann ich in Ashraf, in unseren Werkstätten zu arbeiten, doch die Regierung Maliki hinderte uns auf Geheiß des iranischen Regimes daran, diese Einkommen sichernde Arbeit fortzusetzen. Es ist eine lange Geschichte, aber man kann eben nicht zugleich kämpfen und ein normales Leben führen. Am Ende entschloss ich mich, alles herzugeben; alles sollte meinem Volk gehören.

Während des Überfalls irakischer Truppen auf Ashraf im Juli 2009 wurde mein sehr guter Freund Sha'ban Souri durch viele Schläge auf den Kopf und ins Gesicht verwundet. Noch viele Tage danach erlitt er große Schmerzen. Aber er sagte nichts und ließ nicht zu, dass jemand den peinigenden Schmerz erkannte, den er zu ertragen hatte. Daher erlitt er nach 20 Tagen einen Herzschlag, bedingt durch Venenthrombose, und starb während seines Transports in ein amerikanisches Krankenhaus in Bagdad im Hubschrauber. Ich werde Sha'ban niemals vergessen. Auch mein Vater wurde getötet – im Jahre 2013 bei dem in Ashraf verübten Massaker. Wenn ich mir diese Szenen vor Augen halte, bin ich mehr denn je überzeugt, dass der Weg richtig ist, zu dem ich mich entschlossen habe – der Weg zum Sturz dieses Regimes; ich gelobe noch einmal, diesen Weg weiterzugehen.

Am 8. April 2011 wurde ich mit einem Metallstab geschlagen, den die irakischen Truppen bei ihrem Anfall auf Ashraf benutzten. Sie griffen uns an, um zu verhindern, dass wir eine der Straßen des Lagers benutzten. An jenem Tage wurde ich zum Zeugen vieler von meinen Freunden gebrachten Opfer. Wir alle stärkten einander den Rücken. Dreizehn meiner engen Freunde wurden bei diesem Überfall verletzt; zwei von ihnen leiden bis heute an den Folgen der Schläge, die damals ihre Köpfe getroffen haben."

155

29

Martin Kobler

Ende Oktober kam Martin Kobler in den Irak, um an die Stelle Melkerts zu treten. Der Akte Ashraf nahm er sich auf unkonventionelle Weise an. Scheinbar war schon vor seiner Ankunft im Irak alles entschieden. Er hatte offenbar schon Absprachen mit dem Iran, Maliki und den USA getroffen. Sie waren entschlossen, ihn in ihrem Streben nach vollständiger Schließung von Ashraf und einer Umsiedlung der 3400 Bewohner innerhalb des Irak als Werkzeug zu benutzen. Sie waren auf ein Gelände namens Camp Liberty verfallen – eine ehemalige Stellung der USA in der Nähe des Bagdader Flughafens. Maliki verhinderte mit Koblers Rückendeckung die Fortsetzung der Interviews des UNHCR in Ashraf und erklärte, weitere Interviews seien nur in Camp Liberty möglich.

Hier, so hieß es, könnten die Bewohner vom UNHCR individuell vernommen, als Flüchtlinge registriert und in sichere Länder ausgeflogen werden. Die „Drehtür-Methode", um die ich mich so energisch bemüht hatte, schien nun Realität zu sein. Zunächst freilich mussten wir die Eignung von Camp Liberty bestätigen und die Bewohner von Ashraf zum Umzug dorthin überreden.

Die Nachricht von Koblers Ernennung hatte mich im August 2011 erreicht. Man sagte mir, Kobler, ein deutscher Diplomat und ehemaliger Berater Joschka Fischers, des Außenministers von den Grünen, sei als „Besonderer Vertreter des Generalsekretärs der Vereinten Nationen" an Ad Melkerts Stelle getreten. Die Nachricht erweckte in mir kein Vertrauen. Die Gruppe der Grünen im Europäischen Parlament, die von den deutschen Grünen angeführt wurde, setzte sich fast vollständig aus entschiedenen Apologeten der iranischen Mullahs zusammen und war beseelt von Hass gegen die PMOI, wie ihn ihre Freunde in Teheran in endloser Propaganda gesät hatten. Dauernd kämpfte ich gegen die offenen Vorurteile der Grünen. Jetzt beunruhigte es mich, dass ausgerechnet ein Grüner das Amt des Besonderen Vertreters des UN-Generalsekretärs im Irak übernommen hatte. Meine Befürchtungen erwiesen sich als wohlbegründet. Ad Melkerts Haltung zu Maliki war ja immer kritischer geworden. Die Vereinten Nationen befürchteten, dass ihre guten Beziehungen zum irakischen Premier und seiner Regierung verschlechtert würden. Sie beschlossen, Melkert durch einen gefügigeren Mann zu ersetzen.

Kobler bat mich im Oktober 2011 um ein Treffen in Brüssel, bevor er im Irak seinen Posten übernehmen sollte. Er sagte mir, er werde das Europäische Parlament aufsuchen und habe dafür gesorgt, dass wir in einem besonderen Raum miteinander sprechen könnten. Ich fand das ziemlich merkwürdig, denn als Präsident der Delegation für die Beziehungen zum Irak verfügte ich ja über einen eigenen, großen Versammlungsraum neben meinem Büro. Ich fand aber sehr bald heraus, weshalb Kobler unser Treffen auf diese Weise arrangiert hatte. Es war in Wahrheit das erste Anzeichen seiner Absichten. Ich war nicht der Einzige, den er zu diesem Treffen eingeladen hatte. Er hatte auch die Kollegen seiner Grünen Partei einbestellt – sie alle erklärte Feinde der PMOI –, darunter die ranghohe außenpolitische Beraterin der Grünen Sabine Meyer (auch sie eine Deutsche), die enge Beziehungen zur iranischen Botschaft in Brüssel unterhielt. Frau Meyer und ich hatten schon bei vielen Anlässen die Säbel gekreuzt. Das Vorurteil gegenüber der PMOI war ihr eingefleischt; ich hatte den Verdacht, sie werde vom iranischen Regime manipuliert. Es störte mich, dass Kobler ungewählte Mitarbeiter der Grünen zu einem Treffen zwischen ihm als Botschafter und mir als Abgeordnetem eingeladen hatte.

Kobler eröffnete das Treffen mit der Erklärung, nach seiner Meinung sei ich der Einzige, der Frau Rajavi in Paris dazu überreden könne, den 3400 Bewohnern Ashrafs die Zustimmung zu einer Umsiedlung innerhalb des Irak anzuordnen. Er sagte, wenn sie nicht umzögen, so würden sie fast mit Sicherheit einem gewalttätigen Überfall ausgesetzt werden und er wolle alles in seiner Macht Stehende tun, um weiteres Blutvergießen zu verhindern. Ich entgegnete, wir sollten Malikis Androhungen von Gewalt nicht hinnehmen; auf jeden Fall sei es Sache der derzeitigen Leitung von Camp Ashraf, für oder gegen einen Umzug zu entscheiden. An dieser Stelle wurde ich von Sabine Meyer unterbrochen. Sie sagte, ich redete Unsinn, die PMOI sei eine üble Sekte, die alle ihre Befehle von Maryam Rajavi empfange. Ich war entsetzt. „Wie können Sie es wagen, mich zu unterbrechen?" sagte ich. „Ich bin ein gewählter Vertreter dieses Hauses; ich habe die Ehre, die Delegation für die Beziehungen zum Irak zu leiten. Ich lasse mich von einer bloßen

Mitarbeiterin des Parlaments, ob sie nun zu den Grünen oder zu einer anderen Partei gehört, nicht unterbrechen." Sabines Augen flammten vor Zorn. Sie warf ihr langes blondes Haar beiseite und begann wütend, Dinge in ihr Notizbuch zu schreiben. Doch beteiligte sie sich im Weiteren nicht an der Unterhaltung. Für diesmal hatte ich sie zum Schweigen gebracht!

Ich sagte Kobler, ich sei unmittelbar nach dem Massaker in Ashraf im April in den Irak gereist; der irakische Außenminister persönlich habe mir einen Besuch des Lagers verboten. Scharf verurteilte ich die Regierung Maliki wegen der mörderischen Überfälle, die sie durchgeführt hatte; ich sagte, es sei entsetzlich, dass uns nun, falls eine Evakuierung des Lagers bis zum Ende des Jahres nicht gelänge, weiteres Blutvergießen angedroht werde. Ich erklärte Kobler, wenn es wirklich die Absicht der irakischen Regierung wäre, alle Bewohner Ashrafs aus dem Irak hinauszubringen, so wäre die geeignetste Methode dafür wohl, sie in dritte Länder ausreisen zu lassen; dann wäre alles leichter und würde glatter gehen. Ich erklärte, dass wir darüber bereits mit dem UNHCR gesprochen hätten und er sei mit diesem Vorschlag einverstanden. Doch der Umzug an einen anderen Ort im Irak, erklärte ich, würde alles nur komplizierter machen. Er würde den Prozess verlängern und könnte die Bewohner in noch größere Gefahr bringen. Ich sagte Kobler, ich sei mit den Bewohnern darin einig, dass der Umzug in ein anderes Lager innerhalb des Irak nicht akzeptabel sei. Natürlich sei ich bereit, die gegebene Situation zur Kenntnis zu nehmen. Ich sagte ihm, ich würde alles tun, was ich vermöchte, um weiteres Blutvergießen zu vermeiden. Ich erläuterte die Initiative, die ich nach meiner Rückkehr aus dem Irak im Frühjahr Frau Rajavi vorgetragen hatte. Kobler sagte, der Ausdruck ‚Stevenson-Plan' klinge gut und er werde hineinsehen. Dabei stand das, wofür er eintrat, in offenkundigem Gegensatz zu meinem Plan.

Tahar Boumedra zufolge überraschte Kobler, als er endlich im Oktober in Bagdad eintraf, alle Mitarbeiter der UNAMI. Von Anfang an sagte er, es sei seine höchste Priorität, die 3400 Bewohner von Ashraf an einen anderen Ort zu bringen – in völliger Unterwerfung unter die Befehle Malikis. Er begann dann mit einer Reihe bizarrer Manöver, um dieses Ziel zu erreichen. Er brachte die leitenden Mitarbeiter gegen sich auf. Vier von ihnen traten zurück, darunter Tahar Boumedra. Bald erfuhren wir, dass Koblers Ehefrau zur deutschen Botschafterin im Irak ernannt worden war; auch sie zog also nach Bagdad. Es schien, als hätten die Koblers sich eine gemütliche kleine Sinekure geschaffen, zu der das ausnahmslose Engagement für Maliki gehörte.

Unterdessen hatte Catherine Ashton, die Leiterin der Außenpolitik der EU, mit dem Ziel, einer friedlichen Lösung der Ashraf-Krise näher zu kommen, im September 2011 Jean de Ruyt, einen ranghohen belgischen Diplomaten, den früheren Botschafter in Polen und bei den UN in New York, zum Besonderen Gesandten für Ashraf ernannt. Etwa zu derselben Zeit erklärte der Hohe Kommissar der Vereinten Nationen für Flüchtlinge (UNHCR), die Bewohner Ashrafs würden formell als Asylbewerber betrachtet. Er forderte den Irak dringend auf, die Schließung des Lagers zu verschieben. Amnesty International wiederholte am 1. November diese Forderung. Anscheinend fingen wir an, wirkliche Fortschritte zu machen.

Im Irak war Kobler indessen heftig an der Arbeit. Er widmete sich der von ihm in Bezug auf Ashraf übernommenen Aufgabe so intensiv, dass er gegen Ende 2011 und zu Beginn des Jahres 2012 fünfmal mit Hassan Danaifar, dem iranischen Botschafter im Irak, einem bekannten Kommandeur der Quds-Truppe, zusammenkam, um mit ihm über Ashraf zu sprechen. Nach diesen Zusammenkünften entwarf er Pläne für die Vertreibung der 3400 Bewohner aus Ashraf.

Bei mehreren Zusammenkünften mit mir und anderen Mitgliedern des Europäischen Parlaments behauptete Kobler, mindestens die Hälfte der Bewohner würden nach ihrem Umzug nach Liberty freiwillig in den Iran zurückkehren, wenn sie die Gelegenheit dazu erhielten. Dasselbe sagte er dem iranischen Botschafter.[1] Er behauptete, Ashraf stehe unter totaler Kontrolle der PMOI, daher hätten die Bewohner keine Bewegungsfreiheit und seien nicht imstande, die Organisation zu verlassen. Er nahm an, wenn sie einmal nach Camp Liberty umgesiedelt worden seien, würden viele von ihnen die Gelegenheit zu freiwilliger Rückkehr in den Iran ergreifen.

Er war eifrig bemüht, die Kranken aus Ashraf zu entfernen und in das „Hotel Mojaher" und das „Hotel Yamamah" in Bagdad zu bringen, wo sie, so argumentierte er, besser behandelt werden könnten. Auch Dan Fried, Besonderer Berater der US-Außenministerin für Camp Ashraf, empfahl entschieden die Verlegung behinderter Bewohner von Camp Liberty in eines dieser Hotels.

---

1   Nachrichtenagentur Fars am 22. und am 24. Januar 2012.

Mit Sicherheit erfuhr Kobler bei seinen vielen Zusammenkünften mit dem iranischen Botschafter im Irak, dass das Hotel „Mojaher" und „Yamamah" von dem sinistren iranischen Ministerium für Geheimdienste (MOIS) übernommen worden waren und faktisch ihr „Gestapo-Hauptquartier" in Bagdad bildeten. Wenn nun Patienten der PMOI oder behinderte Personen in diese Hotels umziehen würden, so würde es darauf hinauslaufen, dass sie ihre Hinrichtungsbefehle selbst unterzeichneten. Und doch betrieben Kobler und Fried eifrig diese Verlegung.

Kobler hatte entschieden, der Schlüssel zum Umzug aller Bewohner Ashrafs solle in einem „Memorandum der Verständigung (MOU)" zwischen der UNAMI, der irakischen Regierung und der PMOI liegen. Er arbeitete bis November 2011 mehr als einen Monat lang an einem Entwurf, doch immer wenn er den irakischen Behörden einen Text unterbreitete, lehnten sie ihn ab, mit dem Hinweis, dass die Bewohner Ashrafs keinen rechtlichen Status im Irak hätten und daher in dem MOU nicht anerkannt werden könnten. Der Irak gehöre nicht zu den Signatarstaaten der Genfer Konvention über die Flüchtlinge und Asylbewerber und weigere sich, den Ashrafern den Status von Flüchtlingen bzw. Asylbewerbern zuzuerkennen. Sie behaupteten hartnäckig, damit sei der Umzug der Ashrafer in ein Flüchtlingslager, in dem sie Bewegungsfreiheit genössen, ausgeschlossen. Stattdessen sollte ihrer Meinung nach Camp Liberty als „Zeitweiliges Transit-Gelände (TTL)" bezeichnet werden, wo die 3400 Bewohner auf Zeit versorgt würden, bevor sie in dritte Länder umziehen könnten. Auf diese Weise machten die Iraker klar, dass aus Camp Liberty ein Haftzentrum werden sollte.

Anstatt diesen tragischen Verstoß gegen die Menschenrechte leidenschaftlich zurückzuweisen, riss Kobler sich ein Bein aus, um mit der irakischen Regierung zu einem Kompromiss zu kommen. „Die Zeit ist hier entscheidend. Die Menschenrechte sind nicht wichtig. Wir müssen Menschenleben retten": Das war sein Mantra gegenüber dem Stab der UNAMI in Bagdad, auch gegenüber Tahar Boumedra. Ende November lagen für das MOU zwanzig Entwürfe vor; ebenso viele waren von der einen oder der anderen Seite abgelehnt worden. Am Ende beschloss Kobler, von den Verzögerungen enttäuscht, er werde das MOU unilateral, nur mit der irakischen Regierung unterzeichnen, auch wenn die PMOI es ablehnte. Am 6. Dezember 2011 sprach Kobler in New York während einer Sitzung des UN-Sicherheitsrates zum Thema Irak. Nach seiner Rückkehr trafen ihn Vertreter der PMOI am 7. Dezember gemeinsam mit Jean de Ruyt in Brüssel. Sie sagten ihm, die Bewohner

seien nicht bereit, in ein anderes Gelände innerhalb des Irak umzuziehen, es sei denn, die UNO wäre bereit, zum Schutz ihrer Sicherheit
Blauhelme zu entsenden.

Um diesen Prozess zu befördern, hatte ich am 5. Dezember einen Plan
vorgelegt und davon je eine Kopie an Kobler und Mohammad Mohaddessin geschickt. Es war meine Absicht, diesen Plan vor ihrem Treffen
vorzulegen und dafür die Zustimmung der PMOI und der Bewohner
von Ashraf zu gewinnen.

In dem Plan schrieb ich:

> „Diese Vereinbarung sollte in allen Einzelheiten als ein Paket
> aufgefasst werden, das von den Vereinten Nationen, den Verei-
> nigten Staaten, der Europäischen Union, der Regierung des Irak
> und den Vertretern Ashrafs zu unterzeichnen und zu garantie-
> ren ist und die Schließung von Camp Ashraf sowie die Umsied-
> lung aller seiner Bewohner ohne Ausnahme nach Camp Liberty
> betrifft. Camp Liberty soll das Ziel ihrer zeitweiligen Umsiedlung
> sein. Die UNO soll seinen Schutz garantieren; die blaue Fahne soll
> über dem Lager wehen – bis zu der Zeit, in der der letzte Bewoh-
> ner Camp Liberty und den Irak verlässt, um in ein drittes Land
> oder jedweden Ort, den er/sie wünscht, umgesiedelt zu werden.
>
> Der Schutz des Lagers wird von Blauhelmen der UNO oder einer
> Kombination von Blauhelmen und privaten amerikanischen Si-
> cherheitsunternehmen geleistet werden. Der Schutz wird von
> der UNO, den USA und der EU garantiert und ständig von der
> UNAMI beaufsichtigt werden. Die Bewohner von Ashraf sind be-
> reit, die für die Beauftragung privater Sicherheitsunternehmen
> notwendigen Kosten zu tragen."

Mit der Erwähnung solcher privater Sicherheitsunternehmen versuchte ich, die Angelegenheit der Blauhelme zu relativieren, von der
ich wusste, dass Kobler sie nicht wollte. Die PMOI stimmte meinem
Plan zu und setzte ihn auf die Tagesordnung ihres Treffens mit Kobler
am 7. Dezember. Doch der weigerte sich, über irgendetwas anderes zu
sprechen als die bedingungslose Evakuierung von Ashraf. Er schien nur
ein Ziel zu kennen: die Schließung von Ashraf. Dessen ungeachtet versprach er den Vertretern der PMOI, er werde ohne ihre Zustimmung
keine Vereinbarung mit der irakischen Regierung unterzeichnen.

Nach einigen Tagen – Kobler war inzwischen nach Bagdad zurückgekehrt – rief er Mohaddessin an und forderte eine Zusammenkunft mit Frau Rajavi. Mitte Dezember fuhr er vom Irak nach Paris und sprach zehn Stunden lang mit ihr. Dabei machte er falsche Versprechungen, um ihre Zustimmung zum Umzug nach Camp Liberty zu erreichen.

In Paris versprach Kobler auch Frau Rajavi, er werde das Memorandum der Verständigung mit der irakischen Regierung ohne die Zustimmung der PMOI nicht unterzeichnen. Doch am Abend des 25. Dezember 2011 unterzeichnete er es gemeinsam mit Faleh al-Fayyadh. Dann rief er Mohaddessin um Mitternacht an und behauptete, er sei zur Unterschrift gezwungen worden! Die irakischen Nachrichtenagenturen hatten bereits davon berichtet. Kobler sagte, er werde Bagdad früh am nächsten Morgen verlassen, um am Nachmittag des 26. Dezember in Paris mit Frau Rajavi zusammenzutreffen. Als Mohaddessin darum bat, den Text des MOU durch Email zugeschickt zu bekommen, erklärte Kobler, das sei nicht möglich, da er zunächst von New York gesehen werden müsse!

Das MOU, das Kobler unterschrieben hatte, lief auf die Vereinbarung hinaus, dass die Bewohner Ashrafs mit Gewalt von Ashraf vertrieben und in das Haftzentrum Camp Liberty eingesperrt würden. Es war ein erbärmlicher Verrat an den 3400 Ashrafern. In vollständigem Bruch mit allen internationalen Abkommen schloss das MOU besonders den Zugang von NGO's, Abgeordneten und Diplomaten zu Camp Liberty aus und definierte eindeutig den Status der Flüchtlinge von Camp Ashraf als den von Häftlingen – und dies der Tatsache entgegen, dass niemand von ihnen aufgrund eines Gesetzesverstoßes verhaftet, geschweige denn verurteilt worden war. Die 3400 wehrlosen Männer und Frauen sollten von dem 36 qkm großen Gelände, das fast dreißig Jahre lang ihre Heimstätte gewesen war, mit Gewalt verjagt und in ein Gefängnis eingesperrt werden, das nur einen halben Quadratkilometer groß war. Kobler argumentierte, es sei besser, sie in einem Haftzentrum einzusperren, als ihre Tötung mitansehen zu müssen; tatsächlich sprach er ihnen auf einen Streich ihre Grundrechte ab. Er erkannte ihnen sogar das Recht auf Leben ab, denn er ließ ihnen keine Wahl als die zwischen dem Umzug nach Camp Liberty und dem Tod.

Als die Nachricht von dem MOU die Bewohner von Camp Ashraf erreichte, waren sie empört; sie hielten Kobler vor, er handle im Namen Malikis und nicht im Namen der UNO. „Wie kann die UNO rechtfertigen, dass sie Mörder mit der Sorge um ihre Opfer betraut?" fragten sie.

Bevor Kobler das MOU am 25. Dezember unterschrieb, hatte er zu Unrecht behauptet, das Lager sei betriebsbereit. Die Vertreter von Ashraf hatten ihn oft gebeten, ihn zu einem Besuch des Lagers zu begleiten, um es zu prüfen. Sie hatten sogar vorgeschlagen, zunächst – zur weiteren Vorbereitung des Lagers – eine Gruppe von 100 Personen dorthin zu schicken. Doch Kobler hatte diese Bitten abgelehnt und darauf bestanden, dass die Bewohner umgehend nach Liberty kämen.

Kobler suchte mich in meinem Büro im Europäischen Parlament auf, in Begleitung von Clare Bourgeois vom UNHCR und Dan Fried, Hillary Clintons Besonderem Gesandten für Ashraf, einem knurrenden kleinen Mann mit einem unangenehmen Zucken und schlechter Laune, der bisher bei der Umsiedlung von Häftlingen aus Guantánamo mitgearbeitet hatte. Ich hatte Alejo Vidal-Quadras, den Vizepräsidenten des Europäischen Parlaments, gebeten, an unserem Treffen teilzunehmen. Kobler beharrte darauf, sein Auftrag, die Bewohner von Ashraf umzusiedeln, sei rein humanitärer Natur, bestimmt, Leben zu retten.

Er hatte einen großen Band mit Fotos von Camp Liberty mitgebracht; er begann zu erklären, die Hütten seien zwar klein, aber gut ausgestattet; Wohnwagen von guter Qualität seien für die Nachtruhe vorgesehen, und es seien Speisesäle, Küchen, Duschen und Toiletten vorhanden. Er sagte, das Lager benötige nur wenige Reparaturen; die irakische Regierung habe sie zugesagt. Dan Fried und Clare Bourgeois drängten uns, bei Frau Rajavi vorstellig zu werden und an sie zu appellieren, sie möge die Ashrafer zum Umzug nach Camp Liberty bewegen, um weiteres Blutvergießen zu vermeiden. Alejo sagte, das Lager sehe besser aus als irgendetwas, das er als junger Wehrpflichtiger in der spanischen Armee erlebt habe. Ich sagte, die Anlage sehe besser aus als das Internat, in das ich als Knabe gesandt worden sei. Wir kamen beide darin überein, dass wir Frau Rajavi in Paris unsere Ansicht mitteilen und sie drängen würden, die Bewohner von Ashraf zum Umzug nach Camp Liberty zu überreden. Wir wussten nicht, wie umfassend Kobler uns hinters Licht führte; erst später, nachdem Tahar Boumedra wegen Koblers Verrat an den zentralen Werten der Vereinten Nationen voller Ärger und Enttäuschung aus der UNAMI austrat, erkannten wir die Wahrheit.

Boumedra berichtete, wie Kobler eine große Gruppe des Stabes der UNAMI in Bagdad angewiesen hatte, von den Baulichkeiten in Camp nur die besten zu fotografieren und alles Schmutzige und Verfallene zu vermeiden. Dann befahl er dem ganzen Stab der UNAMI, die Bilder so lange zu schönen, bis er davon überzeugt war, dass sie einen wohltuenden Eindruck hervorriefen. Alle Anzeichen von dem sumpfigen Boden, gebrochenen Abwasserrohren, zerbrochenen Fensterschreiben und verrostendem Metall waren vollständig retuschiert. Das endgültige Fotoalbum war ein Meisterwerk des Betrugs, bestimmt, gewählte Abgeordnete zum Narren zu halten und zur Zustimmung zum MOU zu bewegen. Es war eine schändliche Täuschung.

Der Zweck von Koblers Besuch in Brüssel bestand darin, die Freunde von Ashraf im Europäischen Parlament zu täuschen und die Mitarbeiter der EU, die, von uns unter Druck gesetzt, die Angelegenheit Ashraf verfolgten, zu überzeugen. Kobler und Dan Fried wollten zeigen, dass Liberty über annehmbare Wohngegebenheiten verfüge. Ein interner Bericht, den Koblers Mitarbeiter, die an dem Brüsseler Treffen teilnahmen, erstellt hatten, enthüllte, auf welche Weise er der PMOI und den Bewohnern von Liberty zu schaden trachtete und das Europäische Parlament zwingen wollte, Druck auf sie auszuüben. Ein Teil dieses Berichts, der aus Versehen an mich geschickt wurde und ein Treffen betraf, das am 2. Februar 2012 mit Elmar Brok, dem Vorsitzenden des Auswärtigen Ausschusses, stattgefunden hatte, stellte fest:

> „Der Vertreter der Vereinigten Staaten gab zwei Botschaften weiter, die er von Frau Clinton mitgebracht hatte:
>
> Es ist wichtig, dass Frau Rajavi auch mit anderen Abgeordneten als nur denen spricht, die sie und Ashraf unterstützen. Wenn sie nur die eine Seite hört (d. h. Abgeordnete und hohe Beamte), dann wird in ihr die Hoffnung geweckt, mehr Stimmen zu gewinnen, die dafür sind, dass Kobler und die USA sich entfernen und Ashraf für immer bestehen bleiben kann.
>
> Es ist wichtig, dass jene Personen, denen der UNHCR den Flüchtlingsstatus zuerkennt, aus der TTL ASAP entfernt werden. Die USA haben sich noch nicht entschieden, aber es sind Diskussionen über die im Gang, die als Flüchtlinge anerkannt worden sind, ebenso über jene, die in den USA Verwandte haben bzw. früher dort gelebt haben.“

Am Ende der Sitzung erklärte Elmar Brok sich bereit, noch an demselben Tag eine Presseerklärung herauszugeben und den SRSG (Kobler) zu der nächsten Sitzung des Ausschusses (noch im Februar oder im März) einzuladen.

Am 2. Februar schwärmte Kobler davon, wie gut Liberty sei. Dagegen hatte Martin Zirn, Experte des UNHCR für Unterbringung von Flüchtlingen, schon am 19. Januar geschrieben, das Lager sei weit davon entfernt, den humanitären Standards gerecht zu werden; seine Infrastruktur sei so defekt, dass sie nicht rasch vervollständigt und repariert werden könne. Kobler hatte uns aber diesen amtlichen Bericht nicht gezeigt, und als die PMOI ihn nach einem Jahr vorlegte, konnte er nicht erklären, warum er darauf insistiert hatte, alles in Camp Liberty sei in Ordnung.

Die Wahrheit war: Camp Liberty befand sich in einem desolaten Zustand, und Kobler wusste es. Es war vollständig ungeeignet für menschliche Bewohnung, nicht einmal für eine kleine Zahl von Leuten. Für 3400 Personen würde es fast einem Konzentrationslager gleichkommen. Wenn man die Bewohner von Ashraf dort in Haft hausen ließ – ohne Verkehr mit der äußeren Welt, ohne Besuche von Verwandten, Anwälten, Abgeordneten und Diplomaten, dann hieß es, dass Kobler die Grundprinzipien des internationalen humanitären Rechts verraten hatte. Er hatte die Ashrafer zu Häftlingen gemacht, der Tatsache entgegen, dass sie wegen keiner Sache verurteilt worden waren. Es war ein Skandal von internationalem Ausmaß. Bei Versammlungen, an denen größere Gruppen von Freunden der PMOI teilnahmen, war regelmäßig der Sprechchor zu hören: „Schande über Sie, Kobler!"

Obwohl die PMOI klar sah, dass Kobler sie in Bezug auf die endgültige Unterzeichnung des MOI zu Weihnachten 2011 feige hinters Licht geführt hatte, erklärte sie sich nun widerstrebend bereit, die Bewohner von Ashraf zur Vorbereitung auf ihren Umzug nach Camp Liberty zu überreden. Ermutigt wurde sie dazu durch das Versprechen Koblers, sie oblägen dem am 24. Juli garantierten Schutz seitens der UNAMI, was ebenfalls gelogen war. Kobler informierte nun die irakische Regierung, er sei mit allen betroffenen Seiten übereingekommen, dass die Evakuierung Ashrafs beginnen könne; doch man sah sehr bald ein, dass die Bedingungen in Camp Liberty in solch erbärmlichem Zustand waren, dass der erste Transport von Bewohnern verschoben werden musste, bis die Notreparaturen durchgeführt worden seien.

In einer Geste guten Willens und um die Flexibilität der Bewohner Ashrafs angesichts einer extremen Provokation zu demonstrieren, stimmte Paris zu, am 17. Februar 2012 die ersten 400 Bewohner Ashrafs nach Liberty ziehen zu lassen. Es war ihnen nicht gestattet worden,

den Ort zu besuchen, zu dem sie umziehen sollten, um festzustellen, was sie benötigen würden, um ihn bewohnbar zu machen. Es wurde ihnen nicht gestattet, die meisten von ihren persönlichen Gegenständen mitzunehmen. Sie durften nur 10 von den 150 Fahrzeugen, die ihnen gehörten, mitnehmen. Sie sollten in Liberty keine Bewegungsfreiheit genießen. Das Gebiet, das ihnen im Lager zur Verfügung stand, betrug nicht einmal 1,5% der Fläche von Ashraf – mit einer Polizeistation und einer großen Zahl von Polizisten innerhalb der gesperrten Zone. Geteerte Fahrwege gab es nicht, auch keine Rampen für Rollstühle und die Älteren, nur mit rauem Kies bestreute Gehwege. Die rostenden Generatoren waren veraltet; nur die Hälfte von ihnen funktionierte noch.

Als Kobler einer kleinen Gruppe von Bewohnern die Erlaubnis verweigert hatte, nach Liberty zu kommen, um das Gelände im Voraus zu prüfen und vorzubereiten, schrieb ich ihm in einem Brief, er möge Verabredungen für mich und meine Kollegen im Europäischen Parlament treffen, dass wir gemeinsam mit den Anwälten, die die Ashrafer vertraten, nach Bagdad reisen könnten, um Liberty zu besuchen und danach die Bewohner in Ashraf zu beruhigen. Doch wie üblich erhielt ich von ihm keine Antwort.

Am 1. Januar 2012 schrieb ich einen Brief an Jean de Ruyt, Martin Kobler und Dan Fried:

> „Da die Bewohner von Ashraf die Bedingungen ihres Umzugs innerhalb des Irak akzeptiert haben und die ersten 400 Bewohner bereit sind, mit ihren Habseligkeiten und Fahrzeugen nach Camp Liberty zu kommen, wäre es absolut fehl am Platze, wenn die irakischen Behörden ihnen das Recht versagten, ihren Besitz mitzunehmen und eine Vorhut von Ingenieuren nach Camp Liberty zu schicken, um vor ihrem Umzug das dort noch Nötige festzustellen. Wenn man den Leuten von Ashraf diese elementaren Bitten versagt, überzeugt man sie davon, dass man sie demütigen und inhaftieren will, statt sie zu einem einstweiligen Aufenthalt auf dem Wege zu ihrer Umsiedlung in andere Länder als den Irak zu bringen."

Dieser Brief wurde ebenso wenig beantwortet wie viele andere; so wurde die erste Gruppe von 400 Bewohnern Ashrafs am 17. Februar nach Camp Liberty gebracht. Am Tage der Fahrt stellte der sadistische irakische Oberst Sadiq sicher, dass die 400 Flüchtlinge jeder denkbaren Erniedrigung unterworfen wurden. Sie wurden stundenlang aufgehalten und mussten wiederholt Durchsuchungen und Ausweiskontrollen über sich ergehen lassen. Viele von ihren persönlichen Gegenständen wurden von Sadiq und seinen Leuten konfisziert und geplündert. Der ganze Prozess war von Sadiq als eine Art Folter geplant worden. Und auf jeden Fall wäre ja dieser Transport unnötig gewesen, da die Bewohner den Plan des Europäischen Parlaments zu ihrer Umsiedlung in dritte Länder angenommen hatten. Sie hatten sich im August 2011 einzeln beim Hohen Kommissar der Vereinten Nationen für Flüchtlinge um Asyl beworben, und wenn die irakische Regierung den Beginn des für die Gewährung des Flüchtlingsstatus nötigen Interview-Prozesses seinerzeit in Camp Ashraf gestattet hätte, so wäre ein erheblicher Teil von ihnen schon jetzt aus dem Irak ausgesiedelt worden.

Als die ersten 400 Ashrafer im Februar 2012 endlich in Camp Liberty ankamen, waren sie tief schockiert von dem, was sie dort vorfanden. Anstatt der erstklassigen Ausstattung der ehemaligen Stellung des US-Militärs, die man ihnen auf Koblers geschönten Fotos vorgegaukelt hatte, fanden sie sich in einem schäbigen Slum wieder, mit baufälligen Containern, in denen sie wohnen sollten, zerbrochenen Abwasserrohren, ohne Strom und ohne fließendes Wasser. Diese 400 Menschen – etwa die Hälfte von ihnen waren Frauen – waren nun vollständig der Gnade des irakischen Militärs überlassen, das von dem berüchtigten Oberst Sadiq geleitet wurde, wahrscheinlich einem der Anführer der beiden gewalttätigen Massaker, die in Ashraf verübt worden waren. Die Flüchtlinge fühlten sich erniedrigt und misshandelt. Bitten um lebenswichtige Medizin und Ausrüstung zur Bewegung der Behinderten wurden abgelehnt. Versuche, auf Kosten der Flüchtlinge die Wasserleitung wiederherzustellen, wurden wiederholt zunichte gemacht. Selbst primitive Sonnenschirme, die die Bewohner vor der 55°C betragenden Hitze hätten schützen können, wurden verweigert. 18.000 T-Wände aus Beton, die in der Stellung des US-Militärs die Wohnwagen vor Mörser- und Raketenangriffen geschützt hatten, waren fortgeräumt worden; das Lager war für solche Angriffe jetzt das gefundene Fressen. Die Bitte, die Schutzanzüge und Helme, die aufgrund einer Vereinbarung zwischen den Bewohnern und den US-Truppen im Jahre 2006 erworben worden waren, nach Camp Liberty zu bringen, wurde kategorisch abgelehnt.

Armee- und Polizeipatrouillen umgaben und kontrollierten ständig das einen halben Quadratkilometer große Haftlager. In totaler Missachtung der Richtlinien der UNO für Flüchtlingslager waren die Leute inhaftiert, nicht in der Lage, den Zaun, der das Lager umgab, zu passieren. Niemandem war der Aus- oder Eingang ohne Zustimmung der Wächter gestattet. Auf sadistische Weise befahl Sadiq, man solle die Lastwagen, die mit Tonnen von Grundnahrungsmitteln beladen waren, zur Inspektion entladen und überließ dann die Lebensmitteln der Fäulnis in der Sonne, bevor sie von seinen Wachen kontrolliert wurden.

Dennoch konnte diese unmenschliche Behandlung unter den Augen eines großen Kontingents von UN-Beobachtern, die direkt von Martin Kobler beaufsichtigt wurden, fortgesetzt werden. Doch die UNO hatte bereits bewiesen, dass sie zu weiterer Intervention nicht gewillt war. Kobler hatte sogar al-Malikis ‚Geduld' gelobt und erstaunlicherweise behauptet, Camp Liberty sei bestens geeignet, die verbliebenen mehr als 3000 Bewohner aufzunehmen.

In Reaktion auf die erste Welle von Beschwerden, die ich von der Gruppe erhielt, die am 17. Februar nach Liberty umgezogen war, schrieb ich an Kobler und forderte die sofortige Entfernung der Polizeistation aus dem Lager. Ich argumentierte, Liberty sei ein kleines Gelände, nur einen halben Quadratkilometer groß, wo jeder Eingang, jede Bewegung von der Polizei kontrolliert werde und wo muslimische Frauen lebten. Dort werde die Präsenz der Polizei, weit davon entfernt, die irakische Souveränität unter Beweis zu stellen, nur zu Spannungen und möglicher Konfrontation beitragen. Ich sagte, dies sei die wichtigste Angelegenheit, die geregelt werden müsse; sonst würde das Unternehmen der Umsiedlung in gänzlichem Fehlschlag enden.

Zum Glück war meine Stimme nicht die einzige. Einige Abgeordnete der USA glaubten immer noch, ihr Land sei moralisch zur Intervention verpflichtet. 79 Kongressabgeordnete schrieben einen Brief an Außenministerin Hillary Clinton und forderten Washington auf, sein Wort zu halten.

Am 15. Januar 2012 schrieb ich an de Ruyt:

> „Bei verschiedenen Anlässen habe ich versucht, die Leitung der MEK zu dem Verzicht auf ihre Rechte zu überreden; meistens hatte ich Erfolg. Doch bis ich mich ehrlich davon überzeugen kann, dass Liberty kein Gefängnis ist, kann ich ihnen nicht weiterhin den Rat geben, ihre Rechte preiszugeben. Ich, Sie, Martin Kobler und ein paar Anwälte der MEK könnten Liberty aufsuchen und einige Stunden lang das Gelände genau prüfen, um

dann nach Ashraf zu gehen und den Bewohnern das Gesehene zu erklären. Ich bin sicher, dass dies allen Seiten helfen würde. Ich kann Ihnen versprechen, dass in solch einem Fall die Bewohner, die Lagerleitung und die Leitung in Paris mir vertrauen und auf mich hören würden. Dann wäre die Regierung des Irak gezwungen, den Mindestforderungen in Liberty zügig nachzukommen."

De Ruyt tat nichts. Er trat im März 2012 von seinem Posten zurück und hinterließ keinerlei Wirkung.

Im Laufe der nächsten zwölf Wochen wurden weitere 1200 Ashrafer gezwungen, sich dem endlosen, erniedrigenden Prozess von Durchsuchungen und Sicherheitskontrollen zu unterziehen, bevor sie nach Camp Liberty kamen. Die Belastung war so groß, dass ein Bewohner dabei an Herzversagen starb. Es war der junge Ingenieur Bardia Mostofian; er starb eine Stunde nach seiner Ankunft in Liberty. Irakische Ärzte erklärten, sein Tod sei die Folge von psychischer Belastung und Erschöpfung. Diese Tragödie ereignete sich am 21. März 2012, dem ersten Tag des iranischen Neujahrsfestes, der sich nun in einen Tag der Trauer verwandelte. Mostofian gehörte zu der dritten Gruppe von 400 Personen, die nach Liberty kam. Die Bewohner hatten Kobler einige Male gebeten, diesen Transport um einige Tage zu verschieben, damit sie das Fest noch in Ashraf begehen könnten; doch Kobler lehnte ab und erklärte, es komme nicht in Frage. Er zwang sie, am 20. März zu reisen, er übte immensen Druck auf die Bewohner aus.

Jetzt waren 1600 Flüchtlinge in das eineinhalb Quadratkilometer große Quadrat des Lagers eingepfercht. Sie waren gezwungen, unter ständiger Bewachung durch die irakische Polizei und Armee in schmutzigen Containern zu leben. Doch trotz dieses Notstandes verweigerten die irakischen Behörden jegliche Hilfe. Sie verboten den Bewohnern sogar, sich selbst zu helfen. Sie hinderten sie am Bau von Rampen und Fußwegen, die den Älteren und Behinderten das Gehen auf der rauen Kiesfläche erleichtert hätten. Sie verhinderten den Transport besonderer Toiletten und Krankenwagen für die Kranken und Behinderten von Ashraf nach Liberty. Sie verhinderten das Anbringen von Schirmen zum Schutz vor der brennenden Sonne. Und schlimmer noch: Auf halbem Wege hielten sie sechs von den Abwasserfahrzeugen an, die aufgrund einer Absprache mit der irakischen Regierung nach Liberty gebracht werden sollten, und schickten sie zurück nach Ashraf. Dieser krasse Verstoß gegen die Abmachung und die Tatsache, dass die

Entleerung der Abwassertanks in Camp Liberty unmöglich wurde, empörten die noch in Ashraf Verbliebenen zutiefst und sie weigerten sich, nach Liberty umzuziehen. Bis dahin waren schon etwa 2000 dorthin gebracht worden; doch mehr als 1200 hielten sich noch in Ashraf auf. Der Umzugsprozess geriet ins Stocken.

Kobler hatte im Februar 2012 in Brüssel erklärt, der iranische Botschafter im Irak werde ihm kein Visum für eine Reise in den Iran ausstellen, bis der Umzug der Bewohner von Ashraf nach Liberty im Wesentlichen abgeschlossen sei. Dennoch erhielt er nun, nach dem Transport der fünften Gruppe, ein Visum und fuhr sofort nach Teheran.

Am 24. April erklärte Faleh al-Fayadh al-Ameri, Malikis Sicherheitsberater, im irakischen Staatsfernsehen, es sei ganz natürlich, „die Angelegenheit der Terrororganisation der Modjahedin mit den Iranern zu erörtern". Er fügte hinzu: „Herr Martin Kobler hat mit der irakischen und der iranischen Seite im Detail darüber gesprochen, wie seine die Schließung Ashrafs betreffende Übereinkunft mit dem Irak umgesetzt und die Anwesenheit dieser Organisation auf irakischem Boden beendet werden soll."

Es war eine schockierende Verletzung des Asylrechts, einem repressiven Regime wie dem Iran die Einmischung in die Behandlung seiner Gegner zu gestatten.

Das „Internationale Komitee Auf der Suche nach Gerechtigkeit (ISJ)", das 4000 Abgeordnete der westlichen Welt vertritt, führte am 9. Mai in einer Erklärung aus: „Der Besuch von Herrn Kobler in Teheran genau an dem Tag nach der Umsiedlung der fünften Gruppe der Bewohner zwingt mehr denn je zu einer Reihe von Fragen und Besorgnissen, und dies besonders deshalb, weil Herr Kobler während seiner Reise nach Europa im Februar erklärt hat, der iranische Botschafter im Irak habe den Umzug der PMOI von Ashraf zur Bedingung seines [Koblers] Besuchs im Iran gemacht."

Im Mai 2012 hatte das Komitee der Vereinten Nationen über willkürliche Haft einen sehr kritischen Bericht veröffentlicht, in dem es hieß, die Lage der in Camp Liberty eingekerkerten Menschen komme willkürlicher Haft gleich. Die irakische Regierung war in dem Bericht angewiesen worden, alle über die Bewohner verhängten Beschränkungen aufzuheben. Wie üblich wurde das vollständig ignoriert.

Und es kam noch schlimmer: Während des Umzugs der Bewohner von Ashraf nach Liberty wurde bemerkt, dass man es vier Vertretern der iranischen Botschaft gestattete, alles, was geschah, zu beobachten; außerdem hatte man Agenten des iranischen Geheimdienstministeriums erlaubt, in unmittelbarer Nähe von Camp Liberty eine Stellung zu errichten. Es waren gefährliche, provozierende Handlungen; die irakische Regierung hatte sie sanktioniert. Sie bedeuteten für die betroffenen unbewaffneten Flüchtlinge einen Verstoß gegen die Menschenrechte.

Als der Umzug der Bewohner von Ashraf nach Liberty unterbrochen war, begann Kobler eine große Kampagne, in die er die US-Regierung, unterschiedliche Organe der UN und selbst Freunde von Ashraf in aller Welt einbezog: Mit vereinten Kräften sollten die Bewohner zur Aufgabe ihres Widerstands gezwungen werden. Offen gesagt, es war für uns eine neue Erfahrung, mit anzusehen, wie ein Sondergesandter des Generalsekretärs der Vereinten Nationen allem Anschein nach auf Geheiß des iranischen Regimes so hart arbeitete.

Die Vertreter der Bewohner von Ashraf hatten in zahlreichen Briefen dem UN-Generalsekretär und Vertretern der US-Regierung die Forderungen mitgeteilt, deren Erfüllung eine Fortsetzung des Umzugsprozesses ermöglichen würde. Auch erklärten Frau Rajavi und Vertreter der Bewohner, sie seien aufgrund der engen Verbindungen zwischen Kobler und dem iranischen Regime nicht mehr bereit, mit ihm zusammenzukommen. Doch nach einer Intervention namhafter amerikanischer Freunde von Ashraf gab Frau Rajavi nach und erklärte sich bereit, ihn dennoch in Anwesenheit einer Gruppe von amerikanischen und europäischen Freunden zu empfangen.

Also fand am 1. Januar 2012 im Pariser Hauptquartier des NWRI eine Sitzung statt, an der drei Gruppen teilnahmen: Kobler mit seinen Mitarbeitern, Frau Rajavi mit Vertretern des NWRI und eine Delegation von sieben europäischen bzw. amerikanischen Würdenträgern, darunter Alejo Vidal-Quadras, Vizepräsident des Europäischen Parlaments, Paulo Casaca, Gründer der Gruppe „Freunde eines freien Iran im Europäischen Parlament", Rudy Giuliani, ehemaliger Bürgermeister von New York, Michael Mukasey, früherer Generalstaatsanwalt der Vereinigten Staaten, Ed Rendell, früherer Vorsitzender der Demokratischen Partei und früherer Gouverneur von Pennsylvania, Louis Freeh, früherer Direktor des FBI und Senator Robert Torricelli. Während dieses hochrangigen Treffens kam man überein, die Umsiedlung des nächsten Konvois könne nur stattfinden, nachdem einige Forderungen der Bewohner erfüllt worden seien. Doch trotz aller von Kobler abgegebenen Versprechungen wurden die meisten dieser Dinge ignoriert. Die fruchtlosen Verhandlungen wurden monatelang fortgesetzt, bis endlich am 26. Juli Frau Rajavi in Paris erneut mit Kobler zusammentraf; dabei machte sie klar, der sechste Konvoi könne seinen Weg von Ashraf nach Liberty sofort antreten, wenn die acht ausstehenden humanitären Erfordernisse erfüllt worden seien. Dieser Plan wurde am 30. Juli an Botschafter Dan Fried geschickt. Dessen ungeachtet erklärte Faleh al-Fayadh, der Berater von Premierminister al-Maliki für die nationale Sicherheit, am 31. Juli auf einer Pressekonferenz in Bagdad, man müsse nun die Bewohner Ashrafs zum Umzug zwingen; die irakische Regierung habe das vor. Das war die bisher deutlichste Gewaltandrohung; sie entsprach offenbar den Vorstellungen der Mullahs in Teheran, die Maliki beständig unter Druck setzten, die verbliebenen Bewohner zu ermorden.

Es war nicht schwer, die Forderungen der Ashrafer zu erfüllen, wenn die irakische Regierung nur zur Zusammenarbeit bereit war. Man benötigte frisches Wasser, das aus dem Hauptvorrat Bagdads zu beziehen war. Man brauchte sechs besonders eingerichtete Wohncontainer. Es war möglich, sie von Ashraf nach Liberty zu bringen; dann hätten die Behinderten auch dort komfortabel leben können. Die Bewohner wollten ihre eigenen Generatoren von Ashraf nach Liberty bringen lassen, damit sie jederzeit über einen verlässlichen Stromvorrat verfügten. Auch wollten sie ihre Ashrafer Häuser und ihre dortigen Besitztümer verkaufen, um sie nicht dem irakischen Regime zur Plünderung überlassen zu müssen. Ferner brauchten sie Material zum Bau von Gehwegen über den rauen Kies von Liberty, damit auch die gelähmten und behinderten Bewohner sich dort bewegen könnten. Weiterhin benötigten sie Schirme zum Schutz vor der brennend heißen Sonne. Endlich brauchten sie einige Kleinbusse, Gabelstapler und Tankwagen für Frischwasser, Abwasser und Brennstoff; sie wären entweder neu zu kaufen oder von Ashraf nach Liberty zu holen gewesen.

Warum war es denn so schwierig, diesen elementaren Bedürfnissen nachzukommen? Die Antwort war klar wie Kristall: Die Iraker folgten einer anderen Tagesordnung, die von Teheran diktiert wurde. Zu dieser Tagesordnung gehörten Einschüchterung, Zwang, dazu gehörte, dass man die Bewohner der PMOI drangsalierte und in Angst und Schrecken hielt. Dazu hatten sie ja Ashraf jahrelang mit grölenden Lautsprechern umstellt und auf diese Weise die Bewohner beständiger psychologischer Folter unterworfen. Dazu hatten sie das Lager zweimal auf brutale Weise überfallen und dabei viele unschuldige Menschen getötet. Dazu erzwang Oberst Sadiq, dass die täglich ankommenden mit Lebensmitteln beladenen Fahrzeuge umständlich mit der Hand entladen werden mussten, damit die Wachen die Ladungen inspizieren konnten, was dazu führte, dass nicht haltbare Lebensmittel tonnenweise und stundenlang in der Sonne lagen, bis sie verdarben. Aus diesem Grunde hatten sie auch mehr als 50 Tage lang die Bestattung von zwei Bewohnern Ashrafs verweigert, die aufgrund der lange nachwirkenden Verletzungen, die ihnen bei dem Überfall vom Juli 2009 zugefügt worden waren, unlängst gestorben waren. Man hatte sich ja auch geweigert, den Leichnam von Bardia Mostofian herauszugeben, der vor fünf Monaten - an demselben Tage, an dem er in Camp Liberty ankam - aufgrund von Belastung und Erschöpfung an einem Herzanfall gestorben war. Das war ein niederträchtiges, dem Islam widersprechendes Benehmen – grausam nicht nur gegenüber den Bewohnern von Ashraf und Liberty, sondern auch gegenüber den Freunden und Angehörigen von Herrn Mostofian. Es unterstrich erneut die Rücksichtslosigkeit und sinnlose Brutalität der Iraker.

Ich nannte diese Grausamkeit beim Namen und verurteilte diese Taktik; ich verlangte, dass die UNO, die USA und die EU sich dieser Verurteilung anschlössen. Halbherzige Beschwichtigung von Tyrannen und Mördern war nicht mehr akzeptabel. Die Welt sah auf Liberty und Ashraf, und die UNO, die Amerikaner und die Europäische Union würden an ihren Taten gemessen werden.

Doch am 16. August wurde eine vier Seiten umfassende Vereinbarung von den Bewohnern, der Regierung der USA, dem Irak und der UNO unterzeichnet; auf dieser Grundlage erklärten sich die Bewohner bereit, weiter unterstützt durch Zusicherungen seitens der USA, nach Camp Liberty zu ziehen. In dem Dokument hieß es:

> „Die USA verpflichten sich, an der Lösung der verbliebenen humanitären Probleme in Camp Liberty zu arbeiten, die das tägliche Leben der Bewohner substantiell betreffen; dazu gehören haltbare Apparaturen für die Strom- und Wasserversorgung."

Und:

> „Die USA verpflichten sich, die Sicherheit und das Wohlergehen der Bewohner zu schützen, bis alle Bewohner Irak verlassen haben."

Auf dieser Grundlage nahmen die Bewohner den Umzug nach Liberty wieder auf. Während der Monate August, September und Oktober wurden mehr als 1100 von ihnen nach Liberty gebracht. Etwa 100 blieben in Ashraf zurück, um die endgültige Verfügung über ihre beweglichen und unbeweglichen Besitztümer zu besorgen.

Anstatt den Bewohnern hilfreich an die Seite zu treten, verlegte sich Kobler jetzt auf eine Politik, die einige Mitarbeiter der UNAMI dazu brachte, sie noch mehr zu drangsalieren. Deren Beobachter, die eigentlich die Rechte der Bewohner vor gewalttätigen, aggressiven Übergriffen der irakischen Bewohner schützen sollten, wurden nun zu Kollaborateuren und Gefängniswärtern; sie setzten die Bewohner unter psychischen Druck. Einer der Schlimmsten war ein Afghane namens Massoud Dorrani, der Kobler von seinem vorigen Posten in Afghanistan in den Irak begleitet hatte.[2]

Weder Dorranis Dienstgrad noch seine Vorgeschichte qualifizierte ihn zu der neuen Position. Doch er und seine Kollegen agierten als besondere Agenten Koblers; sie übermittelten Botschaften von iranischen Geheimagenten an die Bewohner, die hauptsächlich in Beschimpfungen und Beleidigungen bestanden und viele Proteste und Beschwerden nach sich zogen. Sie drangen nachts wiederholt ohne Legitimation in die Schlafräume der Frauen und Männer ein, auch in die Schlafräume der Behinderten und riefen Verwirrung und Empörung hervor. Das Hauptziel Dorranis und seiner Kollegen bestand darin, die Bewohner von ihrer gegen das iranische Regime gerichteten Opposition abzubringen. Sie sollten die Reihen der PMOI verlassen, in den Iran zurückkehren oder in Bagdader Hotels ziehen, die vom iranischen Geheimdienstministerium kontrolliert wurden. Zu diesem Prozess gehörte es, dass Dorrani die Privaträume und das Leben der Bewohner ohne ihre Zustimmung fotografierte und filmte und dann Dossiers verfasste, die falsche Beschuldigungen gegen sie enthielten.

Kobler beutete diese Dossiers gründlich aus; er schrieb jede Woche Briefe an Frau Rajavi, Mohammad Mohaddessin, mich und Alejo Vidal-Quadras – mit Kopien an zahlreiche amerikanische und europäische Politiker und Mitarbeiter der UNO. In ihnen behauptete er, seine Beobachter erhielten nicht die Erlaubnis, sich frei im Lager zu bewegen und privat mit dessen Bewohnern zu sprechen; sie würden regelmäßig von ihnen beleidigt und boykottiert. Er behauptete, die Lagerlei-

---

2   Vor seinem Dienst im Irak war Kobler Stellvertreter des Besonderen Repräsentanten des Generalsekretärs der Vereinten Nationen in Afghanistan gewesen.

tung der PMOI verletze eindeutig die Rechte der Bewohner! Ich wusste durch meine persönliche Bekanntschaft mit Bewohnern von Liberty und durch viele Telefonate mit ihnen, auch durch regelmäßige Durchsicht der täglichen Berichte von Camp Liberty und meine Vertrautheit mit dem notorisch schlechten Benehmen von Herrn Kobler, dass er in Wahrheit nicht den Zielen der UNO nachkam, sondern vielmehr den irakischen Politikern und dem iranischen Regime in die Hände spielte, die alles daran setzten, die Einwohner des Lagers zu vernichten.

Nach sieben qualvollen Transporten, an denen in der Regel vier- bis fünfhundert Ashrafer teilnahmen, waren alle außer einer kleinen Gruppe der Bewohner in das winzige Gefängnisgelände von Camp Liberty gebracht. Nach Übereinkunft mit der UNAMI, dem UNHCR, den USA, der EU und der irakischen Regierung waren 101 Bewohner in Camp Ashraf verblieben; sie sollten den Besitz bewachen und Plünderung verhindern. In Camp Liberty setzten die irakischen Behörden die Belagerung fort; die Restriktionen, die Brennstoff, Lebensmittel, Medikamente und andere lebenswichtige Güter betrafen, hielten an, ebenso das Widerstreben dagegen, notwendige Reparaturen der zusammengebrochenen Entwässerungsanlage sowie der Wasser- und Energieversorgung zu genehmigen. Unterdessen wurden die Interviews des UNHCR im Schneckentempo in Angriff genommen; nur zwei oder drei Bewohner wurden am Tag vernommen – zur Prüfung, ob man ihnen den uneingeschränkten Flüchtlingsstatus zuerkennen könne.

Am 9. Februar 2013 geschah, was geschehen musste. Bei einem Raketenangriff wurden acht Bewohner getötet und fast 100 verletzt. Man hatte den Bewohnern Helme, Schutzwesten, die T-Wände aus Beton und sogar Schaufeln, mit denen sie Schutzgräben hätten errichten können, verweigert; die 3300 Bewohner, die auf einem eineinhalb Quadratkilometer großen Gelände in dünnwandigen Containern hausten, glichen Zielscheiben. Morgens um 5:45 Uhr schlugen 45 Katyusha-Raketen und Mörsergeschosse auf ihrem vollgestopften, gefängnisartigen Gelände ein. Acht Bewohner wurden im Schlaf zerfetzt und verbrannt.

Zweifellos war dieser Raketenangriff professionell geplant und durchgeführt worden. Nur die irakische Armee kam als Akteur in Frage – offensichtlich wurde sie von der iranischen Quds-Truppe unterstützt. Tatsächlich wurde die Stellung, von der man die Raketen abgefeuert hatte, kurze Zeit danach entdeckt. Sie befand sich in der kleinen Sicherheitszone, die den Bagdader Flughafen und Camp Liberty umgibt.

Man hatte diese Stellung eigens mit einer Backsteinmauer umgeben. Um das Lagergelände, mit Katyusha-Raketen und Mörsern ausgerüstet, zu erreichen, musste man fünf verschiedene Straßensperren passieren. Einzig das irakische Militär konnte einen solchen Angriff ausführen, und dies nur auf direkten Befehl von Nouri al-Maliki. Ich sorgte im Europäischen Parlament für einen Schrei der Empörung und richtete verärgerte Briefe an Baroness Ashton, Ban Ki-moon und Präsident Obama; ich erklärte, erneut habe unsere Nachlässigkeit Leben gekostet.

Am 27. Februar 2013 schrieb ich einen Brief an Koblers Stellvertreter György Busztin:

> „Kobler hat uns bei vielen Gelegenheiten versichert, Liberty genüge den humanitären Standards. Es ist nun herausgekommen, dass ein Experte des UNHCR das Gegenteil gesagt hatte. Ich bin entsetzt, dass man mich auf diese Weise vorsätzlich getäuscht hat. Wir konnten uns wahrhaftig nicht vorstellen, dass ein westlicher Diplomat und ranghoher Mitarbeiter der Vereinten Nationen so weit von seiner beruflichen Integrität abirren würde."

Trotz unserer lauten Proteste und unserem Verlangen nach Hilfe von den Vereinten Nationen und der internationalen Gemeinschaft saß der Westen auf seinen eigenen Händen. Maliki war hocherfreut und ordnete für den 29. April 2013 eine weitere Raketenattacke an; 20 Detonationen erschütterten Camp Liberty, doch zum Glück verfehlten die meisten ihr Ziel, so dass diesmal niemand verletzt wurde.

Unser Protestschrei wurde wieder einmal überhört. Wiederholt hatten wir die Wiederaufstellung der T-Wände aus Beton, die Aushändigung der Helme und der Schutzwesten gefordert. Unsere Forderungen stießen auf taube Ohren, obwohl es sich bei ihnen nur um die elementarsten Voraussetzungen dafür handelte, dass die von Raketenangriffen verursachten Schäden in Zukunft verringert würden. Am 15. Juni wurde Liberty erneut von Raketen angegriffen – am Tag nach den betrügerischen Präsidentschaftswahlen im Iran. Uns überraschte es nicht, dass Khamenei bemüht war, die internationale Aufmerksamkeit von diesen Wahlen abzulenken. Bei diesem Angriff wurden zwei Personen getötet und viele verletzt. Diesmal waren aber die Bewohner besser vorbereitet und hatten schon vor der Explosion der ersten Raketen Schutz gefunden; daher war die Zahl der Unglücksfälle nicht so hoch, wie die Iraker und ihre iranischen Drahtzieher zweifellos gehofft hatten.

Indessen ereignete sich am 26. Dezember 2013 noch ein tödlicher Raketenangriff; dabei wurden vier Bewohner getötet und ungefähr siebzig verletzt. Nach jedem Angriff leugneten die irakischen Behörden natürlich jegliche Beteiligung und erklärten, sie würden auf die Verantwortlichen Jagd machen.

Doch in seltener Offenheit gestand Wathiq al-Batat, der Kommandeur der Miliz „Al-Mukhtar-Armee", seine Gruppe habe die Raketen auf das Lager abgefeuert. Diese ziemlich neue schiitische Miliz wurde vom Iran unterstützt und finanziert und von den irakischen Behörden geduldet, wo nicht aktiv ermutigt, besonders wenn es sich darum handelte, Mitglieder der PMOI zu töten. Der UNHCR forderte die Regierung des Irak dringend auf, im Lager Maßnahmen zur Verbesserung der Sicherheit und des Wohlergehens der Bewohner zu treffen. Wahrscheinlich kicherte Maliki jedesmal, wenn ihn ein solcher Appell erreichte, er kicherte vor Vergnügen. Er wusste, Kobler und die UNAMI würden tun, was er wollte; er wusste, dass er die Bewohner der PMOI straflos ermorden konnte – der Westen würde nichts unternehmen.

Ich empfand nun tiefes Schuldbewusstsein darüber, dass mehr als 3000 Menschen in diesem Todeslager eingepfercht waren, die USA und die EU aber in Bezug auf die ganze Affäre ihre Hände in Unschuld wuschen und das Schicksal dieser unschuldigen Männer und Frauen den Irakern überließen. Der große Lügner und Soziopath Maliki, der das MOU unterzeichnet und mithin die Verantwortung für Sicherheit und Wohlergehen der Flüchtlinge in Camp Liberty übernommen hatte, war nun – unterstützt von seinen Hintermännern in Teheran - glücklich mit dem Serienmord an ihnen beschäftigt. Kobler legte atemberaubend schamlos die Heuchelei an den Tag, der irakischen Regierung für ihre Bereitschaft zu danken, diese Morde zu untersuchen! Seine Frau Brita Wagener, deutsche Botschafterin im Irak, schloss sich dieser Scharade an; nicht nur dankte sie der irakischen Regierung für ihr Engagement, die für die blutigen Überfälle auf Camp Liberty Verantwortlichen zu enthüllen – sie ging so weit, ihren Mann und die UNAMI zu den energischen Bemühungen zu beglückwünschen, die Ashraf-Krise durch Transport aller Bewohner in das neue Lager zu lösen!

Für die Bewohner von Liberty war genug nun genug. Sie äußerten durch demonstrative Verweigerung der Mitarbeit ihren Protest; sie lehnten weitere Interviews durch den UNHCR ab und weigerten sich, mit der UNAMI und Kobler zu sprechen.

Hinter den Kulissen hatte Frau Rajavi seit Anfang 2012 auf höchster Ebene durch europäische Freunde mit der albanischen Regierung verhandelt, um zu prüfen, ob sie bereit sei, eine erhebliche Zahl von Flüchtlingen aus Camp Liberty aufzunehmen. Sie erreichte ein Abkommen, das als Durchbruch bezeichnet werden muss: Die Albaner waren bereit, alle oder die meisten Bewohner als Flüchtlinge aufzunehmen. Ihre humanitäre Initiative wurde vom UNHCR und von den USA unterstützt. Im November 2012 schrieb Botschafter Dan Fried, der von Hillary Clinton ernannte Besondere Gesandte für Ashraf, nach seiner Rückkehr aus Tirana an Mohammad Mohaddessin:

> „Vielleicht haben Sie gehört, dass die Regierung von Albanien vertraulich zugesichert hat, sie sei bereit, bis zu 210 ehemalige Bewohner Ashrafs zur Umsiedlung aufzunehmen. Ich bitte Sie und die MEK, dies Angebot nicht öffentlich bekanntzugeben, sondern in der Stille mit dem UNHCR dahingehend zusammenzuarbeiten, dass Ihre Leute den Irak in Sicherheit und mit der Aussicht auf eine bessere Zukunft verlassen können."

Inzwischen verhandelte die PMOI schon mit Albanien; sie bat das Land um die Bereitschaft, noch mehr Flüchtlinge aufzunehmen. Im Januar 2013 reiste eine ranghohe Delegation der PMOI nach Tirana und traf mit Premierminister Sali Berisha zusammen; er stand der Idee, einer größeren Zahl von Mitgliedern der PMOI in seinem Lande Zuflucht zu bieten, mit Sympathie gegenüber, beharrte aber darauf, dass die Angelegenheit geheim gehalten werde. Der albanischen Regierung lag besonders viel daran, alles still zu erledigen - gleichsam unter dem Radarschirm -, um jegliche internationale Kontroverse und das Entstehen einer diplomatischen Kluft zwischen ihr und dem Iran zu vermeiden.

Als die Nachrichten von diesen hochsensiblen und vertraulichen Verhandlungen Kobler erreichten, gab er – an solche Feinheiten kann er wohl nicht gedacht haben – prompt am 15. März 2013 eine Presseerklärung heraus, in der er diesen Durchbruch vollständig sich selber gutschrieb, indem er erklärte, er selbst habe diese erstaunliche Vereinbarung mit Albanien ausgehandelt. Danach feuerte er gegen die PMOI die Behauptung ab, ihre demonstrative Weigerung zur Mitarbeit gefährde die gesamte Unternehmung. Die Albaner wurden dadurch wirklich beunruhigt; ihre Bereitschaft zur Aufnahme von noch mehr Flüchtlingen nahm ab.

Bei einem Besuch in Camp Liberty wurde Kobler von einer Gruppe verärgerter Frauen der PMOI umringt; sie riefen, er habe sie verraten. Er legte alle Reaktionen eines mit seinen Verbrechen konfrontierten Tyrannen an den Tag und geriet an den Rand eines nervösen Zusammenbruchs – sprachlos gemacht und erschreckt durch eine Handvoll unbewaffneter Frauen. Salven von Spott vertrieben ihn aus dem Lager.

Um sein angefochtenes Ansehen wiederherzustellen, kam Kobler am 29. Mai 2013 ins Europäische Parlament und ergriff während einer Sitzung des Auswärtigen Ausschusses das Wort. Er wurde feindselig empfangen, obwohl einige deutsche Abgeordnete es für geboten hielten, ihn zu verteidigen. Doch viele Abgeordnete warfen dem Besonderen Vertreter der Vereinten Nationen im Irak Täuschung vor und forderten seinen Rücktritt oder seine Entlassung; sie protestierten gegen die Art, wie er in der Vergangenheit das Parlament getäuscht habe, eine katastrophale Verschlechterung der inneren Situation im Irak angeführt und kaum etwas getan habe, um die irakische Regierung zu kritisieren, statt dessen die Umsiedlung der 3400 Bewohner von Camp Ashraf und Liberty praktisch durch seine Inkompetenz zum Erliegen gebracht habe.

Während dieser Sitzung trug Kobler erneut seine üblichen Falschinformationen vor. Er beklagte sich, die Beobachter der Vereinten Nationen hätten kaum Zugang zu den Bewohnern von Camp Liberty. Es bestehe aufseiten der Lagerleitung und der Leitung der PMOI in Paris allgemeiner Mangel an Mitarbeit. Zugleich versuchte er, die bedrängendste Angelegenheit zu ignorieren: die Sicherheit und das Wohlergehen der Bewohner, die in dem winzigen, gefängnisartigen Gelände den Angriffen mit Raketen und Mörsern ausgesetzt waren. Dreimal wurde er von Abgeordneten aufgefordert, zu erklären, weshalb die Helme und Schutzwesten nicht zu den Bewohnern zurückgekehrt waren, um ihnen wenigstens ein Mindestmaß von Schutz zukommen zu lassen. Seine lendenlahme Antwort bestand darin, das sei Sache der Iraker. Koblers Ausführungen waren in sich so widersprüchlich, dass sogar der Vorsitzende des Ausschusses, Elmar Brok, erklärte: „Ich finde das, was Sie heute gesagt haben, fast unglaublich. Wir müssen uns genau informieren – durch unparteiische Kanäle."

Ich wies darauf hin, dass Kobler zu der massiven Zunahme der Hinrichtungen und Menschenrechtsverletzungen im Irak und seiner mangelnden Aufmerksamkeit auf die anhaltenden Aufstände des Volkes in irakischen Städten nicht adäquat Stellung genommen habe. Auch erinnerte ich ihn daran, dass er das Memorandum der Verständigung, das den Transport der Bewohner von Camp Ashraf in das Gefängnis von Camp Liberty besiegelte, gemeinsam mit der Regierung des Irak, ohne die Zustimmung der Bewohner von Ashraf unterzeichnet hatte. Ich warf ihm vor, er habe das Parlament mit Bezug auf Camp Liberty durch geschönte Fotos getäuscht. Ich wies darauf hin, dass Tahar Boumedra aus Protest gegen Koblers Handlungsweise von seinem Posten in der UNAMI zurückgetreten war und vor dem Kongress der Vereinigten Staaten unter Eid ausgesagt hatte, Kobler habe die Fotos von Camp Liberty mit der einzigen Absicht geschönt, die Mitglieder des Europäischen Parlaments und Abgeordnete anderer Parlamente zu täuschen.

Jim Higgins, Mitglied des Europäischen Parlaments aus Irland, sagte an Kobler gerichtet: „Sie sagen, die Regierung des Irak betrachte die Bewohner von Ashraf und Liberty als Terroristen. Doch sie sind von den Terrorlisten der USA und der EU gestrichen worden; Sie sollten als Vertreter der UNO feststellen, dass sie keine Terroristen sind. Warum nehmen Sie in dieser Sache keine korrekte Haltung ein? Was Sie tun, ist pure Heuchelei. Können Sie uns erklären, was Sie – bei all dem Geld, das Sie empfangen – erreicht haben? Sie sollten gefeuert werden. Der Sicherheitsrat der Vereinten Nationen sollte Sie feuern!"

Vytautas Landsbergis, ehemaliger Präsident von Litauen, führte aus: „Dutzende irakische Politiker verurteilen Sie. Warum lassen Sie zu, dass ein fremdes Land, der Iran, an dieser Angelegenheit im Irak beteiligt wird? Warum beteiligen Sie den Iran an dem Problem des Status von Camp Liberty und jener Flüchtlinge, die das iranische Regime so sehr hasst? Achtzehn politische Würdenträger [die zuvor Ashraf besucht hatten] haben eine Erklärung herausgegeben, in der sie fordern, Ihr Verhalten sollte vor Gericht untersucht werden. Sie haben ihre Bereitschaft erklärt, vor diesem Gericht als Zeugen auszusagen und ein Ermittlungsverfahren gegen Sie beantragt."

Tune Kelam, Mitglied des Europäischen Parlaments aus Estland, sagte: „Herr Kobler, Sie sind im Irak zu einer umstrittenen Figur geworden. Es heißt, Sie ständen der Regierung des Irak zu nahe. Zu dem Problem der Sicherheit der Bewohner von Liberty bringen Sie nichts Vernünftiges vor. Sie haben das MOU mit der Regierung des Irak unterzeichnet; doch es besteht keine Garantie für die Sicherheit und das Wohlergehen der Bewohner. Die Verantwortung dafür haben Sie zu 80% den Bewohnern von Camp Liberty in die Schuhe geschoben. Dies ist eine große Heuchelei und nicht akzeptabel."

Ryszard Czarnecki, polnisches Mitglied des Europäischen Parlaments, sagte: „Sie haben uns Bilder gezeigt, von denen Sie behaupteten, sie zeigten, dass Camp Liberty ein hervorragendes Gelände sei. Doch keine von diesen Versprechungen beruhte auf Wahrheit. Die Bewohner trauen Ihnen nicht. Sie sind ein Teil des Problems, nicht ein Teil der Lösung. Glauben Sie nicht, dass es Zeit wird für Ihren Rücktritt und Abschied?"

Angesichts solcher rückhaltlosen Missbilligung wurde Kobler immer erregter. Er richtete das Feuer auf die PMOI. Er sagte: „Als Europäer, als Mitglieder des Europäischen Parlaments sollten Sie die innere Struktur der PMOI zur Kenntnis nehmen. Sie sollten nicht Strukturen unterstützen, die keine individuellen Freiheiten zulassen."

Nach der Sitzung des Auswärtigen Ausschusses des Europäischen Parlaments erklärte ich vor der Presse: „Diese Sitzung hat abermals unterstrichen, dass Kobler sofort vom Generalsekretär der Vereinten Nationen entlassen werden muss."

Auf die Reaktion des Generalsekretärs der Vereinten Nationen mussten wir nicht lange warten. Im Juli 2013, nur acht Wochen nach seinem letzten chaotischen Auftritt vor dem Auswärtigen Ausschuss des Europäischen Parlaments wurde Kobler seines Postens im Irak entbunden und in den Kongo geschickt. Die behagliche Sinekure mit seiner Frau, der deutschen Botschafterin im Irak, war zu Ende. So groß war der öffentliche Zorn über Koblers empörende Bilanz im Irak, dass Ban Ki-moon keine andere Wahl hatte, als ihn zu versetzen! An seiner Stelle ernannte der Generalsekretär am 2. August 2013 Nikolay Mladenow zu seinem Besonderen Vertreter im Irak. Mladenow war früher Außenminister in Bulgarien gewesen und bis 2009 Mitglied des Europäischen Parlaments. Ich kannte ihn aus dieser Zeit; er hatte der Mehrheitsgruppe der EPP-ED angehört; ich war damals Vizepräsident. Auch war er eng mit der tschechischen Diplomatin Jana Hybášková, einem ehemaligen Mitglied des Europäischen Parlaments, befreundet; ihre feindliche Haltung gegenüber der iranischen PMOI war bekannt. Sie war jetzt Botschafterin der EU im Irak.

30

Interviews mit politischen Gefangenen
Camp Liberty (Bagdad), September 2014

Mahmoud Royai

„Mein Name ist Mahmoud Royai. Ich bin 1963 in Teheran geboren und habe ein Hochschulstudium abgeschlossen. Im Jahre 1979, nach der gegen den Schah gerichteten Revolution wurde ich sehr bald durch die Atmosphäre der Diskriminierung und der Täuschung, die von der neuen Regierung ausging, und die reaktionären, intoleranten Ideale Khomeinis desillusioniert. Dagegen ermutigten mich die Ehrlichkeit und Rechtschaffenheit der ‚Organisation der Volksmodjahedin Iran'. Ich vertraute ihrem Programm und wurde zu einem ihrer Anhänger.

Ich gehörte einer Familie der Mittelschicht an; ich nahm an ihren Bildungs- und Erholungsmöglichkeiten teil und litt keinen Mangel. Während ich mein Studium fortsetzte, unterstützte ich weiterhin die PMOI; ich arbeitete bei ihrem Verkauf von Büchern und Zeitungen mit und besuchte ihre Versammlungen.

Am 30. August 1981 wurde ich – im Alter von achtzehn Jahren – wegen Unterstützung der PMOI verhaftet und wegen Verkaufs ihrer Zeitungen, Teilnahme an ihren Sitzungen und ihren vollständig legalen Versammlungen zu zehn Jahren Gefängnis verurteilt. Seitdem glaubte ich während der harten Zeiten der Verhöre – ich sehnte mich danach zu sterben, um von der Qual der Folter erlöst zu werden – oder beim Betreten des Gefängnisses Ghezel-Hesar, bevor ich in meine Zelle kam und sie meine Haare an Kopf und Brauen abrasierten und mich zwangen, sie zu essen, ich würde diese abstoßenden Zustände in den berüchtigten Gefängnissen Evin und Ghezel Hessar nicht ein Jahr lang überleben. Dabei teilten wir aber – dank des beispiellosen Widerstandes der PMOI und dank der Gemeinschaft in einer Gruppe – Schmerz und Schicksal miteinander. So blieb ich zehn Jahre lang trotz verschiedener physischer und psychischer Foltern in den Gefängnissen Evin, Ghezel

Hessar und Gohardasht lebendig und auf dem Posten; ich wurde zum Zeugen von Folter, Massenhinrichtungen und dem Massaker an politischen Häftlingen des Jahres 1988.

Ungeachtet der Tatsache, dass ich auch im Sinne der Gesetze des Regimes kein Verbrechen begangen hatte und meine Handlungen ausschließlich in der Öffentlichkeit stattfanden und legal waren, wurde ich im September 1982 auf die Liste der Todeskandidaten gesetzt. Ohne die Anstrengungen meines Vaters und meiner Freunde und Verwandten wäre auch ich in einer jener Nächte, als die Freunde der PMOI in Gruppen – immer nach einigen Minuten folgte eine Gruppe der anderen – hingerichtet wurden, niedergeschossen und hingerichtet worden. In diesen Nächten hörten wir die tödlichen Schüsse, die die Todeskandidaten am Kopf trafen; oft zählten wir mehr als 300 Schüsse in einer Nacht. In den zehn Jahren meiner Haft im Gefängnis Evin wandte mein Vater fast sein gesamtes Vermögen auf, um mich zu retten. Meine Familie war ständig unter Druck; sie wurde vom IRGC bedroht und gedemütigt.

1991 wurde ich aus dem Gefängnis entlassen. Bedingung war die Garantie, die von einem Angestellten der Regierung eingefordert wurde – praktisch ein Blankoscheck, wonach dem Amt des Staatsanwaltes Wertpapiere von etwa 80.000 Dollar übergeben wurden. Meine Eltern mussten auch für dieses Lösegeld mit ihren Garantien bürgen. Das Ziel dieser Garantien bestand darin, mich an jeglicher Annäherung an den Widerstand und die Opposition gegen die blutrünstigen Monstren des Mullahregimes zu hindern. Sehr deutlich sagte es ein Mitglied des IRGC meinen Eltern: „Wenn er irgendetwas tut, seien Sie sicher, dass er hingerichtet wird. Natürlich wird zuerst seine Wohnung beschlagnahmt, danach werden seine Bürgen verhaftet; der Blankoscheck wird eingelöst."

Nach meiner Entlassung aus dem Gefängnis sah ich mich mit einem gewaltigen Widerspruch konfrontiert. Auf der einen Seite konnte ich all die Verbrechen, die Folter und Hinrichtungen nicht leugnen und dabei zugleich meinen Stolz und mein Gewissen ruhig halten; auf der anderen Seite standen meine Mutter und mein Vater, deren Gesundheit zerstört worden war, während ich mich im Gefängnis Evin und dann in Gohardasht befand. Sie konnten es nicht mehr ertragen, dass ich ihnen entzogen war. Ich war ihre einzige Hoffnung; sie wollten nicht, dass ich sie verließe. Sie hatten buchstäblich ihr ganzes Vermögen eingesetzt, um mich zu befreien. Alles, was ihnen vom Leben blieb, waren ihr Heim und ihre Familie. Wenn ich den Kampf fortsetzte, würden sie alles verlieren. Es war eine sehr schwierige Entscheidung. Ich versuchte einmal, die Problematik mit meinem Vater zu besprechen, um mein Gewissen einigermaßen zu erleichtern, so dass sie, wenn ich den Iran verließe, nicht ohne Schutz zurückblieben. Ich sagte, ich möchte mein Studium im Ausland fortsetzen und nur nicht gezwungen werden, die Mitarbeiter des IRGC wiederzusehen, die ohne jeden Grund meine Freunde ermordet hatten, was mich sehr entsetzt hatte.

Mein Vater sagte: „Ich blicke auf ein langes, stolzes Leben zurück, doch in den letzten zehn Jahren habe ich aus Liebe zu dir viel Demütigung, Not und Schwierigkeiten erlitten. Nur diese einzige Hoffnung hielt mich am Leben. Wenn du gehst, werde ich nicht einen Monat länger leben." Ich sagte nichts mehr, aber ich hatte mich schon entschieden, und ich wusste, dass allen Drohungen, die den von mir gewählten Weg begleiten würden, zum Trotz der Anschluss an die Reihen der PMOI die einzige Möglichkeit war, meinem Volk die ihm gebührende Dankesschuld abzustatten und den Weg der beispielhaften Kämpfer fortzusetzen. Im Jahre 1995 kam ich nach großen Mühen mit einem Pass, den ich erhalten hatte, in Dubai an, und nach vier Tagen erreichte ich mit der Hilfe von Freunden Bagdad. Später erfuhr ich, dass mein Vater wirklich genau einen Monat, nachdem ich das Land verlassen hatte, gestorben und meine Mutter seitdem krank war."

31

Das letzte Massaker in Ashraf

Nach Vereinbarung zwischen den Vereinten Nationen und den Vereinigten Staaten waren 101 Bewohner in Camp Ashraf zurückgeblieben, um eine sichere Verfügung über ihr bewegliches und unbewegliches Eigentum, das viele Millionen Dollar wert war, auszuhandeln. Die Bewohner von Ashraf hatten Anwälte mit den Verhandlungen über den Verkauf ihres Vermögens beauftragt. Diese wurden vom irakischen Regime bedroht und vergrault, während Premierminister al-Maliki auf Geheiß seiner Teheraner Förderer Ende August die Versorgung mit Wasser, Lebensmitteln und Strom blockierte, um die verbliebenen Bewohner zum Verlassen Ashrafs zu zwingen und ihr Vermögen auszuplündern.

Am Samstag, dem 31. August 2013 wurde das Lager im Schutze der Dunkelheit von einigen Bataillonen der irakischen Armee und Einheiten der Spezialtruppe SWAT, die dem direkten Befehl von Premierminister Nouri al-Maliki unterstand, umstellt. Am 1. September um 6 Uhr morgens begann der Angriff. Auf die Schlafquartiere des Flüchtlingslagers wurden raketengetriebene Panzerabwehrgranaten und Mörserminen abgefeuert; auf die fliehenden Bewohner wurde mit Maschinengewehren geschossen. 52 Bewohner wurden getötet und Dutzende verletzt. Viele von den Bewohnern wurden mit Handschellen gefesselt und danach mit Kopfschüssen summarisch hingerichtet. Neun schwer verletzte Bewohner wurden von ihren Kameraden in die Lagerklinik gebracht und danach vom irakischen Militär auf ihren Krankenbetten liegend erschossen. Sieben verletzte Bewohner, sechs Frauen und ein Mann, wurden entführt.

Der Auftrag hatte offensichtlich gelautet, einige als Geiseln zu nehmen und alle anderen zu ermorden. Die 42 Überlebenden waren die, die die Mörder nicht gefunden hatten. So erklärt es sich, dass General Jamil Shemeri, Kommandeur der Polizei von Diyala, der persönlich an dieser Operation teilgenommen hatte, auf die Nachricht, einige hätten überlebt, wissen wollte, warum zur Hölle sie immer noch lebten.

185

Das systematische Massaker dauerte mehrere Stunden lang - am Sonntag, dem 1. September. Trotz wiederholter Appelle an die Vereinten Nationen und die Vereinigten Staaten, zu intervenieren, kam von ihnen nur völliges Schweigen und Tatenlosigkeit. Während des Angriffs telefonierten die Bewohner von Ashraf mit der UNAMI, der amerikanischen Botschaft und dem Hauptquartier des NWRI in Paris. Einige von den später gefundenen Leichen hatten Telefone in der Hand. Der Zweite Sekretär der US-Botschaft in Bagdad, der eine halbe Stunde nach Beginn des Massakers informiert worden war, antwortete, er würde den Fall ernsthaft verfolgen. Doch erst nach zwölf Stunden kam ein örtlicher Mitarbeiter der UNO an den Ort des Verbrechens; da war das Massaker schon vorbei. Zu dieser Zeit behauptete die irakische Regierung schon, niemand von ihrer Armee sei in das Lager eingedrungen. Die internationalen Medien, die auf den beginnenden Bürgerkrieg in Syrien fixiert waren, ignorierten dieses neue Gräuel in Ashraf mit Eifer; es gab sehr wenig oder gar keine Berichterstattung. Ich sah entsetzliche Filme, die von einigen Ashrafern stammten. In einem Film sieht man, wie irakische Soldaten unbewaffnete Zivilpersonen erschießen und danach den Kameramann aufs Korn nehmen, auf ihn zulaufen und schießen. Man sieht, wie die Soldaten eine Tür aufbrechen, um in den Raum zu kommen, in dem der Kameramann sich verschanzt hat. Am Schluss des Films sieht man, wie sie ihre Kalaschnikows heben und direkt auf die Kamera abfeuern, die danach zu Boden fällt. Dieser tapfere Ashrafi hatte seine eigenen Mörder gefilmt.

Dieses letzte Massaker in Ashraf war ebenso vermeidbar wie voraussehbar; ich selbst und viele Abgeordnete des Europäischen Parlaments, des amerikanischen Kongresses, Senatoren und führende Beamte von Justiz und Militär in Europa und Amerika hatten seit Monaten vor der Gefahr eines solchen Massakers gewarnt. Ende August hatten Berichte aus dem Iran klar gemacht, dass die Mullahs die Krise in Syrien und die Tatenlosigkeit des Westens als ideale Deckung für einen brutalen Schlag ansahen. Obwohl US-Außenminister John Kerry und andere vor der Unvermeidlichkeit eines Angriffs gewarnt geworden waren, geschah zum Schutze dieser unbewaffneten Männer und Frauen in Ashraf nichts; sie bezahlten dafür mit ihrem Leben.

Die Iraker hatten ihre Ziele in Ashraf erreicht, während der Westen über die Krise in Syrien zankte und verdattert war. Ich warnte, wir müssten nun damit rechnen, dass ähnliche präventive Aktionen sich gegen die 3000 Bewohner von Camp Liberty richteten. Obwohl sie angeblich von der UNO geschützt wurden, hatten sie bereits mehrere hinterhältige Mörserangriffe erlitten – mit 10 Todesopfern. Alle Anzeichen deuteten darauf, dass das irakische Regime und seine iranischen Verbündeten an diesen Angriffen beteiligt waren.

Ich mahnte: Während Ban Ki-moon, Baroness Ashton und Obama in schwächlicher Ohnmacht die Hände rängen, werde die Tötung Unschuldiger fortgesetzt werden. Teheran und Bagdad – beide Freunde des brutalen Assad-Regimes in Syrien – rieben sich die Hände vor Vergnügen darüber, dass der Westen die Vergasung von mehr als 1400 Menschen in Damaskus mit chemischen Waffen und die Verbrennung von Schulkindern in Aleppo mit Napalm einfach ignorierte. Eine vollkommene Deckung ihres schandbaren Überfalls auf Ashraf! Ich sagte, wenn man diesen verbrecherischen, barbarischen Überfall auf Ashraf ignorierte, so würde damit für ein vollständiges Massaker in Camp Liberty grünes Licht gegeben. Die Agonie in Ashraf wäre vermeidbar gewesen, wenn der Westen die Warnungen beachtet hätte. Die Liquidierung Libertys werde unvermeidlich folgen, wenn nicht Maliki und seine iranischen Sponsoren jetzt zur Rechenschaft gezogen würden. „Maliki und seine Nazischurken müssen wegen Kriegsverbrechen angeklagt werden", sagte ich. „Der Westen muss alle weitere Hilfe für den Irak einfrieren, bis Maliki verhaftet ist."

Der Fall der sieben Geiseln ist immer noch nicht aufgeklärt worden. Ihr Schicksal bleibt ein Geheimnis. Trotz klarer Beweise, die zeigten, dass sie unmittelbar nach dem Massaker von der irakischen Regierung in Bagdad festgehalten wurden, taten die Amerikaner nichts, um ihre Freilassung zu erwirken. Tatsächlich sagten die Amerikaner zuerst privat, danach aber auch öffentlich, die Geiseln seien schon am ersten Tag ihrer Gefangenschaft in den Iran gebracht worden – und dies ungeachtet der Tatsache, dass die PMOI, der UNHCR, die Gesandtschaft der EU in Bagdad und Baroness Ashton bestätigten, nach ihrer sicheren Kenntnis befänden sich die Geiseln immer noch in Bagdad.

Gegen Ende 2013 traf die ermutigende Nachricht ein, die spanischen Gerichte hätten Faleh al-Fayadh, Sicherheitsberater des irakischen Premierministers Nouri al-Maliki, wegen Kriegsverbrechen angeklagt. Dieser Schritt bestätigte deutlich genug die Rolle, die Maliki bei diesen Verbrechen gegen die Menschlichkeit gespielt hatte. Die spanischen Gerichte klagten Faleh al-Fayadh an, „für schwere Verstöße gegen die Vierte Genfer Konvention (GC IV) und das Erste Zusatzprotokoll, die er seit dem Mai 2010 begangen habe, als er Vorsitzender des mit dem Amt von Premierminister al-Maliki verbundenen ‚Ashraf-Komitees' war, und besonders für seine mutmaßliche Beteiligung an den Massakern vom 8. April 2011 und vom 1. September 2013 an ‚geschützten Personen' im Sinne der Vierten Genfer Konvention, begangen in der Stadt Ashraf (Irak), in Tateinheit mit dem Mord an 35 Personen und willkürlicher Verletzung von 337 Personen am 8. April 2011 sowie 52-fachem Mord und sieben Entführungen am 1. September 2013, in Tateinheit mit an Bewohnern Ashrafs begangener Folter und Körperverletzung verantwortlich zu sein."

In dem Haftbefehl heißt es ferner: „Mord, Körperverletzung, donnerndes Bombardement, Entzug von Nahrung und Gesundheitsfürsorge – nichts von alledem kann in Ashraf geschehen ohne Wissen der Mitglieder des Komitees und besonders Faleh al-Fayadhs. In der zivilen und militärischen Hierarchie war er mit der direkt vom Premierminister, dem Oberbefehlshaber der bewaffneten Streitkräfte des Irak, angeordneten Operation betraut. Für die Sicherheitsfragen des gesamten Landes einschließlich Ashrafs ist Faleh al-Fayadh verantwortlich."

In dem Schriftstück, mit dem das Gericht seine Entscheidung begründet, heißt es: „Am 1. September 2013 ließen die irakischen Streitkräfte, die Ashraf und seine Umgebung besetzt halten, das kaltblütige Massaker an 52 Bewohnern zu – die Ermordung der etwa 100 Bewohner, die man nicht gezwungen hatte, nach ‚Camp Liberty' umzuziehen; sie alle waren ‚geschützte Personen' im Sinne der Vierten Genfer Konvention. Weitere sieben ‚geschützte Personen' wurden bei diesem Überfall entführt und warten immer noch auf ihre Freilassung; die irakischen Behörden haben nicht mitgeteilt, wo sie sich befinden. Die Besitztümer der Bewohner wurden geplündert, einige Gebäude wurden durch Sprengkörper zerstört, eines niedergebrannt."

Diese Anklage – ein Durchbruch – war ein Schlag für Maliki, der unausgesetzt log und weiterhin jede Beteiligung an der Serie von Massakern und Entführungen leugnete, die die unbewaffneten und wehrlosen Flüchtlinge in Camp Ashraf und Liberty getroffen hatten. Die Anklagepunkte brachten auch die Beamten des State Department in Washington in schwere Verlegenheit, denn sie hatten, anstatt den irakischen Premierminister zur Rechenschaft zu ziehen, seine Lügen akzeptiert und lendenlahme Behauptungen zur Deckung seiner Verbrechen erfunden. Maliki hatte entgegen der Vereinbarung von Erbil,

die bald nach den letzten irakischen Wahlen getroffen worden war, die
Kontrolle über alle irakischen Schlüsselministerien, nämlich die Ministerien für Verteidigung, Inneres, Geheimdienste und die Polizei behalten. Daher konnte er die Verantwortung für die Verbrechen, die fast täglich von den Netzwerken seines Militärs und seiner Geheimdienste begangen wurden, nicht leugnen, darunter die Serie der Überfälle auf Ashraf und Liberty und die am 1. September verübte Entführung der sieben Geiseln. Betrüblicherweise hatten sich viele Regierungen der EU und sogar Baroness Ashton, Hohe Vertreterin der EU für Auswärtiges, vom State Department der USA zu lächerlichen Kommentaren über einen Mangel an Beweisen, die die Schuld Malikis zeigen könnten, verleiten lassen. Die Entscheidung des spanischen Gerichts strafte diese Kommentare Lügen.

Die von den spanischen Gerichten erhobenen Vorwürfe eröffneten ein neues Kapitel, das hoffentlich eines Tages dazu führen kann, dass Maliki selbst angeklagt wird. In diesem Sinne beglückwünschte ich Maryam Rajavi, die gewählte Präsidentin des Nationalen Widerstandsrates Iran, dass sie die Hunderten von Mitgliedern der PMOI in aller Welt, die im Hungerstreik standen, viele seit dem Massaker vom 1. September, zum Ende ihrer Protestaktion aufrief. Ich beglückwünschte die Streikenden zu ihrem Mut und ihrer Tapferkeit, mit der sie die Aufmerksamkeit der Welt auf diese entsetzlichen Verbrechen richteten, begangen an wehrlosen iranischen Dissidenten, die eigentlich den Schutz der irakischen Regierung hätten genießen müssen.

Im Jahre 2013 wurden 8000 Iraker bei terroristischen Übergriffen getötet. Malikis Antwort darauf war ein System von geheimen Gefängnissen, Massenhinrichtungen, Folter und Repression. Seine sektiererische Diktatur trieb den Irak rücksichtslos dem Bürgerkrieg entgegen. Und doch war Maliki der vom State Department der USA bevorzugte Kandidat gewesen. PMOI und NWRI begannen in den USA eine große Kampagne, um Malikis Politik zu verurteilen und Washington zur Distanzierung von ihm zu bewegen. Im September und Oktober 2013, vor der Reise Malikis nach Washington verurteilten der Kongress, der Senat und viele angesehene Amerikaner diesen Besuch und drängten Obama dazu, zum Zweck der Freilassung der sieben Geiseln Druck auf Maliki auszuüben.

Die Gemeinschaft der Iraner erschien während Malikis Treffen mit Obama zu Tausenden vor dem Weißen Haus und erhielt viele Schlagzeilen in der Presse. Diese Demonstrationen verdarben Maliki den Spaß an seinem Besuch in Washington; daraufhin sagte er einige Termine ab und kehrte einen Tag früher als geplant nach Bagdad zurück.

Jetzt begann es auch anderen zu dämmern, dass die Begünstigung Malikis ein schwerer Fehler gewesen war. Der frostige Empfang in Washington, der ihm 2013 bereitet wurde, war eine klare Demonstration dieser veränderten Ansicht. Seinem Empfang kann die herzliche Aufnahme entgegengehalten werden, die Massoud Barzani, Präsident von Irakisch Kurdistan, im November desselben Jahres erfuhr. Barzani wurde jetzt zunehmend als die wichtigste politische Gestalt des Irak angesehen, als einer, der bei der Beendigung der tödlichen Spirale, die zum Bürgerkrieg führte, eine Schlüsselrolle spielen könnte.

Die letzte massive Gewalttat in Ashraf war vorhersehbar gewesen. Die 42 Überlebenden und Zeugen des Massakers vom 1. September wurden rasch nach Camp Liberty gebracht; endlich erreichten die irakischen Behörden ihr Ziel, die Besitztümer der Lagerbewohner im Wert von Millionen in ihre Gewalt zu bringen. Die Gebäude, die Fahrzeuge, die elektrischen Anlagen und Generatoren wurden geplündert. Der letzte Akt einer kriminellen Verschwörung war für alle sichtbar. Mord, Gemetzel, Misshandlung, Entführung und Raub an wehrlosen Männern und Frauen, die als Asylbewerber und Flüchtlinge anerkannt worden waren – das alles war von den Vereinten Nationen, den Vereinigten Staaten und der Europäischen Union hingenommen und verziehen worden. Es war ein beschämendes Kapitel in der Geschichte der Menschheit, und die Situation war von einer Lösung weit entfernt.

32

Interviews mit politischen Gefangenen
Camp Liberty (Bagdad), September 2014

Reza Haft Baradaran

„Mein Name ist Reza Haft Baradaran. Ich wurde am 24. Mai 1952 geboren. Ich schloss mein Studium an der Schule für Fernsehen und Film ab. Im Jahre 1981, als Khomeini seine ‚Kulturrevolution' durchführte und alle Universitäten im Iran schloss, studierte ich französische Literatur. Am 22. Februar 1982 wurde ich plötzlich von den Revolutionsgarden und Agenten des Geheimdienstes in meinem Büro verhaftet – und dies der Tatsache entgegen, dass ich über zehnjährige Erfahrung im staatlichen Fernsehen des Iran verfügte. Freilich – ich arbeitete mit ein paar Freunden an einem Film, der unter Khomeinis Herrschaft niemals hätte gesendet werden dürfen. Wir hatten drei lange Filme und eine Reihe langer Dokumentarfilme gedreht und sie bei privaten Zusammenkünften vorgeführt. In diesen Filmen wurde enthüllt, wie Menschen, die die Freiheit liebten, gefoltert und ermordet wurden und wie der Reichtum des Landes ausgeplündert wurde. Auch luden die Filme die Menschen ein, sich an Demonstrationen und Erhebungen zu beteiligen.

Nach der Revolution von 1979 lernte ich die PMOI sehr genau kennen. Zugleich lernte ich Khomeinis Leute kennen, die das staatliche Fernsehen unter ihre Kontrolle gebracht hatten. Das gegensätzliche Verhalten dieser beiden Gruppen ließ mir sehr bald die Augen darüber aufgehen, dass die iranische Gesellschaft auf eine gewaltige Schlacht zutrieb und ich mich für eine Seite entscheiden musste. Auf der einen Seite sah ich Khomeini und seine Truppen, die soeben die Macht erobert hatten; ich war damit beschäftigt, an der Konsolidierung ihrer Herrschaft mitzuarbeiten. Sie schlugen mir vor, den Posten des Programmdirektors von Kanal 2 zu übernehmen (eine sehr einträgliche Stellung) – mit einer einzigen ‚einfachen' Auflage: Mitarbeit bei der Identifikation und Vernichtung dissidenter Gruppen, besonders der Freunde der PMOI.

Auf der anderen Seite war ich mit der PMOI und ihrem Anführer Massoud Rajavi bekannt, der die Freiheit als Kronjuwel und Hauptziel der Revolution bezeichnete; er wollte Freiheit für jedermann, außer der Freiheit, sich zu bewaffnen. Ich entschied mich für die PMOI – trotz dem blutigen Weg, der mir damit vorgezeichnet wurde. Eines Tages erlebte ich die Hinrichtung schwangerer Frauen und die Vergewaltigung von Schülerinnen in der Nacht vor ihrer Hinrichtung. Die Wärter rechtfertigten diese Barbarei mit dem Bemerken, diese Mädchen sollten nicht in den Himmel kommen, ohne die Freuden der Ehe kennengelernt zu haben.

Ich entschied mich für die PMOI, denn ich nahm die Theokratie und Intoleranz der Mullahs wahr und erkannte, dass es nicht lange dauern würde, bis die iranische Gesellschaft vom Fundamentalismus überwältigt würde. Noch etwas anderes festigte mich in meiner Entscheidung. Seit den ersten Tagen der Revolution von 1979 legte man mir nahe, als Filmemacher gemeinsam mit einer Delegation von Personen, die vom Präsidenten und vom Amt Khomeinis ausgewählt würden, nach Afghanistan zu gehen. Unsere geheime Mission sollte darin bestehen, afghanische Soldaten anzuwerben, die den Einfluss des Iran innerhalb Afghanistans verbreiten könnten. Das Mullahregime erklärte, es würde mich mit nicht-iranischen Dokumenten von Reportern versorgen; wenn man mich verhaftete, sollte ich alles leugnen. Sie versprachen mir für diese Mission einen riesigen Geldbetrag. Ich lehnte ab, da ich schnell erkannte, dass dieses fundamentalistische Wesen nicht nur die Freiheiten des iranischen Volkes betrog, sondern seinen üblen Einfluss auch in anderen Ländern verbreiten wollte. Sehr bald wurde vom Regime Khomeinis eine Organisation mit dem Namen ‚Unterstützung von Freiheitsbewegungen' gegründet. Als ich von diesen Dingen erfuhr, wurde mir klar, dass die PMOI die einzige Lösung war.

Wie ich schon sagte, arbeitete ich im Februar 1982 im Funkhaus des Kanals 2, als das IRGC und Agenten des Geheimdienstministeriums in Zivil plötzlich mein Büro überfielen, mich vor den Augen meiner Kollegen verhafteten und schrien, mein Verbrechen bestehe im Kauf und Verkauf von Drogen. Sofort wurden mir die Augen verbunden und ich wurde zu den Folterkammern von Abteilung 209 des Gefängnisses Evin gebracht. Dort wurde ich auf ein Folterbett gelegt; ich hatte viel davon gehört und gelesen, doch selbst noch keine Erfahrung damit gemacht. Dann aber konnte ich mit jeder Zelle meines Körpers erleben, wie unmenschlich diese fundamentalistische Ideologie war.

Zuerst schlugen sie mich mit Schläuchen auf die nackten Füße und andere Stellen meines Körpers. Die Haut schwoll an. Dann setzten sie elektrische Kabel mit bloß liegendem Draht ein, um meine Haut zu zerreißen, damit die Muskeln nackt hervorträten und die Knochen entblößt würden. Danach brachten sie meine schwangere Frau und unsere anderthalbjährige Tochter in die Folterkammer, um den Druck auf mich zu erhöhen; jetzt wurde mir vollkommen klar, welche Kluft die PMOI von Khomeinis übler Ideologie trennte. Meine geschwollenen Füße waren so verletzt, dass ich kaum gehen konnte; dennoch ließen sie mich meine kleine Tochter tragen und zwangen mich, in der Folterkammer herumzugehen, in der Hoffnung, dass ich vor Schmerz ins Wanken geraten und umfallen würde. Unter dieser Folter war das, was ich getan oder nicht getan hatte, für sie bedeutungslos. Doch ihr hysterischer Hass auf die PMOI und Massoud Rajavi war an sich für mich erstaunlich zu sehen.

Ich wurde von der Einzelhaft in die allgemeine Abteilung des Gefängnisses Evin gebracht. (In Abteilung 2 dieses Gefängnisses war jede Zelle 6x6 Meter groß, in Raum 5 des zweiten Stockwerks waren 130 Häftlinge eingesperrt). Als ich von der unterschiedlichen Herkunft der Häftlinge erfuhr, wurde mir klar, weshalb das IRGC von so hysterischem Hass beseelt war. Von Universitätsprofessoren, freiheitsliebendem militärischen Personal, Verwaltungsangestellten, Ingenieuren, Arbeitern, kleinen Geschäftsleuten bis hin zu einem breiten Spektrum von Kolleg- und Hochschulstudenten repräsentierten alle den in der Gesellschaft verbreiteten Hass auf Khomeinis Regime. Dieser hatte erkannt, dass er nur an der Macht bleiben konnte, wenn er die ihn umgebende soziale Leere mit Brutalität und Unterdrückung ausfüllte.

Ich wurde zu fünf Jahren Gefängnis verurteilt. Doch nach drei Jahren wurde ich freigelassen, nachdem meine Familie durch einen Mittelsmann ein gewaltiges Lösegeld entrichtet hatte. Nach meiner Entlassung aus dem Gefängnis hielten mich – ich hatte ja zwei Töchter – finanzielle und Wohnungsprobleme eine Zeit lang beschäftigt. Sie hatten ein Arbeitsverbot über mich verhängt; keine private Firma wagte mich anzustellen. Endlich war ich mit Hilfe von Freunden in der Lage, das zum Verlassen des Landes über die Berge nötige Geld aufzubringen. Ich kam zuerst in die Türkei und danach zu den Stellungen der Nationalen Befreiungsarmee Iran im Irak. Im Laufe dieser Flucht wurde ich mindestens neunmal von den Streitkräften des Mullahregimes aus dem Hinterhalt überfallen; doch jedesmal überlebte ich auf wunderbare Weise.

Später konnte ich meine beiden Töchter – sie waren neun bzw. elf Jahre alt – ins Ausland schicken, damit ihr Leben durch mich nicht behindert würde und sie ihren eigenen Weg finden könnten. Es war wahrscheinlich eine der schwersten Entscheidungen meines Lebens. Zwei Kinder, für die ich so große Träume hatte, überließ ich nun ihrem Schicksal. Am 22. Oktober 1992 sah ich, wie meine kleine Tochter Saba nach wenigen Monaten dem Weg ihrer älteren Schwester folgte, sich der PMOI anschloss und nach Ashraf kam. Es war, als hätte mir jemand die ganze Welt geschenkt.

Wahrhaftig, ich liebte Saba. Sie war 40 Tage nach ihrer Geburt ins Gefängnis gebracht worden und war dort bis zum Alter von zwei Jahren. Der Tag, an dem ich sie in Ashraf wiedersah, war wunderbar erfrischend. Ich wusste aber kaum, welche harte Prüfung am Horizont heraufzog. Am 8. April 2011 wollte ich meine ältere Tochter sehen und ihr zum Geburtstag gratulieren. Doch seit den früheren Morgenstunden urde Ashraf von den Truppen Malikis angegriffen; meine Wünsche wurden zunichte. Es wurde mir gesagt, dass meine kleine Tochter Saba ins Bein geschossen worden war und ich sie in ein Bagdader Krankenhaus begleiten müsse. Sie verlor viel Blut. Man hätte sie schon viel früher ins Krankenhaus bringen können; mit einer einfachen Operation hätte man ihr das Leben gerettet. Man tat es nicht; sie zwangen mich und sie, zwischen ihrem Tod und der Unterwerfung unter die Forderung des Regimes zu wählen, - Forderung, die PMOI zu verlassen.

Das Maß der Zusammenarbeit zwischen dem irakischen Arzt im Krankenhaus von Ashraf und den irakischen Sicherheitskräften war überraschend. Der irakische Offizier Major Yaser verwandelte eine Fahrt nach Bagdad, die 90 Minuten hätte dauern sollen, in eine Wartezeit von 14 Stunden. Er kam mit einem Mittelsmann, um mir zu sagen, wenn ich und meine Tochter die Unterstützung ‚Rajavis' aufgäben, würden sie ihr eine Operation im besten Krankenhaus Bagdads zukommen lassen und danach dürften wir in ein Land unserer Wahl ausreisen – die USA, Frankreich oder ein anderes europäisches Land. Trenne dich einfach von ‚Rajavi', sagten sie. Ihre Botschaft war sehr deutlich, und das war auch meine und Sabas Entscheidung: Ich sagte dem irakischen Offizier: Wir sind in Ihrem Land Gäste und wir wollen nichts Besonderes, bringen Sie uns einfach bald ins Krankenhaus. Saba sammelte, bevor sie starb, alle ihre Kräfte und sagte: ‚Papa, warum hast du ihn nicht ins Gesicht geschlagen, so dass er es nicht gewagt hätte, das, was er gesagt hatte, zu wiederholen?'"

33

Paris

Die erste große Versammlung der PMOI, an der ich teilnahm, fand im Juni 2007 in Paris statt. Sie wurde in einer großen ehemaligen Flugzeughalle in der Nähe von Paris abgehalten. Die PMOI veranstaltet jedes Jahr im Juni eine Massenversammlung, deren Bedeutung im Laufe der Jahre immer mehr zugenommen hat, so dass derzeit mehr als 100.000 iranische Exilanten aus aller Welt dort zusammenkommen. Die Liste der Redner ist gewaltig, mit ehemaligen Premierministern und Präsidenten, Abgeordneten, Senatoren, Mitgliedern des US-Kongresses, ehemaligen Gouverneuren der USA, ehemaligen Leitern des FBI und der CIA, Generälen und international bekannten Persönlichkeiten. Vor einem Auditorium von solcher Größe zu sprechen – das kann zu einer einschüchternden, aber auch zu einer erheiternden Erfahrung werden.

Zu meiner ersten PMOI-Versammlung im Jahre 2007 wurde ich von Alejo Vidal-Quadras, dem Vizepräsidenten des Europäischen Parlaments, begleitet. Damals waren ungefähr 50.000 Anhänger zugegen; als wir uns dem Gelände in Villepinte bei Paris näherten, konnten wir die Reihen von Bussen sehen, die die umliegenden Parkplätze füllten und bereits die nächste Autostraße besetzten. Die riesige Halle war mit Wimpeln, Fahnen, Ballons, Luftschlangen und gewaltigen Bildschirmen geschmückt. Lautsprecher übertrugen die Ansprachen an das angeregte Auditorium. Alejo und ich sahen etwas sprachlos einen Film an, der schwer bewaffnete PMOI-Soldaten in Uniform zeigte, die in den 90er Jahren, als die PMOI im Irak eine konventionelle Armee unterhielt, marschierten bzw. auf Panzern fuhren. Mit Jubelrufen antwortete das Auditorium auf die kriegerische Botschaft dieser Filme.

Alejo und ich waren überrascht. Wir hatten auf verschiedenen Kontinenten darum gekämpft, dass die PMOI von den Terrorlisten gestrichen würde, indem wir argumentierten, es handele sich hier um eine legitime, friedliche Oppositionsbewegung, und nun feierten sie hier öffentlich ihre militärische Vergangenheit, die wahrscheinlich zu dem

Zweck, die PMOI auf den schwarzen Listen zu halten, missbraucht worden war. Wir brachten diese Sache beim NWRI zur Sprache und argumentierten, sie sei kontraproduktiv. Im Jahre 2008 und allen folgenden Jahren blieb die Versammlung von solchen militärischen Obertönen frei. Unser Rat ist befolgt worden.

Alejo und ich haben fortan regelmäßig an diesen gigantischen Versammlungen teilgenommen. Es ist immer sehr enttäuschend, wenn wir Politikern und Beamten der staatlichen Verwaltung begegnen, die uns sagen, die PMOI sei als Oppositionsbewegung unbedeutend und werde innerhalb des Iran nicht unterstützt. Dann verweisen wir auf die 100.000 Iraner, die jedes Jahr nach Paris kommen, und erinnern unsere Gesprächspartner daran, dass alle diese Menschen ausgedehnten Familien im Iran angehören, deren Mitglieder die Zahl von einer Million erreichen könnten. Auch müssen wir diese Ignoranz zurückweisen und daran erinnern, dass im Iran auf die Unterstützung der PMOI die Todesstrafe steht und es daher nicht überrascht, dass sie in Teheran und anderen iranischen Städten keine Massenversammlungen durchführen kann. Ein Blick auf die demographischen Verhältnisse im Iran und die Zusammensetzung der iranischen Exilanten, die an den Versammlungen der PMOI teilnehmen, zeigt, dass diese Bewegung in den Mittelschichten und bei den Leuten, die in den Städten und städtischen Gebieten des Iran leben, breite Unterstützung genießt.

Diese jährlichen Versammlungen in Paris werden unglaublich gut organisiert. Die zahlreichen Reden von bekannten führenden Politikern werden vom Satellitenfernsehen der PMOI in die iranischen Wohnungen übertragen, auch wenn es unter dem repressiven Regime der Mullahs streng verboten ist, sie zu sehen. Viele Menschen sind schon hingerichtet worden, nur weil sie diesem Sender Geld gespendet hatten, um seinen Betrieb zu erhalten. Frau Rajavi führt eine gewaltige, gut organisierte, mit Geld ausgestattete Widerstandsbewegung an – mit einem Programm, mit dem einen Wahlkampf zu führen ich mich glücklich schätzen würde. Im Laufe der Jahre haben Frau Rajavi und ihr außenpolitischer Sprecher Mohammad Mohaddessin gelernt, fließend Englisch zu sprechen. Wenn man sich an die mangelhaften Englischkenntnisse erinnert, die sie bei unserem ersten Treffen an den Tag legten, ist dies eine wirklich bemerkenswerte Errungenschaft und Anzeichen ihres unablässigen Strebens nach erster Qualität.

Am Samstag, dem 23. Juni 2012 hielt die PMOI ihre bisher größte Versammlung in der riesigen Halle des Ausstellungsparks in Villepinte, im Norden von Paris, ab. Ungefähr 100.000 Personen nahmen an der Versammlung teil. An ähnlichen Ereignissen an demselben Ort nahm ich auch in den Jahren 2013 und 2014 teil. Typisch ist, dass über 500 prominente Politiker, Abgeordnete und Juristen aus 40 Ländern und fünf Kontinenten anwesend sind. Mehr als 1300 Busse werden gechartert, um Teilnehmer aus ganz Europa zu der Veranstaltung zu bringen. Zu den Rednern aus den USA gehören für gewöhnlich Leute wie die frühere Vorsitzenden der Demokratischen Partei, Gouverneur Howard Dean und Gouverneur Ed Rendell, der frühere US-Botschafter bei der UNO Bill Richardson, der Kongressabgeordnete Patrick Kennedy (von 1995 bis 2011), der frühere New Yorker Bürgermeister Rudy Giuliani, der frühere Vorsitzende der Vereinigten Stabschefs General Hugh Shelton, Senator Joe Lieberman, der frühere FBI-Direktor Louis Freeh, der frühere Generalstaatsanwalt Michael Mukasey und Präsident Barack Obamas erster Staatssekretär für Öffentlichkeitsarbeit im Außenministerium, Philip J. Crowley. Auch nimmt für gewöhnlich eine große Gruppe amerikanischer Offiziere, die nach der Invasion der USA im Irak in Ashraf stationiert waren, an der Versammlung teil, unter ihnen Oberst Wes Martin.

Zu den Rednern aus Europa gehören im Allgemeinen Alejo Vidal-Quadras, Vizepräsident des Europäischen Parlaments, Emma Bonino, Vizepräsidentin des italienischen Senats, Günter Verheugen, Kommissar der EU von 1999 bis 2010, der frühere irische Premierminister John Bruton, Philippe Douste-Blazy, französischer Außenminister (2005–2007) und ehemaliger Untergeneralsekretär der Vereinten Nationen, Yves Bonnet, früherer Direktor der französischen Agentur gegen Spionage, und Rita Süssmuth, Präsidentin des Deutschen Bundestages von 1988 bis 1998, außerdem eine lange Liste von Abgeordneten aus anderen europäischen Staaten. Auch Parlamentsmitglieder aus Afghanistan, Jordanien, Palästina und anderen Ländern des Nahen Ostens sprechen zu der Versammlung.

Hauptrednerin bei diesen Ereignissen ist natürlich immer die Leiterin der iranischen Opposition Maryam Rajavi, gewählt vom Nationalen Widerstandsrat Iran (NWRI), dem iranischen Exilparlament, vorgesehen als „Präsidentin für eine sechsmonatige Übergangszeit nach dem Fall der Mullahs".

In der Rede, die ich auf der Versammlung 2012 hielt, berichtete ich von einem Vorfall, der sich in der Woche zuvor im Europäischen Parlament ereignet hatte. Eine Gruppe von Vertretern der Regierung des Irak war nach Brüssel gekommen. Sie wollten auch an der monatlichen Sitzung meiner Delegation für die Beziehungen zum Irak teilnehmen. Ich prüfte, wer zu der Gruppe gehörte und erkannte, dass sich auch der berüchtigte Oberst Sadiq, der von spanischen Richtern wegen seiner Mittäterschaft am mutmaßlichen Mord an 47 Menschen bei den beiden Massakern in Camp Ashraf und seiner Beteiligung an Folter und Repression angeklagt worden war, in der Gruppe befand. Ich sagte: „Die Sicherheitsbeamten des Parlaments haben Sadiq seinen Sicherheitspass abgenommen und ihm den Eintritt ins Haus untersagt. Im Europäischen Parlament empfangen wir keine mutmaßlichen Mörder. Jetzt haben wir dem Irak eine Lektion geschickt."

Ich fuhr fort: „Wissen Sie, das wirklich Empörende an dieser Episode lag darin, dass am Montag in Washington beim State Department eine Pressekonferenz stattfand, auf der ein ungenannter Beamter erklärte, die Vereinigten Staaten seien stolz darauf, diese irakische Delegation, die von Bagdad gekommen sei, zu unterstützen. Tatsächlich war Botschafter Dan Fried, der Besondere Gesandte der USA für Ashraf, über den Atlantik geflogen, um diese Gruppe zu begrüßen und an ihren Zusammenkünften teilzunehmen!"

Alejo Vidal-Quadras trat mir zur Seite; er sagte: „Wir waren sehr schockiert, als wir erfuhren, dass Oberst Sadiq, der die Überfälle auf Ashraf befehligte und Dutzende wehrloser Zivilpersonen erschießen ließ, zu der Gruppe gehörte, die das Europäische Parlament besuchen wollte. Wir ließen ihn nicht ins Parlament – hauptsächlich aus Gründen des Umweltschutzes, denn im Europäischen Parlament atmen wir gern reine Luft."

Alejo Vidal-Quadras sprach auch über Maliki und geißelte die Art, wie er „Verbrecher" zum Europäischen Parlament schickte. „Der Unterschied zwischen euch und uns besteht darin, dass ihr Verbrecher in Spitzenpositionen versetzt, während wir sie ins Gefängnis werfen!"

In Wahrheit war diese Begegnung mit den Irakern wirklich aufreibend gewesen. Der stellvertretende Außenminister Abbawi Aziz leitete die Gruppe; zu ihr gehörte außer dem berüchtigten Mörder Oberst Sadiq auch George Bakoos, der persönliche Berater Malikis, der für den Umgang mit Ashraf verantwortlich war. Es waren auch Beamte aus dem

Justizministerium, dem irakischen Geheimdienst und dem Büro des Kabinetts des Premierministers, dem Ministerium für die Menschenrechte und sogar zwei Generäle darunter. Die Absicht – die von US-Botschafter Dan Fried uneingeschränkt unterstützt wurde – lag darin, meine Delegation für die Beziehungen zum Irak davon zu überzeugen, dass die irakischen Behörden sich in beispielhafter Art und Weise um die 3400 Bewohner von Ashraf und Liberty kümmerten und mit Sicherheit für die Überfälle, die Massaker, die sich ereignet hatten, nicht verantwortlich seien.

Als ich erfuhr, dass Oberst Sadiq zu der Besuchergruppe gehörte, rief ich die Sicherheit an und entschied, ihn am Eingang aufzuhalten und ihm seinen Pass abzunehmen. Ich sagte, er dürfe auf gar keinen Fall ins Haus kommen. Um 15 Uhr sollte die Gruppe in meiner Sitzung erscheinen. Sie tauchte um 15:25 Uhr mit roten, verärgerten Gesichtern auf. Sie sagten uns, es habe sie erschreckt, dass Oberst Sadiq am Eingang aufgehalten und seine Teilnahme an unserem Zusammentreffen verhindert worden sei. Ich fuhr aus der Haut und erklärte: „Oberst Sadiq war an der Leitung der an unschuldigen Männern und Frauen in Camp Ashraf verübten Massaker direkt beteiligt. Er ist vor den spanischen Gerichten wegen Mordes angeklagt; wir empfangen in diesem Hause keine Mörder."

George Bakoos wäre vor Zorn fast erstickt. „Es ist eine grobe Ungerechtigkeit, eine große Kränkung des irakischen Volks!" kreischte er. „Sie würden wohl eher Terroristen wie die PMOI unterstützen als von uns die Wahrheit zu erfahren!" Alejo Vidal-Quadras konterte: „Versuchen Sie nicht, im Europäischen Parlament uns über Freiheit und Demokratie Lektionen zu erteilen! Wir brauchen keinen Unterricht von Mördern und Folterern!" Das Treffen löste sich in allgemeiner Verwirrung auf; beide Seiten schrien aufeinander ein. Ich war außer mir vor Freude, als ich nach zwei Tagen erfuhr, Sadiq sei verhaftet und zwei Tage lang im Gefängnis gehalten worden. Er wurde vorbehaltlich weiterer Ermittlung auf freien Fuß gesetzt, floh aber unverzüglich in den Irak und nahm seinen Posten in Camp Liberty wieder auf, womöglich noch aggressiver als zuvor. Doch das Einverständnis des US-State Departments und die Bereitschaft Botschafter Frieds, für die Teilnahme eines Mörders an meiner Sitzung einzutreten, hatten mich zutiefst verärgert und trübten unsere Beziehungen.

Fried heizte meinen Ärger noch an: er erklärte, die Entscheidung über die Streichung von PMOI und NWRI von der Terrorliste des US-Außenministeriums, der das Bundesgericht der Vereinigten Staaten eine Frist bis Ende September gesetzt hatte – andernfalls werde es selbst die Streichung vornehmen –, könne von der Frage beeinflusst werden, ob die 1200 Asylbewerber sich weigerten, umgehend von Ashraf nach Liberty umzuziehen. Mit anderen Worten: Wenn 1200 unbewaffnete Asylbewerber sich weigerten, sofort von Ashraf nach Liberty umzuziehen, hieß das, dass die PMOI terroristisch war! Ich habe immer angenommen, dass die Amerikaner an Freiheit und Gerechtigkeit glauben, aber dies hieß ja wirklich, im Trüben zu fischen! Kobler und Fried hatten mir immer wieder versichert, die Sicherheit der Menschen in Ashraf und Liberty genieße bei ihnen Priorität. Warum aber waren sie dann der Ernennung Oberst Sadiqs zum Lagerkommandanten in Liberty nicht entgegengetreten? Warum hatten sie dann nicht darauf bestanden, dass die irakische Regierung sich an das MOU hielt, das sie mit den Vereinten Nationen (durch Kobler vertreten) unterzeichnet hatten?

Trotz dieser enttäuschenden Rückschläge war am Ende des Tunnels auch ein Lichtblick: Die albanische Regierung hatte sich großmütig bereit erklärt, die 240 kränksten und ältesten Bewohner von Camp Liberty aufzunehmen und ihnen ein Hochhaus zur Verfügung gestellt, in dem die meisten von ihnen wohnen konnten. Im Mai 2014 reisten Alejo und ich nach Tirana/Albanien. Man führte uns durch das Gebäude. Wir besichtigten die Schlafquartiere, die Büros, den Speisesaal und die Küchen. Die Bewohner waren des Lobes voll für die Albanier, die ihnen eine Behandlung zukommen ließen, vergleichbar mit der in einem erstklassigen Hotel üblichen, und mit ihnen nun Tag für Tag zusammenarbeiteten. Dies alles wurde von der PMOI bezahlt.

Alejo und ich hatten Zusammenkünfte mit Edi Rama, dem albanischen Premierminister, Saimir Tahiri, dem Innenminister, und Präsident Bujar Nishani vereinbart. Wir hatten auch verabredet, den Präsidenten des albanischen Parlaments und den Vorsitzenden der wichtigsten Oppositionspartei zu besuchen. Die Zusammenkünfte waren sehr fruchtbar. Meistenteils waren die albanischen Führer junge, tief engagierte Politiker, darauf bedacht, das Land zu einem Vollmitglied der Europäischen Union zu machen. Auch freuten sie sich darüber, dass sie zu der Umsiedlung von 240 Flüchtlingen von Camp Liberty hatten beitragen können; dabei fragten sie sich, wieso Albanien, ein winziges Land am Rande Europas, ihnen humanitären Schutz bieten konnte, während die

28 Mitgliedsstaaten der Europäischen Union nicht in der Lage schienen, irgendetwas zu tun.

Der Hauptzweck unseres Besuchs in Tirana bestand darin, die albanische Regierung um die Aufnahme von noch mehr Flüchtlingen der PMOI zu bitten. Wir erläuterten, die Krise im Irak verschärfe sich und den Flüchtlingen drohe ihre Vernichtung, wenn niemand den Mut habe, einzuschreiten und weitere Umsiedlung zu ermöglichen, wie Albanien es getan hatte. Wir sagten, wie viele von den Flüchtlingen der PMOI auch immer nach Tirana kommen würden, sie würden sich selbst finanzieren, sie würden produktiv sein und der albanischen Wirtschaft nützen.

Albanien hat Alejo und mir wahrhaftig die Augen geöffnet. Nach Brüssel zurückgekehrt, sagte ich den Freunden, wir seien zu Zeugen eines Wunders geworden. Selbst Mutter Teresa, die albanische Heiligenikone, wäre stolz darauf gewesen. Ich sagte, noch vor einem Jahr seien die 240 Flüchtlinge der PMOI Häftlinge im Konzentrationslager Liberty gewesen. Sie waren verwundet, erschöpft, krank und täglich der von Nouri al-Malikis Schurken verübten psychologischen Folter ausgesetzt. Sie lebten in beständiger Angst vor Raketenangriffen und Mord; es waren bereits mehr als 100 ihrer Schicksalsgenossen davon getroffen worden. Man enthielt ihnen den Zugang zu ärztlicher Behandlung und Operationen vor; sie hatten hilflos zusehen müssen, wie einige ihrer engsten Freunde starben.

Danach geschah, sagte ich, das Wunder. Die große, menschliche Regierung Albaniens nahm sich der Sache an und erklärte sich bereit, die kranken und erschöpften Flüchtlinge aufzunehmen. Sie kamen im Flugzeug nach Tirana; Gruppen von Ärzten begannen, an ihrer langen Heilung zu arbeiten. Ich berichtete: Als Alejo und ich dieses große soziale Zentrum in Tirana – die Wohnstätte derer, die die Schrecken des Irak überlebt hatten – besuchten, fanden wir eine rege Gemeinschaft vor. Wir beteiligten uns am Gesang und an Festen dieser wunderbaren Menschen. Es war eine große Freude, sie, die auf der Schwelle des Todes gestanden waren, lächelnd, lachend anzutreffen und zu sehen, dass sie ein friedvolles Leben lebten, vollständig integriert in die albanische Gesellschaft und aufs Neue bereit zum Kampf gegen die iranischen Unterdrücker. Ihr Mut, ihr Opfer und ihre Weigerung aufzugeben waren eine Inspiration.

Ich schrieb an den albanischen Präsidenten und den Premierminister und dankte ihnen; ich dankte auch der phantastischen Gruppe junger albanischer Ärzte und den vielen anderen – Anwälten, Lehrern und Beamten –, die in Tirana zu guten Freunden der PMOI geworden waren.

Alejo und ich empfanden Albanien als ein Land voller charmanter, warmherziger, freundlicher Menschen. Es war nicht das Land der Taschendiebe, Verbrecher und Schurken, wie es die westlichen Medien darstellen. Es ist ein Land, das viele Jahre lang unter einer totalitären Herrschaft gelitten hat. Der Präsident Albaniens, einige ranghohe Minister der Regierung und viele normale albanische Bürger erklärten uns, aus diesem Grunde schätzten sie politische Oppositionsbewegungen wie die PMOI. Daher wüssten sie Freiheit und Demokratie zu schätzen und nähmen an unserem Streben nach Gerechtigkeit und Geltung der Menschenrechte im Iran teil.

Viele von diesen talentierten jungen Albanern besuchten am Feitag, dem 27. Juni 2014 die jährliche Versammlung der PMOI in Paris. Es war die bisher größte ihrer Art, mit schätzungsweise 110.000 Anhängern aus 69 verschiedenen Ländern und mehr als 600 angesehenen Abgeordneten und Politikern aus fünf Kontinenten. Zwei ehemalige Premierminister Albaniens, Sali Berisha und Pandeli Majko, waren anwesend, plädierten in ihren Reden leidenschaftlich für die PMOI und die Bewohner von Liberty und begrüßten warmherzig die iranischen Dissidenten, die in ihrem Lande Zuflucht gefunden hatten. Sali Berisha, der noch wenige Wochen zuvor Premierminister gewesen war, hatte sich bereit erklärt, die erste Gruppe von 210 Mitgliedern der PMOI in seinem Lande aufzunehmen.

Frau Rajavi ging in ihrer Hauptrede auf die zunehmende Einmischung der Mullahs im Irak, auf die strategische Bedeutung der Krise im Irak und ihre Auswirkung auf den Iran, die Entwicklung in Syrien sowie die Politik des Mullahregimes unter der angeblich gemäßigten Präsidentschaft von Hassan Rohani ein.

34

Interviews mit politischen Gefangenen
Camp Liberty (Bagdad), September 2014

Ali Mohammad Sinaki

„Ich wurde im Jahre 1946 in Teheran in eine verhältnismäßig reiche und fromme Familie geboren. Ich schloss den Besuch der Grund- und der Oberschule in Teheran ab und bezog im Jahre 1964 zum Studium der Chemie die Nationale Universität Teheran. Im Jahre 1969 erwarb ich den ersten Abschluss in Chemie. Von 1969 bis 1971 arbeitete ich im staatlichen Schulwesen als Chemielehrer. Von 1971 bis 1975 arbeitete ich im Handelsministerium als Fachmann für die Herstellung von Würfelzucker in den iranischen Zuckerfabriken. Im Jahre 1975 nahm mich das Massachusetts Institute of Technology (MIT) in den USA zum Studium der Nukleartechnologie mit Masterabschluss auf. Ich erhielt ein Stipendium von der Iranischen Atomenergiebehörde (AEOI) und zog mit Frau und Tochter in die USA. Dort setzte ich mein Studium bis zum Masterexamen am MIT fort. In dieser Zeit lernte ich die PMOI kennen; dann entschloss ich mich, mich ihnen anzuschließen.

Als ich im Mai 1977 das Studium am MIT beendet hatte, bezog ich die Universität Michigan, um den Grad eines Doktors der Philosophie zu erwerben. Damals – ich stand bereits der PMOI nahe – fingen die Demonstrationen gegen den Schah an und nahmen rasch zu. Ich erkannte, dass es in dieser Zeit des Wandels nicht richtig gewesen wäre, meine Ausbildung in den USA fortzusetzen. Daher brach ich im Januar 1978 die Arbeit an meiner Dissertation ab und kehrte in den Iran zurück; ich begann in der Iranischen Atomenergiebehörde (AEOI) als Experte für Atomenergie zu arbeiten. Zugleich arbeitete ich heimlich schon für die PMOI; während der Revolution von 1979 nahm ich aktiv an ihren Demonstrationen teil. Nach dem Sieg der Revolution erkannte ich, dass meine Hoffnung auf Freiheit und Demokratie unter der Herrschaft des Khomeini-Regimes nicht erfüllt werden konnte. Ich betrachtete die

PMOI als die einzige ehrliche Organisation, die die Sache der Freiheit verfolgte, und ich begann, in der Abteilung der PMOI für Angestellte aktiv zu werden.

Diese Tätigkeit konnte öffentlich bis zum September 1981 fortgesetzt werden; dann wurde ich wegen des Vorwurfs der Unterstützung der PMOI verhaftet. Ich verbrachte anderthalb Jahre in den Gefängnissen Evin und Ghezel-Hessar. In dieser Zeit wurden ich selbst und andere Häftlinge gefoltert. Ich erlebte auch das Massaker des Jahres 1988, das Khomeini selbst angeordnet hatte. Ich besitze eine Schrift mit Erinnerungen an diese Zeit, betitelt *Erinnerungen an das Massaker an politischen Gefangenen.* Im November 1988 wurde ich entlassen – nach siebeneinhalb Jahren hinter Gittern. Doch diese Entlassung bereitete mir kein Vergnügen, denn ich fand mich in einer geschlossen Gesellschaft wieder, im Schatten eines religiösen Diktators. Meine beruflichen Erfahrungen hätten es mir möglich gemacht, ein normales Leben zu führen. Doch ständig erschienen die Gesichter derer, die für die Sache der Freiheit ihr Leben gegeben hatten, und besonders die der PMOI-Häftlinge, die im Jahre 1988 massakriert worden waren, vor meinem inneren Auge und mahnten mich an meine Verantwortung.

Daher erstrebte ich den Anschluss an die PMOI. Doch nach meiner Entlassung aus dem Gefängnis wurde mir die Auswanderung aus dem Iran versagt. In dieser Zeit dachte ich über nichts anderes so sehr nach wie über eine Möglichkeit, aus dem Lande hinauszukommen und mich zur Fortsetzung des Kampfes der PMOI anzuschließen. Im Oktober 1989 fand ich schließlich über die Grenze den Weg nach Pakistan; danach gelang es mir, mit Hilfe meiner Freunde von der PMOI im Januar 1990 nach Camp Ashraf zu kommen. Ich blieb bis Februar 2012 in Ashraf und nahm dann an der Umsiedlung nach Liberty teil; seitdem lebe ich hier."

35

Washington

Im Juli 2006 kam ich zum ersten Mal in Sachen PMOI nach Washington. Ich sollte am Dienstag, dem 25. Juli an einer größeren Anhörung vor dem Kongress zum Thema „Frauen – der Schlüssel zur Errichtung der Demokratie im Nahen Osten" teilnehmen. Die Veranstaltung wurde von der Kongressabgeordneten Sheila Jackson geleitet. Ich erinnere mich, eine der Rednerinnen war eine junge iranische Frau aus Kalifornien, die wegen Unterstützung der PMOI im Gefängnis Evin eingesessen hatte. Sie berichtete mit hoher Präzision von den Foltern, die sie vor ihrer Entlassung und Flucht in den Westen erlitten hatte. Sie brach in Tränen aus, als sie erzählte, wie man ihre nackten Füße mit Stromkabeln geschlagen hatte, bis die Haut sich vom Fleisch löste. Sie erzählte von einer Fehlgeburt, die eine Frau nach der Folter erlitten hatte; die Wärter hätten den Fötus auf dem Boden der Zelle mit Füßen getreten. Man hätte während der Versammlung in dem Saal eine Nadel fallen hören können. Menschen weinten. Es war eine tief bewegende Erfahrung.

Am nächsten Morgen war ich mit Will Schirano von der „Heritage Foundation" [einflussreicher konservativer Thinktank in den USA] in der Massachusetts Avenue verabredet. Wie die meisten Mitarbeiter der „Heritage Foundation" war er ein junger College-Absolvent mit frischem Gesicht, der keinen Zweifel hinterließ, dass er alles wisse und nicht im Begriff sei, von dem rechten republikanischen Lebensweg abzuweichen. Ich erklärte ihm, ich hätte die „Heritage Foundation" bereits vor meiner Wahl zum Mitglied des Europäischen Parlaments einmal besucht und dabei vor einem großen Auditorium über die Entwicklung, die auf Schottland zugekommen sei, gesprochen. Doch wünschte ich, die Gelegenheit zu einer Unterrichtung der „Heritage Foundation" als eines der einflussreichsten Thinktanks Amerikas zu benutzen; es handle sich um die Notwendigkeit, die PMOI von der Liste ausländischer Terrororganisationen der USA zu streichen.

Während ich sprach, wurde Schirano immer unruhiger. Er zappelte, drehte die Daumen und räusperte sich. Als ich fertig war, begann er mit einer Tirade, in der er die PMOI als marxistische, islamische Sekte bezeichnete, die Terrorakte ausgeführt und Amerikaner getötet habe. Ich machte mich daran, seine Argumente zu widerlegen, doch er stellte sich taub gegen alle meine Ausführungen. Er schenkte mir eine Krawatte der „Heritage Foundation" und verabschiedete sich. Diese krasse Feindseligkeit warf mich zurück. Wenn wir in Regierungskreisen der USA mit solchem Benehmen rechnen müssen, dann, dachte ich, gnade uns Gott.

Am Abend dieses Tages aß ich mit einem der großen amerikanischen Freunde der PMOI, Professor Raymond Tanter. Er brach in brüllendes Gelächter aus, als ich ihm von Schirano erzählte. „Es sind eben noch Kinder", sagte er, „sie wissen von nichts." Raymond ist Professor für politische Wissenschaft an der Universität Georgetown und Fellow des Washington Institute [einer Denkfabrik für die US-Nahostpolitik]; dort ist er mit der Erforschung der amerikanischen Iran-Politik befasst. In den frühen 80er Jahren war er Mitarbeiter des „Rates für nationale Sicherheit". Er nahm als persönlicher Vertreter des Verteidigungsministers 1983 und 1984 an den Rüstungskontrollgesprächen in Madrid, Helsinki, Stockholm und Wien teil. Er ist ein großer Mann.

Am Donnerstag, dem 27. Juli sprach ich zum zweiten Mal bei einer Informationsveranstaltung im US-Kongress, dieses Mal zum Thema „EU und USA: Möglichkeiten, die Frauenemanzipation im Iran zu fördern". Mitglieder des Kongresses hatten sich für die Veranstaltung eingesetzt. Auf dem Podium saß ich mit anderen EU-Parlamentariern, Mitgliedern des britischen Parlaments (beide Kammern) und Experten vom Komitee für Iranpolitik, darunter Professor Tanter. Bei diesen Anwesenden konnte es zu einem internationalen Meinungsaustausch über die Iranpolitik kommen, was auch geschah; die Politiker in Washington konnten zu der komplizierten Iranfrage Stimmen aus Europa hören.

Im Februar 2009 bat mich Frau Rajavi kurz nachdem Obama seine erste Amtszeit als erster schwarzer Präsident angetreten hatte, erneut in die USA zu reisen. Es war eine aufregende Zeit. Spät im Jahre 2008, als Präsident George W. Bush das Ende seiner belasteten Präsidentschaft erreichte, war es klar, dass weder Barack Obama noch John McCain ihm für den Konflikt im Nahen Osten danken würde, den einer von ihnen zu erben hatte. Beide Kandidaten hatten den Iran als das politische

Schlüsselproblem bezeichnet – doch beide mit dramatisch unterschiedlichen Perspektiven. Obama wollte sich mit Präsident Ahmadinejad, dem verrückten Führer des Iran, hinsetzen und verhandeln, der schon wiederholt der Welt erklärt hatte, er werde Israel von der Landkarte auslöschen, und der mit dem Bau von Atomwaffen beschäftigt war, die ihm dies ermöglichen sollten. McCain erklärte unheilverkündend, wenn er zum Präsidenten gewählt werde, werde er alle ihm zur Verfügung stehende Macht einsetzen, um den Iran an der Entwicklung einer Atombombe zu hindern. Die Entscheidung zwischen Beschwichtigung und militärischer Intervention erschien in schicksalhaft bedrohlicher Bedeutung.

Im September 2008 entsandte mich das Europäische Parlament als Beobachter zur Teilnahme am Konvent der US-Demokraten in Minneapolis-St. Paul; dort sollten McCain und Sarah Palin die Hauptreden halten. Ich hatte einige Treffen auf hoher Ebene vereinbart – mit Mitt Romney, Larry Eagleburger und Henry Kissinger. Ich fragte Larry Eagleburger, der unter George Bush senior Außenminister und jetzt Sicherheits- und Verteidigungsberater John McCains war, wie er, falls McCain Präsident würde, mit dem Iran verfahren wolle. Eagleburger erschreckte mich mit der Bemerkung, wenn es uns nicht gelinge, mit dem Problem von Atomwaffen in iranischer Hand fertig zu werden, dann würde mit Sicherheit in den nächsten zehn Jahren aus Verärgerung eine Atombombe abgefeuert werden. Als ich ihn fragte, ob seiner Ansicht nach militärische Intervention die einzige Möglichkeit sei, sagte er ja!

Ich kam auch mit Richard S. Willliamson, dem ehemaligen Botschafter der USA bei den Vereinten Nationen und damaligen Besonderen Gesandten der USA im Sudan, zusammen. Er war einer der wichtigsten politischen Berater John McCains, und ich diskutierte mit ihm über Darfur (eine Provinz im Sudan), den Iran, Russland und eine Reihe strategischer Probleme. Er sagte, McCain außenpolitisch zu beraten, komme dem Versuch gleich, Tiger Woods (einen berühmten Golfspieler der USA) im Golfspiel zu beraten! Er sagte aber, das größte Problem, mit dem der nächste Präsident der Vereinigten Staaten zu tun haben werde, sei sicherlich ein nuklear bewaffneter Iran. Er meinte, der Aufstieg des Iran im Nahen Osten habe direkt mit dem Krieg im Irak zu tun, und die Art, wie die Mullahs die Hisbollah und die Hamas unterstützten sowie ihre Entschlossenheit, die Kluft zwischen Schiiten und Sunniten zu vertiefen, kennzeichne sie als gefährlichen Feind von Freiheit und Demokratie.

Bei meinem Besuch Washingtons im Februar 2009 lag Amerikas Hauptstadt festgefroren unter einer dicken Schneedecke. Offensichtlich bemüht, die Initiative in Washington wiederzugewinnen, hatten die iranischen Mullahs einige schrille Töne in den Medien, viele von ihnen im Internet, angeschlagen, die sich gegen die Streichung der PMOI von der Terrorliste richteten. Dazu bedienten sie sich einiger Täuschungen. Natürlich konnten ihre Agenten, die diese Ansichten zum Besten gaben, keine Tatsachen nennen, die die Beibehaltung der PMOI auf der Terrorliste gerechtfertigt hätten; daher verlegten sie sich auf Beleidigungen und Anzüglichkeiten. Sie behaupteten wieder einmal, die PMOI sei eine Sekte, die vom iranischen Volk nicht unterstützt werde. Von ihrer Absurdität abgesehen, hatten diese Behauptungen mit der rechtlichen Bekämpfung des Terrorismus nichts zu tun. Doch sie dienten dazu, die Handschrift des iranischen Regimes erkennen zu lassen, das sich sonst immer hinter Decknamen wie der so genannten Grünen Bewegung[1] verbirgt, um seine Propaganda zu verbreiten und damit die von ihm am meisten gefürchtete Opposition, die PMOI, zu dämonisieren.

Ich kam im State Department auch mit Botschafter Dennis B. Ross zusammen. Er hatte unter Präsident George H. W. Bush als Direktor der politischen Planung im State Department gearbeitet und war unter Präsident Bill Clinton Besonderer Koordinator für den Nahen Osten gewesen. An dem Tag, an dem ich mit ihm zusammentraf, hatte er gerade seinen neuen Posten als Besonderer Berater von Ministerin Hillary Clinton für den Persischen Golf und Südwestarabien (einschl. des Iran) angetreten. Ich konnte ihm über die Stellung der EU zum Iran und Irak eine umfassende Übersicht geben; ich kritisierte energisch die Beschwichtigungspolitik und drängte Ross dazu, im State Department dafür einzutreten, dass es den normalen Bürgern des Iran, die sich verzweifelt nach einem Regierungswechsel sehnten, zu Hilfe komme. Auch schärfte ich ihm die Notwendigkeit ein, die PMOI von der US-Liste der ausländischen Terrororganisationen zu streichen. Er versprach mir, sein Bestes zu tun.

Trotz der besten Bemühungen von Botschafter Ross kam es erst am 28. September 2012 dazu, dass das Außenministerium der Vereinigten

---

[1] Die iranische „Grüne Bewegung" entstand nach den betrügerischen Präsidentschaftswahlen im Jahre 2009, bei denen Demonstranten die Entfernung von Mahmoud Ahmadinejad aus dem Amt gefordert hatten. Ursprünglich war die grüne Farbe als Symbol der Kampagne von Mir-Hossein Mousavi Khameneh benutzt worden, doch nach der Wahl wurde sie zum Symbol der Einheit und der Hoffnung derer, die eine Annullierung des Wahlergebnisses forderten.

Staaten die PMOI/MEK endlich von seiner offiziellen Liste ausländischer Terrororganisationen strich, nur wenige Tage vor dem 1. Oktober, den die Gerichte der USA als Ende der Frist festgesetzt hatten. Außenministerin Hillary Clinton erklärte, die Entscheidung sei ergangen, weil die PMOI/MEK der Gewalt abgeschworen und an der Schließung ihrer paramilitärischen Stellung im Irak mitgearbeitet habe. Diese Erklärung war lächerlich, und sie wusste es. Wenn sie die MEK/PMOI nicht von der Liste gestrichen hätte, so hätten die Gerichte es an ihrer statt getan. Sie war dazu gezwungen worden; nach vielen Jahren hatte unsere Kampagne zum Erfolg geführt.

Bei allen Begegnungen mit hohen Mitgliedern von Repräsentantenhaus und Senat führte ich aus, dass es nicht den Fetzen eines Beweises gab, der die Bezeichnung der PMOI als Terrorgruppe gerechtfertigt hätte. Ich stellte klar: Die Ächtung der PMOI als Terrorgruppe hatte keine Basis in den Tatsachen und in rechtlicher Hinsicht. Die Gruppe entsprach schlicht nicht den juristischen Kriterien einer Terrororganisation. Gerechtigkeit, Gesetz und Fairness verlangten ihre sofortige Streichung von der Liste.

Während die Argumente für eine Beibehaltung der MEK auf der Liste der ausländischen Terrororganisationen rapide an Boden verloren, behaupteten die Lobbyisten des Regimes hysterisch, die Streichung werde „die Hardliner des Iran ermutigen, den Druck auf die Grüne Bewegung zu erhöhen" oder „sie werde zu einem riesigen Verlust des Einflusses der USA auf den Iran führen" und „dem demokratischen Prozess im Iran schaden". Die Wahrheit war offenkundig und böse. Diese schrillen Stimmen kamen nicht von der Opposition; sie kamen geradeswegs vom „Iranischen Ministerium für Nachrichten und Sicherheit (MOIS)". Es handelte sich um einen weiteren typischen Fall von Desinformation, unternommen in dem Versuch, die verglimmende Asche der Beschwichtigungspolitik in Washington wieder zum Glühen zu bringen. Ich sagte auf dem Kapitol, die Bürger der Vereinigten Staaten sollten sich bei alledem darüber im Klaren sein, dass es innerhalb des Iran keine realistische Alternative zu den Mullahs gebe. Mir-Hossein Mousavi Khameneh sei nach der Schwindelwahl von 2009 zur Gallionsfigur der Grünen Bewegung geworden, der erfolglos gegen Ahmadinejad gerichteten Opposition. Doch als es ernst wurde, habe der rückgratlose Extremist der 80er Jahre, unter dessen Regierung zehntausende politische Gefangene hingerichtet worden waren, sogar seine eigenen Freunde verraten, um seinen Hals zu retten.

Viele angesehenen ehemaligen Mitarbeiter der US-Regierung während der Amtszeiten von Clinton, Bush und Obama, darunter Tom Ridge, früherer Minister für innere Sicherheit und der frühere Generalstaatsanwalt Michael Mukasey (bis 2009), meldeten sich, um für die Streichung der PMOI von der Terrorliste einzutreten. Sie drängten Außenministerin Hillary Clinton, die Warnung des Berufungsgerichts für den District of Columbia ernst zu nehmen: Wenn sie die PMOI nicht von der Liste streiche, so werde das Gericht es selber tun.

Am 24. Februar 2009 sprach ich im Kongress der Vereinigten Staaten in Washington vor einem großen Auditorium von Kongressabgeordneten und ihren Mitarbeiterinnen und Mitarbeitern. Auch einige Journalisten waren anwesend. Ich sagte:

> „Ich bin heute hier, um den ehrenwerten Mitgliedern dieses hohen Hauses zwei Botschaften zu übermitteln. Erstens: Streichen Sie die PMOI von der Terrorliste der Vereinigten Staaten! Zweitens: Schützen Sie die Bewohner von Camp Ashraf! Wenn Sie es tun, werden Sie damit den faschistischen Mullahs das stärkste mögliche Signal dafür senden, dass die Beschwichtigungspolitik vorbei ist und dass der Westen nicht tatenlos zusieht, wenn sie die letzten Schritte zur Herstellung von Atombomben tun. Wenn wir mit den Mullahs von einer Position der Stärke statt der Schwäche aus umgehen, werden wir mit viel größerer Wahrscheinlichkeit ihre konzentrierte Aufmerksamkeit gewinnen."

Nach meiner Rede sprach ich mit vielen amerikanischen Unterstützern der PMOI. Es war eine beeindruckende Versammlung politischer Führungspersonen, darunter zwei ehemalige Direktoren der CIA: James Woolsey und Porter Goss; der frühere Bürgermeister von New York, Rudy Giuliani; Howard Dean, früherer Gouverneur von Vermont und früherer Vorsitzender des Demokratischen Nationalkomitees; Louis Freeh, früherer Direktor des FBI und John Bolton, früherer Botschafter bei den Vereinten Nationen. Demokraten und Republikaner waren gleichermaßen hervorgetreten, um die Streichung der PMOI von der Terrorliste zu befürworten. Es waren tapfere Politiker, die ihr Ansehen für die Gerechtigkeit in Amerika in die Waagschale warfen.

Im Januar 2012 kam ich wieder nach Washington, diesmal zu einem Vortrag auf dem Kapitol mit dem Thema: „Wie man im Kampf gegen den Terror die Herzen und die Vernunft der Menschen gewinnt". Ich sagte:

„Die PMOI ist in Europa von den Terrorlisten gestrichen worden; die Gerechtigkeit hat am Ende gesiegt. Doch die ganze Geschichte zeigt, wie schockierend lange westliche Regierungen bereit waren, dem Regime in Teheran schön zu tun – bis hin zu den erdichteten, jedem Recht widersprechenden, falschen Anschuldigungen gegen unschuldige Menschen in Gegenleistung gegen leere Versprechungen der Mullahs.

Es ist traurig, aber in den USA hält dieser Zustand immer noch an; hier lässt die Unfähigkeit des Außenministeriums, seinen Kurs zu ändern, das Treiben der Titanic auf den Eisberg zu als sichere Fahrt erscheinen!

Natürlich haben die Mullahs ihr Versprechen, sie würden ihr Programm zur Anreichung von Uran einschränken, niemals erfüllt. Dem Westen wurden von der PMOI neue Erkenntnisse zur Verfügung gestellt; dazu gehört die Enthüllung von unterirdischen Nuklearbunkern in der Nähe der heiligen Stadt Qom; sie zeigt, dass die Arbeit fortgesetzt wird, nicht nur die an nuklearen Sprengköpfen, sondern auch die an den für ihren Abschuss und ihre Detonation notwendigen Apparaturen.

Es sind Anhänger der PMOI innerhalb des Iran gewesen, die unter Inkaufnahme großer persönlicher Risiken dem Westen im Jahre 2002 von der Existenz des Nuklearprogramms der Mullahs Kenntnis verschafft haben. Sie versorgen den Westen weiterhin fast täglich mit den neuesten Nachrichten. Es ist an der Zeit, dass er sich dafür durch Unterstützung der PMOI revanchiert. Die Volksmodjahedin sind keine Terroristen, es sind Verbündete im Kampf gegen den Terror. Es wird Zeit für das State Department, aufzuwachen und den Kaffee zu riechen!

Die schwächliche Reaktion Europas auf die zunehmende Intransigenz der Mullahs hat diese ganz einfach davon überzeugt, dass wir schwach sind und hat sie ermutigt, den von ihnen gewählten Weg zur Herrschaft über den Nahen Osten fortzusetzen. Die gegenwärtige Situation konfrontiert den Westen in Bezug auf den Iran mit einem fatalen Dilemma: Entweder wir akzeptieren das Erscheinen einer atomar bewaffneten, radikal dschihadistischen Theokratie, möglicherweise des ersten ‚Selbstmörder-Staates‘ der Welt mit seiner hegemonialen Rolle in der empfindlichsten Region der Welt, oder wir entschließen uns zu einer entschiedenen, resoluten Politik, um den Ambitionen der Mullahs entgegenzutreten. Die kritische Situation im Irak und das fortgeschrittene Nuklearprogramm des Iran deuten darauf hin, dass dem Westen zu seiner Entscheidung nur noch wenig Zeit bleibt."

Im Januar 2013 veröffentlichten das Pentagon und die Bibliothek des Kongresses einen Bericht mit dem Titel „Das iranische Ministerium für Nachrichten und Sicherheit: ein Profil". Es ist ein faszinierendes, zugleich ziemlich alarmierendes Dokument. Es basiert auf erschöpfender Forschung seitens des Pentagon und der „Bundesforschungsabteilung der USA in der Bibliothek des Kongresses" („US Federal Research Division, Library of Congress") und enthält beunruhigende Enthüllungen über das Ausmaß der Tätigkeit des iranischen Ministeriums für Nachrichten und Sicherheit (MOIS), gerichtet gegen Dissidenten, und insbesondere seine Bemühungen, die Hauptopposition, die Organisation der Volksmodjahedin Iran (PMOI/MEK), in Misskredit zu bringen.

In dem Bericht wird betont, dass sich das MOIS des iranischen Regimes aller ihm zur Verfügung stehenden Mittel bedient, um die Islamische Revolution des Iran zu schützen, darunter solcher Methoden wie der Infiltrierung interner Oppositionsgruppen, der Beobachtung innerer Bedrohungen und ausgewanderter Andersdenkender, der Verhaftung mutmaßlicher Spione und Dissidenten, der Enthüllung von angeblich bedrohlichen Verbindungen mit ausländischen Geheimdiensten sowie mit Organisationen, die die Interessen der Islamischen Republik überall in der Welt schützen.

Ferner heißt es in dem Bericht:

> „Gemäß der Verfassung des Iran müssen alle Organisationen ihre Informationen mit dem Ministerium für Nachrichten und Sicherheit teilen. Das Ministerium beaufsichtigt alle verdeckten Operationen. Es führt Operationen im Inland in der Regel selber durch, doch meistens werden die exterritorialen Operationen wie Sabotage, Attentate und Spionage von der Quds-Truppe vom Korps der Islamischen Revolutionsgarden erledigt. Obwohl die Quds-Truppe unabhängig operiert, teilt sie die von ihr gesammelten Informationen dem MOIS mit.
>
> Die iranische Regierung betrachtet die Volksmodjahedin als die Organisation, die die Islamische Republik Iran am stärksten bedroht. Eine der Hauptaufgaben des Ministeriums für Nachrichten

und Sicherheit besteht in der Ausführung geheimer Operationen gegen die Volksmodjahedin und die Identifizierung und Eliminierung ihrer Mitglieder. Auch andere iranische Dissidenten fallen unter die Zuständigkeit des Ministeriums. Dieses besitzt eine Abteilung für Desinformation; sie ist mit psychologischer Kriegführung gegen die Feinde der Islamischen Republik beauftragt."

In anderen Teilen des Berichtes wird betont:

„Das MOIS hat in Europa ehemalige Mitglieder der MEK rekrutiert und setzt sie für eine Desinformationskampagne gegen die MEK ein. Nach dem Golfkrieg gegen den Irak im Jahre 1991 betrieb das MOIS als eine seiner Hauptaufgaben die psychologische Kriegführung gegen die MEK, doch dessen ungeachtet ist die MEK immer noch eine funktionierende Organisation."

Der Bericht identifiziert auch zwei Agenten des MOIS, die im Ausland operieren, und erklärt, wie sie vom MOIS in Teheran zur Durchführung einer Verteufelungskampagne angeworben und ausgebildet wurden; dazu gehörte eine Website zur Diffamierung der PMOI: „iran-interlink. org".

Die Rekrutierung einer britischen Staatsbürgerin namens Anne Singleton und ihres iranischen Ehemannes Massoud Khodabandeh ist ein typisches Beispiel für die Art, wie das MOIS auch Nicht-Iraner zur Mitarbeit zwingt. Ms. Singleton arbeitete in den späten 80er Jahren für die MEK. Damals waren Massoud Khodabandeh und sein Bruder Ibrahim deren Mitglieder. Im Jahre 1996 entschloss sich Massoud Khodabandeh zum Austritt aus der Organisation. Später heiratete er Anne Singleton. Bald danach wurden sie vom MOIS gezwungen, für es zu arbeiten; es drohte damit, den umfangreichen Besitz von Khodabandehs Mutter in Teheran zu beschlagnahmen. Singleton und Khodabandeh erklärten sich bereit, für das MOIS zu arbeiten und die MEK auszuspionieren. Im Jahre 2002 kam Singleton in Teheran mit Agenten des MOIS zusammen, die sich für ihren Hintergrund interessierten. Sie erklärte sich zur Mitarbeit bereit, um das Leben ihres Schwagers zu retten – dieser war damals noch Mitglied der MEK. Während ihres Aufenthaltes in Teheran wurde sie vom MOIS ausgebildet. Nach England zurückgekehrt, richtete sie im Winter 2002 die Website „iran-interlink.org" ein. Sie unternahm viele Reisen in den Iran und nach Singapur – dem Land, in dem die Agentur mit ihren ausländischen Agenten zusammenkommt –; dann begann die MEK, an der Loyalität von Singleton und Khodabandeh zu zweifeln. Im Jahre 2004 kam Singleton mit ihrem Schwager Ibrahim zusammen, der von Syrien in den Iran geschickt worden war, nachdem die Syrer ihn verhaftet hatten (offenbar arbeiten die Syrer eng mit dem MOIS zusammen). Am Ende zwang das MOIS auch ihn zur Mitarbeit.

Der Bericht des Pentagon bewies, dass die Behauptung, die PMOI/MEK sei eine unerhebliche Gruppe oder genieße innerhalb des Iran keine Unterstützung, offenkundig ein Mythos ist. Er bewies, dass die PMOI für das iranische Regime immer die ernsteste Bedrohung war und noch ist; daher genoss die Unterdrückung der PMOI bei den iranischen Geheimdiensten immer Priorität und tut es bis heute. Auch unterstrich der Bericht – wir wussten es –, dass das iranische Regime die Quelle aller gegen die PMOI gerichteten Desinformation ist. Indem er Anne Singleton und ihren iranischen Ehemann Massoud Khodabandeh als ausgebildete Agenten des MOIS anführte, bestätigte er die Funde, die die britischen Gerichte schon Jahre zuvor gemacht hatten, als sie die Streichung der PMOI von der Terrorliste verlangten; damals hatten sie argumentiert, die Führung der PMOI in der Terrorliste basiere auf Material, das diese beiden Agenten geliefert, das die Gerichte aber als vermutlich „pervers" klassifiziert hatten. Bedauerlicherweise war es dasselbe Material, das dem State Department vom britischen Außenminister Jack Straw übermittelt worden war und mithin die Belassung der PMOI auf der Terrorliste Amerikas rechtfertigte.

Beunruhigenderweise zeigte der Bericht des Pentagon auch, dass die bekannten Agenten des Iran in Europa jahrelang über völlige Handlungsfreiheit verfügten. Er machte klar, dass die Quds-Truppe und das Korps der Islamischen Revolutionsgarden gemeinsam mit dem MOIS, das ihre Tätigkeit kontrollierte, an Verschwörungen zum Mord an Bürgern und Bewohnern der EU beteiligt waren. Es war durchaus möglich, dass Alejo Vidal-Quadras, Paulo Casaca und ich selbst Ziele solcher „exterritorialen Operationen" wie Sabotage, Attentate und Spionage" gewesen waren.

Ähnliche Berichte wurden auch von europäischen Geheimdiensten erstellt. Der Jahresbericht 2013 des deutschen Innenministeriums über den Verfassungsschutz stellte fest:

> „1.2 Zielgebiete und Brennpunkt der Sammlung von Nachrichten
>
> Die erste Aufgabe des iranischen Geheimdienstapparates ist Spionage und Kampf gegen oppositionelle Bewegungen im In- und

Ausland. Darüber hinaus soll er im Westen Nachrichten auf den Feldern der Politik, der Wirtschaft und der Wissenschaft beschaffen. In den gegen Deutschland gerichteten Aktionen besonders des MOIS wird der Fokus auf die ‚Organisation der Volksmodjahedin Iran' (MEK) und ihre politische Abteilung, den ‚Nationalen Widerstandsrat Iran' (NWRI), gelegt."

Der Bericht des niederländischen Geheimdienstes AIVD2 vom Jahr 2012 erklärt auf S. 37:

„Der AVID hat erkannt, dass die Regierung des Iran beständig gegen die Widerstandsbewegung PMOI tätig ist. Das iranische Ministerium für Nachrichten (MOIS) kontrolliert ein Netzwerk in Europa, das auch in den Niederlanden arbeitet. Mitarbeiter dieses Netzwerks sind ehemalige Mitglieder der PMOI, die vom MOIS rekrutiert wurden. Ihre Aufgabe besteht darin, die öffentliche Meinung über die PMOI durch Lobby-Tätigkeit, Publikationen und Veranstaltung von gegen die PMOI gerichteten Versammlungen negativ zu beeinflussen. Diese Leute sammeln für das MOIS auch Informationen über die PMOI und ihre Mitglieder."

---

2   „Allgemeiner Nachrichten- und Sicherheitsdienst" (Anm. d. Übs.)

36

Interviews mit politischen Gefangenen
Camp Liberty (Bagdad), September 2014

Hassan Nezam

„Mein Name ist Hassan Nezam. Ich wurde 1954 in Teheran in eine Familie der Mittelschicht geboren. Mein Vater war Geschäftsmann. Im Jahre 1972 schloss ich die Schulzeit an der Alawi-Schule ab und ließ mich an der Wirtschaftsfakultät der Teheraner Universität immatrikulieren. Kurz vor dem Examen wurde ich verhaftet und ins Gefängnis geworfen. Während ich an der Universität Teheran studierte, unterrichtete ich an Schulen in den südlichen und östlichen Teilen Teherans und half meinem Vater im Geschäft.

Am Alawi-Gymnasium herrschte eine gegen den Schah gerichtete Stimmung. Einige Lehrer waren mit der PMOI verbunden; so entstand in mir das politische Bewusstsein. Nach meiner Immatrikulation im Jahre 1972 setzte ich meine Tätigkeit in der Studentenvereinigung fort; dort kam ich zum ersten Mal mit der PMOI in Berührung. Die Verbindung dauerte von 1972 bis 1976. Sie bestand noch bei meiner Verhaftung. Ich verteilte Flugblätter und nahm an Demonstrationen gegen den Schah teil. Damals galt das Regime des Schahs als ‚Insel der Stabilität‘; wegen der von seiner Geheimpolizei SAVAK ausgeübten Einschüchterung wagte niemand, ihm öffentlich Widerstand zu leisten. In dieser Situation versuchten die Studentenvereine, an den Universitäten Demonstrationen zu initiieren. Eine von ihnen – der Studentenverein hatte sie im Jahre 1978 organisiert – entwickelte sich zu einem weit verbreiteten Protest, der für den Sturz des Schahs die Bühne schuf. Diese Demonstrationen, die von der PMOI organisiert wurden, hatten im Jahre 1975 begonnen. Zum ersten Male hatten damals Massen skandiert: „Tod dem Schah!“ 1975, während der Feierlichkeiten des Ramadan begannen Studenten der Universität Teheran mit gegen das Regime gerichteten Sprechchören. Immer mehr Demonstrationen ereigneten sich auf dem

Campus und griffen auf die Straßen über; ihnen folgten Massendemonstrationen und Unruhe überall im Lande.

Im Sommer 1976 wurde ich vom SAVAK verhaftet. Drei Monate lang
wurde ich gefoltert, danach zu fünfzehn Jahren Gefängnis verurteilt.
Ich saß in den Gefängnissen Qasr und Evin. Nach dem Volksaufstand
von 1979 wurde ich entlassen. Ich hatte immer noch Verbindung mit
der PMOI und begann in Aserbeidschan zu arbeiten. Während der auf
die Revolution folgenden Zeit griffen Schläger und Randalierer, die mit
der Partei der Islamischen Republik verbunden waren, unsere Zentren
und Büchertische in den Universitäten an. Für die Fortsetzung unserer
politischen Arbeit entrichteten wir täglich einen hohen Preis: Wir erlitten gewalttätige Angriffe. So ging es weiter bis zum 20. Juni 1981;
seitdem wurden die friedlichen Demonstrationen der PMOI von den
Truppen des Mullah-Regimes gewaltsam unterdrückt. Es war ein Wendepunkt; von da an mussten wir unseren Kampf geheim fortsetzen.

Im September 1982 reiste ich in die kurdische Region des Iran; dort blieb
ich bis 1983. Von dort ging ich in den Irak und schloss mich der PMOI
an. Als Camp Ashraf gegründet wurde, ging ich dorthin. Im Iran hatte ich mit einigen der im Lande tätigen Widerstandszellen Verbindung
aufgenommen. Nach meiner Ankunft in Ashraf hielt ich diese Kon-
takte aufrecht. Wir konzentrierten uns darauf, die kriegstreiberische
Politik Khomeinis zu enthüllen und die Patrioten in den Streitkräften
zu unterstützen. Während des iranisch-irakischen Krieges schickte
Khomeini mit Hilfe seiner Propaganda hunderttausende Schüler und
Studenten in den Tod an den Fronten. Vor dem Einsatz hängte man
ihnen einen Schlüssel um den Hals und erklärte, es sei der Schlüssel
zum Himmel. Die Fortsetzung des Krieges war die beste Deckung der
im Lande andauernden Repression. Es war unser Ziel, diesem Krieg um
jeden Preis ein Ende zu machen. Viele Soldaten, die mit uns Verbindung
hatten, wurden verhaftet, gefoltert und hingerichtet. Viele andere
konnten in den Irak kommen und sich der „Nationalen Befreiungsarmee" anschließen. Andere konnten den Iran verlassen und international auf die kriegstreiberische Politik des Iran aufmerksam machen.
Diese Tätigkeit und die Schläge, die die „Nationale Befreiungsarmee"
dem Regime zufügte, zwangen Khomeini, einen Waffenstillstand zu
akzeptieren.

Während eines von Regimeagenten im Irak verübten terroristischen
Angriffs verlor ich fast ganz das Gehör; später wurde ich zum Zeugen

des Massakers vom 1. September 2013 in Camp Ashraf, bei dem 52 von unseren Freunden ermordet wurden. Mehr als zehn Jahre lang habe ich die terroristischen Operationen, die das iranische Regime im Irak gegen die PMOI unternahm, miterlebt. Im Jahre 1999 wurde ein Bus mit Mitgliedern der PMOI von einer Explosion getroffen; sechs Personen kamen ums Leben, 21 wurden verletzt. Ein anderer Vorfall ereignete sich im Lager Habib in Basra: Ein Lastwagen, der mit anderthalb Tonnen TNT beladen war, explodierte; sechs Mitglieder der PMOI wurden getötet, 54 verletzt. Drei von unseren Brüdern wurden im Juli 1995 auf der Mohammed-Ghassem-Straße in Bagdad getötet. Ich habe viele Interviews gegeben, in denen es um die Rolle der Truppen des iranischen Geheimdienstes ging, die vom ‚Rat für die nationale Sicherheit' des iranischen Regimes geleitet wurden.“

37

Dr. Tariq al-Hashemi

Ich hatte schon viele Monate lang Verbindung mit dem abgesetzten Vizepräsidenten des Iran, Dr. Tariq al-Hashemi. Er war in die Türkei geflohen, nachdem seine dreizehn Leibwächter verhaftet und gefoltert worden waren; einer von ihnen war unter der Folter gestorben. Die zwölf Überlebenden waren aufgrund von Scheingeständnissen, die die Folter erzwungen hatte, zum Tode verurteilt worden; Dr. al-Hashemi, der ranghöchste Sunnit in den politischen Kreisen des Irak, hätte in das Guinness Book of Records eingetragen werden müssen: Gegen ihn waren in absentia nicht weniger als fünf Todesurteile verhängt worden, angeblich wegen terroristischer Straftaten – das war Malikis Standardbeschuldigung gegen Sunniten, die er loswerden wollte.

Schiitische Milizen, die mit dem iranischen Regime und Malikis Regierung verbunden sind, hatten schon zwei seiner Brüder und eine Schwester ermordet. Er war vielleicht der erste und einzige ranghohe Vertreter der irakischen Regierung, der die barbarischen Foltern enthüllen konnte, die sich in den irakischen Gefängnissen ereigneten. Er besuchte die Gefängnisse und zeigte danach Filme von den Folteropfern; damit machte er Maliki wütend. Energisch unterstützte er auch die Rechte der Bewohner von Ashraf; mehrere Male erklärte er, es seien Flüchtlinge und geschützte Personen im Sinne der Vierten Genfer Konvention, ihre Rechte müssten respektiert werden.

Ich kam zu dem Schluss, dass die Wahrheit über die schändliche Art, wie Maliki die Sunniten im Irak unterdrückte, am besten von Dr. al-Hashemi selbst dargestellt werden konnte, und lud ihn ein, auf einer Sonderkonferenz im Europäischen Parlament dazu das Wort zu ergreifen; sie sollte am 16. Oktober 2013 in Brüssel stattfinden. Dabei war er natürlich ein Gegenstand der Besorgnis, da sein Name auf der Liste der „meistgesuchten" Personen im Irak stand. Wir stimmten uns mit Interpol ab und vergewisserten uns, dass er als Politiker nicht auf ihrer Roten Liste stand, – das hätte nämlich sofortige Verhaftung und Rücktransport in den Irak bedeutet, wo er binnen weniger Stunden hingerichtet worden wäre.

Zweifellos ging Dr. al-Hashemi mit seinem Flug nach Europa ein gewaltiges persönliches Risiko ein. Er beantragte bei den belgischen Behörden ein Visum, und die erteilten es aufgrund der Tatsache, dass er formell von mir eingeladen worden war, auf einer Sitzung im Europäischen Parlament zu sprechen. Wir sorgten für ein großes Auditorium, mit vielen irakischen Exilanten und politischen Schlüsselfiguren des Nahen Ostens. Alejo Vidal-Quadras, Vizepräsident des Europäischen Parlaments, organisierte in Zusammenarbeit mit dessen Protokolldienst für Dr. al-Hashemi eine Begrüßung als VIP, die bei seiner Ankunft am frühen Nachmittag des 16. Oktober stattfand.

Ich ging gerade den VIP-Eingang zu, um Dr. al-Hashemi zu begrüßen, als mein Mobiltelefon klingelte. Es war ein ranghoher Beamter vom Büro des Präsidenten des Europäischen Parlaments, Martin Schulz. Ich bat darum, Präsident Schulz meinen Dank dafür abzustatten, dass er den Empfang von Dr. al-Hashemi als VIP genehmigt hatte. „Das ist genau der Grund, weshalb Präsident Schulz mich gebeten hat, Sie anzurufen," sagte der Beamte. „Er hat entschieden, Dr. al-Hashemi dürfe das Europäische Parlament nicht betreten, und die Sicherheit angewiesen, ihn daran zu hindern."

Ich war verblüfft. „Aber es handelt sich um den ehemaligen Vizepräsidenten des Irak", stammelte ich. „Wie hat Präsident Schulz dies Verbot begründet?" „Diese Frage kann ich nicht beantworten", sagte der Beamte, „Sie werden sie mit dem Präsidenten selbst besprechen müssen." „Stellen Sie mich sofort zu dem Präsidenten durch", sagte ich; doch der Beamte sagte mir, der Präsident sei nicht zu sprechen. Klar, er machte sich rar, nachdem er diese Mine gelegt hatte, nicht gewillt, mich mit der Begründung seines Verbots zu konfrontieren.

Sofort rief ich Alejo Vidal-Quadras an. Er war außer sich und sagte, er werde versuchen, Schulz aufzuspüren. Wir entschlossen uns, die Konferenz in einem anderen Raum in der Mitte von Brüssel abzuhalten. Wir baten al-Hashemi, im Hotel zu bleiben, bis wir mit einem anderen Plan zurückkommen würden.

Er blieb in seiner Suite im Grand Hotel Steigenberger an der Avenue Louise. Ich sprang sofort in ein Parlamentsfahrzeug und fuhr zu ihm.

Bei meiner Ankunft sah ich einige Leibwächter, postiert auf dem Flur vor seiner Suite. Sie ließen mich eintreten.

Dr. al-Hashemi freute sich, mich zu sehen, doch die Wendung der Dinge beunruhigte ihn offensichtlich tief. „Wie kann der Präsident Ihres Parlaments mir das antun?" fragte er. Ich sagte ihm, es überrasche mich mitnichten. Ich zweifelte nicht daran, dass der irakische Botschafter bei der EU Maliki informiert hatte, und dieser hatte sich direkt mit Schulz in Verbindung gesetzt, Dr. al-Hashemi als Terroristen denunziert und darauf hingewiesen, dass er zum Tode verurteilt worden sei. Das musste reichen, um den deutschen Sozialisten Schulz in Panik zu versetzen, war er doch stets sehr bemüht, jedweden diplomatischen Vorfall, der seinem Ansehen hätte schaden können, zu vermeiden. Anstatt die Glaubwürdigkeit von Malikis Behauptungen in Frage zu stellen, hatte er sich offensichtlich für die einfachste Lösung entschieden und angeordnet, Dr. al-Hashemi dürfe das Europäische Parlament nicht betreten – ein gewaltiger Verrat an dem Anspruch des Parlaments, stets für Gerechtigkeit einzutreten.

Während wir noch darüber sprachen, wurde laut an die Tür geklopft; al-Hashemis belgischer Anwalt trat ein. Er hatte vom Außen- und Innenministerium Nachricht bekommen, dass Schulz ihm das Betreten des Europäischen Parlaments verboten hatte. Herrn al-Hashemi war sein Visum auf der Grundlage einer formellen Einladung zum Europäischen Parlament erteilt worden; es schien mithin nun nicht mehr gültig zu sein. Wir baten den Anwalt zu erklären, was er damit meine. Er sagte: „Im Grunde könnten Sie, wenn Sie kein gültiges Visum haben, in jedem Augenblick verhaftet und in den Irak deportiert werden." Er erklärte, die belgische Regierung sei bestrebt, al-Hashemi davon in Kenntnis zu setzen, wolle aber nicht gegen ihn vorgehen.

Es war für Dr. al-Hashemi und uns andere eine schockierende Nachricht. Ich hatte ihn in gutem Vertrauen nach Brüssel eingeladen; er war in der Aussicht gekommen, man werde ihn hier nicht verhaften und nicht verschleppen. Nun hatte Schulz dafür gesorgt, dass er offenbar jederzeit verhaftet und nach Bagdad geschickt werden konnte, wo er mit dem Tod am Galgen rechnen müsste. Es war zu einer Frage auf Leben und Tod geworden. Dabei blieb Dr. al-Hashemi ruhig und setzte die Diskussion ohne Verwirrung fort.

Er erwog, ob er direkt zum Brüsseler Flughafen zurückkehren sollte, um die nächste Maschine nach Istanbul zu nehmen. Doch wir rieten

davon ab, denn es schien uns möglich, dass die Grenzkontrolle ihn fest-
halten würde, wobei wir freilich auch argumentierten, es sei ganz unwahrscheinlich, dass die belgische Regierung ihm ernsthafte Schwierigkeiten machen werde. In diesem Augenblick betrat ein berühmter
französischer Politiker, nämlich Bernard Kouchner, ehemals Außenminister in der Regierung Nicolas Sarkozy und Gründer von „Ärzte ohne
Grenzen", den zunehmend überfüllten Raum. Kouchner und al-Hashemi waren alte Freunde und umarmten einander herzlich.

Dann sprachen wir darüber, was als Nächstes zu tun sei. Ich erwähnte,
wir hätten die Konferenz in eine große Halle im Zentrum von Brüssel
verlegt. Ich sagte, gleichviel, wofür Dr. al-Hashemi sich am Ende entscheiden werde, er sollte doch auf jeden Fall die Gelegenheit benutzen, vor der Konferenz und zu den Medien zu sprechen; sonst wäre
der Sieg Malikis vollkommen. Unterdessen telefonierten die Anwälte
mit dem Innenministerium. Sie erklärten, Dr. al-Hashemi sei eine der
Zielscheiben Malikis, stehe aber nicht auf der Roten Liste von Interpol. Wir hatten zwei Probleme zu lösen: Erstens mussten wir für die
Sicherheit, auch für die sichere Rückkehr von Dr. al-Hashemi sorgen,
zweitens mussten wir Maliki daran hindern, durch Verhinderung unserer Konferenz einen politischen Vorteil zu erreichen. Mit Hilfe der
Anwälte und der belgischen Freunde gelang es, die Möglichkeit einer
sicheren Rückkehr Dr. al-Hashemis in die Türkei durchzusetzen. Auch
zu diesem Zweck sollte die Konferenz auf jeden Fall stattfinden; allerdings legten wir sie noch einmal um: vom Europäischen Parlament in
den Palast der Residenz. Ich leitete die Sitzung. Hauptredner war Dr.
al-Hashemi; außer ihm sprachen einige angesehene Politiker, darunter
Sid Ahmad Ghozali, ehemaliger Premierminister Algeriens, Yves Bonnet, ehemaliger Direktor des französischen DST (des Geheimdienstes),
Lord Maginnis of Drumglass aus Großbritannien, Tahar Boumedra,
Paulo Casaca, Professor Tanter und Oberst Wes Martin. Die Konferenz
war entschieden ein Erfolg.

Während ich zusammen mit dem ehemaligen irakischen Vizepräsidenten im Vorraum wartete, hörten wir plötzlich Rufe und Lärm aus
dem Hauptraum. So ging es einige Minuten lang weiter; man informierte uns, Agenten des irakischen und des iranischen Regimes hätten
versucht, einzudringen, um zu stören; sie hätten geschrien und Gewalt
angewandt, als die Wachen der Residenz sie hinausbefördert hätten.

Nachdem wieder Ruhe eingekehrt war, betraten wir den Saal; das Auditorium empfing uns mit einer *standing ovation.* Ich stellte Dr. Tariq al-Hashemi vor. Danach sprach er sehr beredt über die sich verschlimmernde Situation im Irak, führte besondere Fälle von Menschenrechtsverletzung an und erklärte die Korruption der Justiz, die nur noch auf Geheiß Malikis handle. Er erstattete einen ausführlichen Bericht von den Schwierigkeiten, denen tausende unschuldige Iraker ausgesetzt seien, die aufgrund falscher Anschuldigungen verhaftet worden wurden und deren Fall dann jahrelang unbearbeitet blieb. Er zeigte einen kurzen Film, der seine Besuche in diesen Gefängnissen dokumentierte; er hatte dabei versprochen, ihnen zu helfen. Er erzählte, viele von diesen Häftlingen seien zu dem Zweck gefoltert und bedroht worden, falsche Geständnisse vor der Fernsehkamera zu erzwingen. Die meisten dieser Häftlinge seien unschuldig; die meisten wirklichen Verbrecher befänden sich in Freiheit, wobei die Sicherheitsorgane sich über das, was sie anrichteten, vollkommen im Klaren seien.

Dr. al-Hashemi sagte, Nouri al-Maliki versuche, sich eine Rolle zurechtzuzimmern, die ihn zum würdigen Nachfolger von Saddam Hussein machen würde. Verärgert über die Kritik der Presse an der Spirale der Gewalt und der Menschenrechtsverletzungen im Irak, hatte er „Al-Jasira" und neun irakische Fernsehkanäle, von denen acht sunnitisch orientiert waren, verboten. Wenn die Nachrichtenteams der verbotenen Kanäle ohne Lizenz versuchten, im Irak zu arbeiten, würden sie verhaftet.

Die Art, wie der Irak, bedingt durch Malikis Anstrengungen, die sunnitische Bevölkerung an den Rand zu drängen, einem weiteren religiös motivierten Bürgerkrieg entgegentrieb, bringe die USA, die den irakischen Premierminister als ihren Adoptivsohn ansahen, in Verlegenheit. Die Versicherungen des US-Außenministeriums, man habe nach dem Rückzug der amerikanischen Truppen im Irak eine „funktionierende Demokratie" hinterlassen, hätten nun einen hohlen Klang.

Dr. al-Hashemi sagte weiterhin, in den vergangenen vier Monaten sei es in sechs der Provinzen des Irak und in den meisten größeren Städten zu Massendemonstrationen gegen Maliki gekommen. Hunderttausende Demonstranten gingen auf die Straße, besonders nach dem Freitagsgebet, um das Ende der religiösen Unterdrückung, der Menschenrechtsverletzungen und der willkürlichen Hinrichtungen zu fordern. Maliki habe versucht, die Proteste durch Gesprächsangebote, Schmiergelder und Konzessionen zum Schweigen zu bringen – ohne Erfolg. Verzweifelt habe er sich an seine wahren Gönner – die Mullahs im Iran - gewandt; bereitwillig hätten sie ihren bedrohlichen Geheimdienstminister Heydar Moslehi entsandt; der sei mehr als glücklich darüber, Maliki in der Art, wie der Iran mit Straßendemonstrationen verfahre, unterweisen zu dürfen.

Ich dankte Dr. al-Hashemi für seine Darstellung und erinnerte das Auditorium daran, dass Maliki eins der korruptesten Regime der Welt leite. Zwar sei die Ölförderung wiederhergestellt worden und halte sich auf einem stets gleich bleibend hohen Niveau – allein im vergangenen Jahr seien schätzungsweise 8 Milliarden Dollar damit verdient worden -, doch viel von diesem Geld versickere einfach. Die Infrastruktur, die während der Invasion der USA und des Aufstands zerstört wurde, sei nicht wiederhergestellt worden. Nur vier Stunden am Tage sei in Bagdad und den meisten größeren Städten Strom erhältlich. Viele Menschen hätten keinen Zugang zu frischem fließenden Wasser. Die Entwässerung sei vielerorts zusammengebrochen. Die Umweltverschmutzung greife um sich. Bagdad sei eine der schmutzigsten Hauptstädte der Welt. Und um all das in den Schatten zu stellen, liege die Jugendarbeitslosigkeit bei etwa 30 Prozent. Eine ganze Generation habe den Glauben an die korrupte, repressive Regierung Maliki verloren.

Anschließend leitete ich eine Pressekonferenz mit Dr. al-Hashemi. Dabei präsentierte er Dokumente und Videoclips, die die Verwicklung Malikis und seines Amtes in Folter und flagrante Menschenrechtsverletzungen belegten. Während dieser Pressekonferenz sagte Dr. al-Hashemi, er sei bereit, umgehend in den Irak zurückzukehren und sich einem fairen Gericht zu stellen, wenn ihm eine reelle Gelegenheit geboten werde, seine Unschuld sowie die Unschuld seiner Leibwächter, die brutal gefoltert worden waren, unter Beweis zu stellen.

Nach der Pressekonferenz brachen wir zum Flughafen auf. Ich war sehr nervös. Wenn das Innenministerium angeordnet hatte, Dr. al-Hashemi zu verhaften und in den Irak zu deportieren, trug ich die direkte Verantwortung für sein Schicksal. Denn ich hatte ihn ja nach Brüssel eingeladen. Seine Deportation und Hinrichtung im Irak wäre ein verheerender Schlag, und ich selbst wäre dafür verantwortlich. Im Flughafen angekommen, ging ich mit ihm zur Passkontrolle von Terminal B. Durch die Art, wie wir uns dem Beamten der Grenzkontrolle näherten, angeführt von Dr. al-Hashemi, dem seine Leibwächter, seine Anwälte und ich folgten, mussten wir unweigerlich Aufsehen in unserer Umgebung erregen. Andere Reisende blieben stehen und starrten unsere seltsame Prozession an.

Der Grenzkontrollbeamte prüfte den Pass und die Bordkarte von Dr. al-Hashemi. Dann sah er mich an und fragte auf Englisch: „Was machen Sie hier?"

Ich antwortete: „Ich begleite Herrn Dr. al-Hashemi, um ihm gute Reise zu wünschen."

„Dann gehen Sie bitte aus dem Weg!" sagte der Beamte schroff. Er stempelte Dr. al-Hashemis Pass; der war durch. Einer von seinen Anwälten flog mit ihm nach Istanbul, um sicher zu gehen, dass es nicht zu Schwierigkeiten kommen würde; es schien aber alles in Ordnung zu sein. Ich rief Dr. al-Hashemi meinen Dank und meine besten Wünsche zu und ging zum Ausgang des Flughafens. Es war eine angespannte Zeit gewesen.

Nach einigen Stunden erhielt ich die Nachricht, dass Dr. al-Hashemi sicher in Istanbul gelandet war; ich atmete auf. Es war eine schwierige, nervenaufreibende Erfahrung, doch wir hatten bewiesen, dass wir in der Lage waren, Maliki zu trotzen und der bedeutendsten Gestalt seiner Opposition eine Plattform zu verschaffen. Die Nachricht von Dr. al-Hashemis Reise rief in den arabischen Medien eine gewaltige positive Reaktion hervor – und eine verärgerte von Malikis Regierung!

38

Interviews mit politischen Gefangenen
Camp Liberty (Bagdad), September 2014

Nasser Khademi

„Mein Name ist Nasser Khademi. Ich bin im Jahre 1981 in Teheran geboren. Ich studierte an der Teheraner Universität im ersten Studienjahr Physik, als ich das Studium abbrach und mich der PMOI anschloss. Ich darf sagen: Ich kenne die PMOI, solange ich überhaupt zurückdenken kann. Mein Vater war Hamid Khademi, meine Mutter Fereshteh Azhadi – beide führende Mitglieder der PMOI.

Nach der Revolution von 1979 begann Khomeini mit der Unterdrückung der Freiheitsbewegung im Iran. Der PMOI gelang es, ihre politische Tätigkeit mehr als zwei Jahre lang geheim fortzusetzen und Pläne der Mullahs zu enthüllen. Am 20. Juni 1981, als die letzten Möglichkeiten politischer Tätigkeit versagt worden waren, blieb der PMOI keine andere Wahl als der Untergrund. Ich war damals fünf Monate alt. Meine Mutter, mein Vater und ich lebten im Bezirk Sattar Khan in einer Wohnung im zweiten Stockwerk. Als ich anderthalb Jahre alt war, zog meine Großmutter bei uns ein. Ich kann mich an die damaligen Ereignisse nicht erinnern. Was ich darüber weiß, geht auf Erzählungen und die Nachforschungen zurück, die ich angestellt habe. Meine Mutter hatte viel zu tun; daher sorgte für mich die Großmutter.

Am 2. Mai 1982 fanden Khomeinis Revolutionsgarden unsere Wohnung. Das Haus wurde vormittags um 9 Uhr umstellt. Damals wurde das Verbrechen, ein Modjahed zu sein, mit dem Tode bestraft; ohne Zögern begannen daher die Revolutionsgarden, auf unser Haus zu schießen. Der Angriff dauerte mehrere Stunden lang. Die Garden eröffneten das Feuer mit leichten Waffen. Meine Mutter und Vater schossen zurück. Die Garden erkannten, dass sie so nicht in das Haus eindringen konnten. Sie begannen, Raketen abzufeuern; dann kam ein Hubschrauber, von dem aus sie das Haus weiterhin beschossen. Für sie war es nicht erheblich, dass sich das Haus in einer dicht besiedelten Wohngegend Teherans befand. Sie ließen das Haus in Trümmern zurück. Meine Mutter, mein Vater und meine Großmutter wurden bei diesem Angriff getötet. Meine Mutter hatte mich versteckt, um mich vor Verletzung zu schützen. Die einzige Zeugin war eine Frau, die sich als Unterstützerin Khomeinis ausgegeben hatte und gemeinsam mit den Garden ins Haus gekommen war. Sie sagte, nach ihrem Eintritt in das Haus sei es vollkommen zerstört worden. Die Leichen der gefallenen Kämpfer waren zerstückelt; ihre Teile waren zerstreut. Sie hatte gesehen, dass einer von den Revolutionsgarden ein Kind herausgebracht hatte, das kaum noch am Leben war; das Kind war ich.

Bei dem Raketenangriff auf das Haus war ich an den Beinen, am Magen und am Kopf verletzt worden und hatte das Bewusstsein verloren. Um ihr Verbrechen zu vertuschen, hatten die Garden mich mit den Leichen in einen Krankenwagen gelegt und brachten mich in ein nahe gelegenes Krankenhaus, damit ein Schrapnell, das mich getroffen hatte, aus meinem Leib operiert würde. Reste dieses Schrapnells habe ich immer noch im Körper; an Gesicht und Körper sind immer noch Narben zu sehen. Sie brachten die Leichen meiner Mutter, meines Vaters und meiner Großmutter ins Gefängnis Evin und stellten sie vor den Augen der Häftlinge aus; noch in der Nacht desselben Tages brachte das staatliche Fernsehen Bilder von ihnen. Danach bestatteten sie die Leichen in einem flachen Massengrab außerhalb von Teheran.

Nach einigen Monaten, die ich bei den anderen Großeltern verbrachte, erzählten ihnen die Garden, sie hätten die Leichen auf dem Khavaran-Friedhof bestattet. Auf diesem Friedhof sollten später auch die Toten des Massakers von 1988 begraben werden. Doch niemand kennt genau den Ort, an dem meine Mutter und mein Vater begraben liegen. Einmal hörte ich, meine Großmutter habe das Gelände aufgesucht, und während sie nach der Leiche meines Vaters suchte, habe sie in den Boden gegriffen und einen Teil des Hemdes gefunden, das mein Vater trug, als er getötet wurde. Ich bin nicht sicher, ob es sich hier um einen authentischen Bericht handelt. Ich habe das Hemd niemals gesehen; niemand war bereit, über diese Sache zu sprechen. Vielleicht hat die traumatische Wirkung der Situation weitere Bearbeitung verhindert.

Als sie erfuhr, dass ich noch am Leben war, machte sie sich mit ihren Verwandten auf die Suche nach mir auf; nach einem Monat fand sie mich in einem Krankenhaus. Mein Krankenhausaufenthalt ist eine eigene Geschichte. Als die chirurgischen Operationen abgeschlossen waren, wollten mich die Garden ins Gefängnis Evin bringen. Das war ihre übliche Praxis, wenn sie eine Wohnung der Modjahedin überfallen hatten. Wenn sie dabei Kinder fanden, die noch lebten, brachten sie sie in die Frauenabteilung des Evin-Gefängnisses und befahlen den gefangenen Frauen, sich um sie zu kümmern. An dem Tage, an dem unser Haus überfallen wurde, verbreitete sich die Nachricht davon in ganz Teheran. Die Nachbarn pflegten mir zu erzählen, als sie die Schüsse hörten, seien sie sehr traurig geworden, denn sie konnten es nicht ertragen, den Opfertod von Menschen, die für die Freiheit aufgestanden waren, mitzuerleben. Auch die Ärzte und Schwestern des Krankenhauses empfanden so; sie hatten den Garden nicht erlaubt, mich ins Gefängnis Evin zu bringen. Sie hatten ihnen gesagt, mein Gesundheitszustand sei nicht stabil, und ich müsse unter beständiger ärztlicher Aufsicht bleiben. Meine Großmutter fand mich in dem Krankenhaus, und mit Hilfe der Ärzte und Schwestern wurde ich ihrer Fürsorge übergeben.

Immer wenn ich als Kind in den Spiegel sah und die Narben auf meinem Gesicht erblickte, erinnerte ich mich an die Prüfung, die ich erduldet hatte. Die erste Frage, die meine Freunde immer an mich richteten, lautete: Wann hatte ich herausgefunden, dass meine Mutter und mein Vater für den Widerstand ihr Leben gelassen hatten, und was für eine Bewandtnis hatte es damit? Ich sagte ihnen, ich hätte davon gewusst, seit ich denken konnte. Anfangs versuchten meine Verwandten, die Tatsachen vor mir zu verbergen; sie versuchten auch, meine Tante als meine Mutter auszugeben – es war aber nicht möglich. Immer wenn ich Häftlinge, die freigelassen worden waren, oder die Verwandten der Opfer traf, verloren sie die Kontrolle über ihre Emotionen; sie weinten und umarmten mich. Sie pflegten zu mir zu sagen: Du bist die Erinnerung an Fereshteh und Hamid! Und sie zeigten mir die Fotos, die sie von meinen Eltern hatten. Meine anderen Verwandten erzählten, wenn sie mich sahen, die Erinnerungen, die sie mit meinem Vater verbanden. Unsere Nachbarn machten einander auf mich aufmerksam und sagten: Das ist Khademis Sohn.

Ich erinnere mich: Als ich zwei Jahre alt war, hatten sie einen Kuchen gebacken, die Zahl 2 darauf geschrieben und ihn mit Schwänen geschmückt. Neben dem Kuchen stand ein Bild in einem Rahmen, das meine Mutter und meinen Vater zeigte. Ich konnte mir die Situation nicht erklären. Natürlich wusste ich: Jeder Mensch hat Eltern, aber ich wusste wirklich nicht, wer meine Eltern waren. Jetzt aber hatte ich meine Tante zur Mutter, dazu aber auch – als wahre Mutter – die Person auf dem gerahmten Bild! Ich kann nur sagen, es war eine verwirrende Zeit. Der Tod meiner Mutter und meines Vaters für die Sache der Freiheit war so bedeutend, dass alle unsere Freunde, Bekannten und Nachbarn davon wussten und regelmäßig ihre Achtung vor ihrer Haltung zum Ausdruck brachten. Mein Vater hatte zwei Ingenieurexamina bestanden; er war schon unter dem Schah ein politischer Gefangener gewesen. Meine Mutter hatte an der Universität Medizin studiert; auch sie war unter dem Schah aus politischen Gründen inhaftiert worden. Sie wollten später den Diktator Khomeini stürzen und haben dabei ihr Leben hingegeben.

Mein Vater kandidierte nach der Revolution von 1979 in seiner Heimatstadt Golpaiegan bei der Parlamentswahl; doch die Behörden machten durch Wahlmanipulation seine Kandidatur zunichte. Überall, wo ich in Golpaiegan hinkam, kamen die Leute auf mich zu und erzählten ihre Erinnerungen an meinen Vater. Selbst solche, die das geistliche Regime unterstützten, sprachen von ihm mit Hochachtung. Ich habe tausende Male mit Leuten über die Mojahedin gesprochen. Selbst wenn ich die Unterdrückung, die das Khomeini-Regime ausübte, nicht gesehen und nicht gefühlt hätte, könnte ich mit Gewissheit sagen: Die Modjahedin haben eine Heimat im Herzen der Menschen. Die Gefühle, die mir begegneten, galten ja nicht dem kleinen Kind, sondern den Taten der Modjahedin, die ihr Leben für das Volk gegeben hatten. So lernte ich die Modjahedin kennen. Sie kämpften gegen Khomeini – für ihr Volk.

Schon als Kind war ich mir über das Ausmaß der Unterdrückung und der Ungerechtigkeit im klaren. Ich erlebte, wie sich unter den Menschen, die ich kannte, Drogensucht und Prostitution ausbreiteten. Ich hatte die Zunahme öffentlicher Erhängungen erlebt, ebenso die wachsende Armut und die größer werdenden Einkommensunterschiede. Ich sah arme Kinder, die gezwungen waren, auf der Straße Blumen zu verkaufen. Ich dachte immer darüber nach, wie dieses Chaos zu überwinden sei, was getan werden könne. Warum durften die Geistlichen in Luxus leben, wenn so viele Kinder hungerten? Warum kamen die Geistlichen, die Millionen Dollar gestohlen hatten, ungeschoren davon, während einem Mann, der stiehlt, um sein Kind zu ernähren, seine Finger abgehackt werden? Warum dürfen die jungen Leute nicht die Kleider tragen, die ihnen gefallen und die Musik hören, die sie mögen? Warum darf man einen jungen Mann von einem hohen Hause hinabwerfen, nur weil er an einer Party teilgenommen hat? Wie lange sollten wir noch so leben?

Ich hatte das Gefühl, jemand trete mir auf die Kehle und drücke von Tag zu Tag stärker zu, um mir das Atmen immer mehr zu erschweren. Ich war soeben an der Universität immatrikuliert worden; je älter ich wurde, um so klarer wurden mir die gesellschaftlichen Zustände bewusst, um so schwerer empfand ich den Druck. Es wurde unerträglich. Ich wurde mit all den Fragen und mit dem Druck nicht fertig. Zwar ging es uns finanziell verhältnismäßig gut, ich kam aber mit all den Engpässen, in die ich geriet, nicht zurecht. Reisen und Vergnügungen machten mir keine Freude. Auch die Einsen, die mein Mathematiklehrer mir gab, befriedigten mich nicht mehr. Die Welt war in Schwarz und Weiß zerfallen. Selbst die Musik, die ich liebte, war nicht mehr dieselbe. Ich empfand, dass ich etwas tun und an dem Wandel mitarbeiten musste.

Ich war an einen Punkt gekommen, der mich zu einer Entscheidung zwang. Entweder ich setzte in der Hoffnung, zu einem Erfinder oder dergleichen zu werden, das Studium fort, oder ich änderte die gesamte Richtung meines Lebens. Dabei empfand ich auch, was mich von meinen Freunden unterschied: Ich war nicht nur ein Zeuge der Ungerechtigkeit, ich kannte auch die Lösung.

Doch dahin den Weg zu finden, war nicht leicht. Die vom Regime ausgeübte Repression machte es sehr schwer. Ein einziger Fehler konnte zu Haft und sogar zur Hinrichtung führen. Ich versuchte auf verschiedene Arten, mit der PMOI in Kontakt zu kommen – ohne Erfolg. Damals war das Internet noch nicht so verbreitet wie heute; auch wurde es vollständig vom Regime kontrolliert. Ich brauchte einiger Monate, mich auf die Reise vorzubereiten, dann reiste ich nach Syrien und kam schließlich nach Ashraf."

39

Kurdistan

Ich halte es für die Pflicht jedes Abgeordneten, seine Arbeit der Achtung vor den Menschenrechten und der Würde des menschlichen Lebens zu widmen; es sind zentrale europäische Werte. Diese Aufgabe ist noch bedeutender in Gegenden der Welt, in denen, aus welchem Grunde auch immer, Spannungen über die Versöhnung siegen, Missverständnisse über den Dialog, Kampf über den Frieden.

In meiner Rolle als Präsident der Delegation für die Beziehungen zum Irak empfand ich es als meine Aufgabe, herauszufinden, was in jenem Lande vorging. Diese Suche nach der Wahrheit sollte aber meinen Dialog mit dem Irak niemals behindern. Sie sollte im Gegenteil die Qualität der Beziehungen zwischen der EU und dem Irak verbessern – und dies besonders nach der Ratifikation der Partnerschaft mit der EU und dem Kooperationsabkommen, mit dem man beabsichtigte, im Irak die Entstehung einer inklusiven, pluralistischen und anti-sektiererischen politischen Kraft zu fördern, um wirksam zu der Abschaffung des Systems *muhasasa* beizutragen, dem folgend das Vermögen des Landes sowie einflussreiche Regierungsämter unter den Clans, Stämmen, Sekten, Glaubensrichtungen und anderen geschlossenen Kreisen verteilt wurden, was Eifersucht, politische Handlungsunfähigkeit und Korruption hervorrief. Ich war lange dafür eingetreten, man sollte, solange man nicht Anzeichen einer guten Verwaltung sähe, den Irak nicht finanziell unterstützen.

Ich hatte zu einem entschiedenen Kritiker von Nouri al-Maliki und seiner sektiererischen Art zu regieren entwickelt. Er war zum Diktator geworden; er unternahm sogar in vielen irakischen Provinzen Kampagnen gegen die sunnitische Bevölkerung, die nichts anderes waren als Völkermord. Es war dringend geboten, dieser immer schlimmer werdenden Situation auf den Grund zu gehen. In diesem Bewusstsein ging ich am 22. November 2013 erneut auf Reisen in den Irak. Das Sicherheitspersonal des Europäischen Parlaments hatte den Besuch Bagdads diesmal verboten; er erschien als zu gefährlich. Daher flog ich nach Erbil – in den Norden des Irak. Auf dem neuen Flughafen wurde ich von Delavar Ajgeiy, dem Leiter der Gesandtschaft der kurdischen Regionalregierung bei der EU, begrüßt. Er bot vier kräftige Sicherheitsbeamte und eine Reihe von gepanzerten schwarzen Toyota-Geländewagen auf; sie sollten mir während meines Besuches zur Verfügung stehen. Die Sicherheitsbeamten hatten unter ihren Jacken vielsagende Ausbuchtungen. Zweifellos hatten sie Pistolen.

Ich hatte die Nachricht, dass ich in den Irak kommen würde, weit verbreitet und politische und religiöse Führer eingeladen, nach Erbil in Kurdistan zu kommen, um mit mir zusammenzutreffen. Ich traf den Präsidenten der Regionalregierung Kurdistans, Massoud Barzani, und dessen Premierminister Nechirvan Barzani. Ferner christliche Bischöfe, den Großmufti des Irak und einige Abgeordnete aus dem irakischen Parlament, darunter den Vorsitzenden des Menschenrechtsausschusses sowie die Anführer der letzten Volksaufstände in sechs sunnitischen Provinzen.

Ich wurde eingeladen, in Erbil zu einer größeren Versammlung zu sprechen, die von den chaldäisch-syriakisch-assyrischen orthodoxen Christen organisiert wurde. Dabei wurde über den allmählichen Verfall der antiken christlichen Gemeinschaft des Irak gesprochen. Die Konferenz der „Freunde von Bartalla" fand am 23. November 2013 in Erbil statt. Mehr als 850 Personen nahmen daran teil, darunter die First Lady des Irak, Hêro Ahmed Ibrahim Talabani. Ich wurde auf das Podium gerufen und sagte:

> „Vor dem Golfkrieg des Jahres 1991 lebten im Irak mehr als anderthalb Millionen Christen. Es bestand absoluter Friede zwischen ihnen und ihren muslimischen Nachbarn. Schätzungen besagen, dass es jetzt noch weniger als 300.000 sind. Eine der ältesten christlichen Gemeinschaften ist von der Auslöschung bedroht.

> Im September lud ich Humam Hammoudi, den Vorsitzenden des Auswärtigen Ausschusses des Irakischen Repräsentantenrates, ein, zur Delegation des Europäischen Parlaments für die Beziehungen zum Irak zu sprechen. Er verlas längere Passagen der irakischen Verfassung und sagte, die gegenwärtige Regierung versuche, die religiösen Differenzen zu überwinden. Er sagte: ‚Wir verteidigen eine multireligiöse Gesellschaft; dies wird durch

unsere Verfassung verbürgt.' Ferner: ‚Die Rechte der Religion gelten für alle Individuen.' Während ich noch bemüht war, diese erstaunlichen Feststellungen zu bewältigen, erklärte er auf für mich atemberaubende Weise: ‚Die Christen erleben im Irak ein goldenes Zeitalter; wenn sie das Land jetzt verlassen, versäumen sie eine der Gelegenheiten, die ihnen die irakische Verfassung einräumt.'

Der Auftritt von Herrn Hammoudi in Brüssel illustriert wohl die gähnende Kluft zwischen Hoffnung und Wirklichkeit! Es ist betrüblich, sich zu klar zu machen, in welchem Ausmaß die gegenwärtige Regierung die Kontrolle zugunsten von Nouri al-Maliki aus der Hand gegeben hat, so dass jetzt Gesetzlosigkeit, Terrorismus, Korruption und systematische Verletzung der Menschenrechte im Irak zum täglichen Leben gehören.

Die Europäische Union hat keine Armee, aber wir verfügen über gewaltige wirtschaftliche Macht. Anstatt von Freundschafts- und Kooperationsvereinbarungen und Investitionsverpflichtungen sollte Europa jede wirtschaftliche Hilfe von gerechter Regierung abhängig machen. Ohne klare Anzeichen von Respekt vor den Menschenrechten, den Rechten der Frauen, Pluralismus und Aufhören des Sektierertums sollte es keine Wirtschaftshilfe mehr geben. Die Europäische Union sollte die gesamte Wirtschaftshilfe der Gemeinschaft der NGO's zukommen lassen, um Alphabetisierungskampagnen und Bildung zu fördern. Wir müssen aufhören, ethnische Gemeinschaften als ‚Minoritäten' zu bezeichnen; wir müssen anfangen, sie als ‚Iraker' zu bezeichnen; das ist von entscheidender Bedeutung. Dies ist Ihr Land. Es ist Ihre Verfassung. Die Regierung sollte eine Regierung aller Menschen und nicht nur eine Regierung einiger sein. Der Irak muss ein Land sein, in dem Schiiten, Sunniten, Christen, Juden, Turkmenen, Jesiden und alle ethnischen Gemeinschaften in Freiheit, Frieden und Wohlergehen leben können. Darin besteht die Zukunft, auf die wir alle hoffen und für die wir beten."

Einen Augenblick lang herrschte nach meiner Rede wie betäubtes Schweigen in dem Saal. Noch nie hatte jemand im Irak eine Rede gehört, in der der Premierminister und seine Regierung so offen kritisiert wurden. Und plötzlich brach der Applaus aus. Was ich sagte, gefiel den Zuhörern. Meine Offenherzigkeit beglückte sie. Viele kamen am Ende der Versammlung zu mir, klopften mir auf die Schulter und sagten: ‚Es war eine mutige Rede. Das musste im Irak gesagt werden.'

Später arrangierte ich in meiner Hotelsuite Zusammenkünfte mit sunnitischen Vertretern der Volksaufstände in den irakischen Städten; einige von ihnen hatten große Entfernungen überwunden, um mich zu sehen. Sie erzählten mir, es komme oft zu Überfällen seitens regierungstreuer Truppen, Angriffen auf Moscheen in Fallujah und Mossul, in Teilen von Bagdad und in der Provinz Diyala. Die Sunniten und andere Gruppen würden beständig von den Schiiten drangsaliert. 90 Prozent der Verhafteten seien Sunniten. Massenhinrichtungen träfen hauptsächlich Sunniten. Vier von zehn sunnitischen Frauen würden im Gefängnis vergewaltigt.

Es wurden Zweifel an der Allgemeinheit der Wahl geäußert, die am 30. April stattfinden sollte, denn offensichtlich sei eine gewaltige Operation im Gange, die die sunnitische Wählerschaft marginalisieren und diskriminieren solle, sich u. a. falscher politischer Beschuldigungen bediene und von Akten Gebrauch mache, in denen gegen sunnitische Kandidaten unwahre Vorwürfe erhoben würden. All dem lag das Problem zugrunde, dass allen Anzeichen nach die Regierung al-Maliki die, die an den jüngst vergangenen Volksaufständen in Samarra, Mossul, Anbar, Fajullah, Ramadi, Diyala und Kirkuk teilgenommen hatten, zu Terroristen von al-Qaeda erklärte, was nicht zutraf. Sondern diese Aufstände wurden durch die scharf diskriminierende Haltung provoziert, die die Regierung gegenüber den Sunniten eingenommen hatte. Die Aufstände unterschieden sich mithin in ihrer Substanz und durch ihre Mittel radikal von der salafistischen al-Qaeda, die mit der Kultur der irakischen Sunniten nichts zu tun hat, wie weithin bewiesen wurde durch die sunnitischen Erweckungsbewegungen, die während der von den USA geleiteten ‚Erhebung' der Jahre 2007 und 2008 aufkamen. U. a. erzählte man mir, in Bagdad seien alle sunnitischen Moscheen geschlossen; durchschnittlich drei Imame würden jeden Freitag bei Bombenangriffen getötet. Im vergangenen Jahr seien 400 Imame ermordet worden. In Mossul seien sechs Anführer der sunnitischen Bevölkerung getötet worden, ebenso in diesem Jahr viele unterstützende Journalisten.

Die Brutalität, mit der der offen schiitische al-Maliki gegen führende sunnitische Politiker vorging, folgte einem klaren Muster. Immer wenn Maliki nach Teheran kam, erhielt er von seinen Puppenspielern, den

234

schiitischen Mullahs, neue Anweisungen. Immer befahlen sie, wenn er nach Bagdad zurückgekehrt sei, einen weiteren führenden Politiker der Sunniten zu verhaften. Fast jedesmal eröffnete er dann auch einen brutalen militärischen Angriff auf die 3000 Flüchtlinge der PMOI, die in Camp Liberty festgehalten wurden. In böser Weise und offensichtlich ebenfalls auf Befehl Teherans hatte Maliki den freien Durchzug von iranischen Soldaten und Personal der Hisbollah durch den Irak gebilligt, um die Diktatur von Bashar al-Assad im benachbarten Syrien zu stützen.

Ich war entschlossen, selbst herauszufinden, was man tun müsse, um Malikis bösem Einfluss auf den Irak entgegenzutreten. Ich erhielt einen Telefonanruf von Scheich Dr. Rafie Alrafaee, dem sunnitischen Großmufti des Irak. Er sagte, er sei von Dohuk nach Erbil unterwegs; er werde mir in etwa 90 Minuten ein Fahrzeug mit einem Fahrer zur Fahrt an einen geheimen Ort schicken, wo er mich begrüßen werde. Der Ort müsse um seiner eigenen Sicherheit willen geheim bleiben. Als ich das den mich begleitenden kurdischen Sicherheitsbeamten erklärte, waren sie sprachlos. Wie, ich sollte von einem unbekannten Fahrer im Auto zu einer geheimen Adresse gebracht werden? Sie sagten, es sei ein Verstoß gegen alle ihre Regeln. Doch es war mir wichtig, den Großmufti zu treffen; daher erklärte ich ihnen, ich sei bereit, das Risiko einzugehen.

Zur rechten Zeit erschien der Fahrer; ich zwängte mich auf den Rücksitz des kleinen Volkswagens. Wir rasten in Erbil durch hundert Nebenstraßen, bis wir in eine Sackgasse kamen, an deren Ende einige turbantragende Imame mit Mobiltelefonen in der Hand standen. Sie winkten meinen Fahrer zu einem Parkplatz und führten mich eine Treppe hinauf zu einem kleinen Zimmer, in dem sich ungefähr ein Dutzend Menschen befanden, ganz hinten der Großmufti. Er begrüßte mich warmherzig und dankte mir für meine Bereitschaft, mit ihm zusammenzukommen.

Der Großmufti ist dem Frieden und der Freiheit zutiefst verpflichtet. Er verurteilte die Bombenangriffe und die Morde, die sich täglich im Irak ereignen. Er räumte ein, dass gewiss al-Qaeda an diesen Verbrechen beteiligt sei. Auf der anderen Seite sagte er mir, der Westen müsse auch erkennen, dass es nicht nur bei al-Qaeda Terroristen gebe. Er erklärte, die Spezialtruppen Malikis, die vom Iran finanziert würden, legten täglich Autobomben und ermordeten politische Gegner. Ihm zufolge war die „Mukhtar-Armee" direkt an dieser Serie von Schandtaten beteiligt; sie werde von al-Maliki kontrolliert. Sie stelle offensichtlich die Autobomben selber her, die dann vor den sunnitischen Moscheen Bagdads und anderer Städte explodierten. Man mache al-Qaeda für diese Bomben verantwortlich, und der Westen glaube an diese Vereinfachung der Wirklichkeit.

Am Ende unseres Treffens schüttelte ich dem Großmufti herzlich die Hand und bat ihn, das Europäische Parlament in Brüssel zu besuchen und dort während einer besonders den Menschenrechten gewidmeten Konferenz von der Unterdrückung der sunnitischen Bevölkerung durch Maliki zu berichten. Er erklärte sich dazu gern bereit.

Ich kam auch mit Dr. Salim Abdullah al-Jabouri, dem Vorsitzenden des Parlamentsausschusses für Menschenrechte, zusammen, der jetzt zum Präsidenten des Parlaments ernannt worden ist. Er informierte mich darüber, dass 50.000 Menschen in Haftlagern der Regierung säßen und offenkundig noch mehr in geheimen Gefängnissen. Weitere 3000 Menschen würden in geheimen Gefängnissen der Städte festgehalten. Er versprach, mir das vollständige Dossier der von ihm enthüllten Menschenrechtsverletzungen zu schicken. Er sagte, er sei auch bereit, nach Brüssel zu kommen, um während einer Sitzung der Delegation für die Beziehungen zum Irak über die Menschenrechtslage seines Landes zu sprechen.

Das Treffen mit Präsident Massoud Barzani fand im Präsidentenpalast in den Bergen von Salahaddin statt; es kam zu einer Diskussion über die demographischen Verhältnisse der Christen in Bartalla. Präsident Barzani erklärte, er werde Bagdad bitten, ein besonderes Komitee zu bilden und mit der Lösung des Problems des Verhältnisses zwischen den Christen und den Schabaken zu beauftragen, das er als „sehr empfindlich" bezeichnete. Mit Bezug auf die syrischen Flüchtlinge bekräftigte Präsident Barzani das Engagement der Regionalregierung Kurdistans, ihnen den so dringend benötigten Schutz und Gastfreundschaft zu gewähren. Ich berichtete ihm, ich hätte unlängst an Baroness Ashton geschrieben - mit der Bitte, die Hilfe der EU nicht nach Bagdad, sondern nach Erbil zu schicken, wo sie benötigt werde. Präsident Barzani begleitete mich zum Abschied bis zur Treppe vor dem Palast. Ich ergriff die Gelegenheit, das entsetzliche Massaker zur Sprache zu bringen, das in Camp Ashraf zum Tod von 52 Flüchtlingen der PMOI und dazu geführt hatte, dass sieben als Geiseln genommen wurden. Der Präsident hielt mich am Arm. „Es war ein schändliches Verbrechen," sagte er. „Ich habe bei Maliki protestiert und die Freilassung der Geiseln verlangt. Ich werde alles tun, was ich kann, um ihre Freilassung zu erreichen."

Der Premierminister der kurdischen Regionalregierung, Herr Nechirvan Barzani, wirkte auf mich wie ein junger, dynamischer und hochintelligenter Politiker; er wurde von Außenminister Falah Mustafa begleitet. Der Premierminister sagte mir, es sei einer der letzten Erfolge der Regierung, dass man die so genannten Ehrenmorde zum Erliegen gebracht habe, indem man mutig erklärte, sie seien „unehrenhaft", und jeder, der sich daran beteilige, werde wegen Mordes verfolgt werden. Auch ihm gegenüber brachte ich das Massaker von Camp Ashraf zur Sprache. Er sagte, er verurteile solche Gewalttätigkeit, äußerte aber ein Widerstreben gegenüber dem Vorschlag, den 3400 Flüchtlingen der PMOI in Camp Liberty in Kurdistan Zuflucht zu gewähren.

Dann besuchte ich das Flüchtlingslager Kawergocek, etwa 45 Minuten von Erbil entfernt; dort wurde ich Whycliffe Songwa, dem ranghohen Regionalkoordinator des UNHCR, und Rzgar Mustafa, dem Bürgermeister des Bezirks Khabat, vorgestellt. Sie berichteten mir, wie die kurdische Regionalregierung im August 2013 die Grenze nach Syrien geöffnet hatte; sofort seien syrische Kurden eingeströmt, auf der Flucht vor dem Bürgerkrieg, aus der Region Jazeera in Syrien und aus Aleppo selbst kommend.

Nach Brüssel zurückgekehrt, schrieb ich an Baroness Ashton und empfahl, die Europäische Kommission möchte für das Programm zur Unterbringung der syrischen Flüchtlinge im Winter Geld nach Kurdistan schicken – und zwar direkt an die NGO's, die die syrischen Flüchtlinge im Irak aktiv unterstützen. Mich hatte das Ausmaß der von den Kurden den Flüchtlingen geleisteten Hilfe sehr beeindruckt. Wir machten uns kaum klar, dass ihre Situation in den kommenden Monaten durch das Auftauchen von ISIS – dem Islamischen Staat – noch erheblich prekärer werden würde.

Im Europäischen Parlament schlug ich meinen Mitarbeitern vor, für den Februar oder März 2014 eine Tagung zur katastrophalen Menschenrechtslage im Irak zu organisieren, zu der wir den Vorsitzenden des Menschenrechtsausschusses des Repräsentantenrates, Herrn al-Jabouri, den Minister der kurdischen Regionalregierung für Menschenrechte sowie Großmufti Scheich Dr. Rafie Alrafaee einladen könnten.

40

Interviews mit politischen Gefangenen
Camp Liberty (Bagdad), September 2014

Khadija Borhani

„Mein Name ist Khadija Borhani. Ich bin 45 Jahre alt und in Qazvin geboren. In der Schahzeit beteiligte sich meine ganze Familie an der Opposition gegen den Schah; auf diese Weise kam ich seit meiner frühen Kindheit mit der Politik in Berührung. In die PMOI wurde ich im Jahr 1977 durch meinen Bruder Mehdi eingeführt; ich war erst zehn Jahre alt. Im Jahre 1981, mit 13 Jahren wurde ich von den Revolutionsgarden verhaftet und in die mittelalterlichen Gefängnisse des Regimes gebracht. Qazvin ist eine kleine Stadt, daher verbreitete sich die Nachricht von der Verhaftung eines so jungen Menschen in der Stadt wie ein Lauffeuer. Da der Staatsanwalt keine Beweise hatte und meine Eltern Druck ausübten, wurde ich entlassen.

Mein älterer Bruder Seyed Mehdi Borhani wurde, nachdem er im April 1975 die Universität bezogen hatte, von SAVAK (Geheimdienst des Schahs) verhaftet. Er wurde zu sieben Jahren Gefängnis verurteilt. Er wurde im Dezember 1978 während des Volksaufstandes freigelassen. Danach beteiligte er sich aktiv an der Vorbereitung der Demonstrationen, die sich in Qazvin gegen den Schah richteten, und nahm daran teil. Nach dem Sturz des Schahs arbeitete er ganztägig für die patriotische Bewegung der Modjahedin.

Im August 1982 wurde er während der Angriffe auf die Stellungen der Modjahedin von den Revolutionsgarden verwundet und verhaftet; man brachte ihn ins Gefängnis Evin, wo er mit den schlimmsten mittelalterlichen Foltern gequält wurde. Nach einer Woche der Folter brachten sie ihn um. Er war, als er hingerichtet wurde, erst 27 Jahre alt. Ich wusste nicht, dass er tot war, bis mein Bruder Hassan und ich drei Jahre später das Land zu verlassen versuchten; da berichtete er mir von dem Opfertod unseres Bruders. Ich war erst 16 Jahre alt; ich hatte gehofft, wenn ich die Grenze überschritten hätte, meinen Bruder Mehdi wiederzusehen; daher war ich von der Nachricht tief erschüttert.

Mein zweiter Bruder Seyed Mohammad Ali Borhani studierte Geologie an der Bergbauuniversität von Shahrood. Eines Nachmittags im August 1981 überfielen die Revolutionsgarden unser Haus; Ali, der gerade von der Arbeit nach Hause gekommen war, wurde verhaftet und ins Gefängnis geworfen. Im Gefängnis übernahm er alle Verantwortung und lenkte die Aufmerksamkeit von den anderen Brüdern, die ebenfalls verhaftet worden waren, ab. Auf diese Weise konnte er das Leben seiner Brüder retten. Während der Folter brannten sie ihm mit Zigaretten ins Fleisch und brachen ihm einen Arm. Am 9. September 1981 wurde er hingerichtet.

Ali war der erste von meiner Familie, der den Opfertod erlitt. Als er getötet wurde, saß auch ich im Gefängnis. In der Nacht vor der Hinrichtung wurde eine Namensliste verlesen; darauf stand auch sein Name. Sofort riefen sie mich aus der Frauenabteilung hinaus, in der ich gehalten wurde. Als ich herauskam, sah ich Ali hinter der Tür; er lächelte. Ich war so glücklich, ihn zu sehen, und erkundigte mich nach seinem Befinden. Ich dachte nicht im Traum daran, dass ihm die Hinrichtung bevorstand. Er sagte mir, der Richter habe noch ein paar Fragen, daher würden sie ihn ins Gericht zurückbringen, aber am nächsten Tag werde er wieder da sein. Ich bat ihn sogar, ein paar Bücher mitzubringen. „Was für Bücher möchtest du?" fragte er. Ich nannte ihm einige Titel. Er deutete überhaupt nicht an, dass ihm die Hinrichtung bevorstehe. Als er sich zum Abschied anschickte, umarmte er mich so fest, dass ich den Eindruck hatte, er habe mir das Herz aus dem Leibe herausgedrückt. Es fühlte sich an, als würde ich ihn niemals wiedersehen. Ich wollte ihn fragen, ob er wirklich morgen wiederkommen werde, und warum er mich umarmte, als würde er mich niemals wiedersehen. Aber zu spät. Er war schon weg. Obwohl ich beunruhigt war, wollte ich nicht daran denken, dass er möglicherweise hingerichtet werden würde.

Am nächsten Tag wurde sein Name um 11 Uhr durch Lautsprecher ausgerufen. Ich ging hinaus und sah, dass auch meine übrigen Brüder da waren (denn ich war zugleich mit meinen vier Brüdern im Gefängnis: Ali, Ahmad, Hossein und Hassan). Als ich sah, dass Ali fehlte, brach ich in Tränen aus; mir wurde klar, warum er mich am Abend vorher besucht hatte. Ich war damals erst 13 Jahre alt. Meine Brüder erzählten mir von der Bedeutung, die Ali für die anderen Häftlinge und seine Zellengenossen gehabt hatte. Bei seiner Hinrichtung war er 25 Jahre alt.

Mein dritter Bruder Seyed Mohammad Mofid Borhani lernte die PMOI im Jahre 1974 kennen. Nach der Revolution begann er, ganztägig für die Organisation zu arbeiten. Als die PMOI geächtet wurde, konnte er seine Arbeit nur geheim fortsetzen. Nach einer Zeit gelang es ihm, das Land zu verlassen und der Nationalen Befreiungsarmee beizutreten. Während der Operation ,Ewiges Licht' kommandierte er eine ihrer Einheiten; er wurde in der Stadt Islamabad getötet. Er war damals 29 Jahre alt.

Mein vierter Bruder Seyed Ahmad Borhani wurde zusammen mit Ali und mir verhaftet und ins Gefängnis geworfen. Er gehörte zu den Menschen, die überhaupt keine Ungerechtigkeit ertragen können. Auf alles, was die Garden ihm sagten, gab er sofort die Antwort, die sie verdienten; darum wurde er ständig gefoltert. Wegen der Schläge, die sie ihm an Kopf und Rücken beigebracht hatten, nahm er stark ab und litt ständig an Kopf- und Rückenschmerzen. Sie folterten ihn mit Schlafentzug; er wurde sehr schwach. Nach anderthalb Jahren im Gefängnis wurde er für kurze Zeit freigelassen; in dieser Zeit stellte er die Verbindung zu der Organisation wieder her. Aber die Einheit, zu der er gehörte, war unterwandert. Daher wurde er gemeinsam mit meinem anderen Bruder erneut verhaftet und ins Gefängnis zurückgebracht. Sofort begannen sie, ihn zu foltern. Mehr als ein Jahr lang wussten wir nicht, wo er war. Meine Mutter und mein Vater versuchten es herauszufinden, doch ohne Erfolg. Sie suchten ihn in jedem Gefängnis, jeder Zelle in jeder Stadt unseres Staates, und erfuhren jedesmal, sie sollten sich in den anderen Haftzentren umsehen; schon das war für meine Eltern eine Art von Folter. Seine Zellengenossen sagten, er sei standhaft und bis zum Ende voll von Energie gewesen. Er wurde im Alter von 27 Jahren während des Massakers an politischen Gefangenen im Jahre 1988 hingerichtet.

Mein fünfter Bruder Seyed Mohammad Hossein Borhani ging im Jahre 1976 zur Mittelschule, als mein ältester Bruder Mehdi von SAVAK verhaftet wurde. Als die Agenten von SAVAK auf unser Haus zukamen, versuchte er, sie am Betreten des Hauses zu hindern. Sie stießen ihn beiseite und schlugen ihm dabei auf den Kopf, so dass er fortan sein ganzes Leben lang stotterte. Obwohl er viele Ärzte aufsuchte, um von dem Stottern befreit zu werden, behielt er es dennoch bis zum letzten

Tage seines Lebens. Nach der Revolution trat Mohammad Hossein der Nationalen Bewegung der Modjahedin bei; er arbeitete ganztägig für sie, indem er ihre Zeitung verteilte. Eines Tages hatten sie eine Ausstellung auf der Straße vorbereitet; doch sie alle wurden verhaftet und ins Gefängnis geworfen. Er brachte anderthalb Jahre im Gefängnis zu; nach seiner Entlassung schloss er sich den Einheiten der Widerstandsbewegung an. Die Einheit, die ihn aufnahm, war unterwandert; er wurde zum zweiten Mal verhaftet und ins Gefängnis gebracht. Wie vor einem Jahr bei Ahmad hatten wir keine Ahnung, was ihm zugestoßen war und wo er festgehalten wurde. Alle Bemühungen meiner Eltern, ihn zu finden, scheiterten. Sieben Jahre lang wurde er gefoltert; während des Massakers an politischen Gefangenen im Jahre 1988 wurde er hingerichtet. Er war erst 25 Jahre alt. Ich erinnere mich: Als Ahmad und Hossein im Gefängnis waren, gingen mein jüngerer Bruder Hassan und ich hin, um sie zu besuchen. Als wir ihnen sagten, dass wir uns der Nationalen Befreiungsarmee anschließen würden, leuchteten ihre Augen voll Freude. Sie sagten: ‚Sagt Massoud unsere Empfehlungen; er soll sich um uns keine Sorgen machen. Als wir in die Organisation eintraten, haben wir gelobt, dass wir bis zum Ende darin bleiben würden. Wir haben unser Gelübde standhaft gehalten.'

Mein jüngster Bruder wurde wie wir alle in einer Familie aufgezogen, die politisch war. Von Anbeginn erkannten wir die Ungerechtigkeiten, die das Khomeini-Regime beging. Er begann, in Teilzeit für die Nationale Bewegung der Modjahedin zu arbeiten, indem er ihre Publikationen verteilte. Mein ältester Bruder Mehdi sprach von ihm immer als von unserer kleinen heroischen Miliz. Am 20. Juni 1981 wurde er gemeinsam mit einigen Freunden verhaftet, während sie an einem der Stände der PMOI Zeitungen anboten. Als die Garden ihn festnehmen wollten, versuchte er davonzurennen, fiel aber hin und verletzte sich am Knie. Nach seiner Verhaftung folterten ihn die Garden, indem sie ihm auf sein verletztes Knie schlugen, was zu ernstem dauernden Schaden führte. Er war bei seiner Verhaftung erst 15 Jahre alt. Ohne jeden Prozess wurde er dreieinhalb Jahre lang im Gefängnis gehalten. Nach seiner Freilassung versuchte er erneut, mit der PMOI in Verbindung zu kommen. Am 29. November 1985 gelang es ihm, den Iran zu verlassen und sich der Nationalen Befreiungsarmee anzuschließen. Er fiel während der Operation von Chelcheragh im Alter von 21 Jahren.

Nach der Hinrichtung meines Bruders Ali im Jahre 1981 wurde mein Vater in das Amt des Staatsanwaltes vorgeladen. Während er die Stu-

fen zu dem Haus hinaufstieg, sah ihn Vahdani, einer der leitenden Folterknechte, und sagte zu ihm: ‚Bemühen Sie sich nicht, die Stufen zu
erklimmen; wir haben Sie nur vorgeladen, um Ihnen zu sagen, dass wir
Ihren Sohn hingerichtet haben.‘ Mein Vater erlitt an Ort und Stelle einen Herzanfall. Als er wieder zum Bewusstsein kam, sagte er zu Vahdani: ‚Wissen Sie, wen Sie ermordet haben? Sie haben nicht nur eine
Person ermordet, sondern ebenso tausend Generationen, die ihm folgen.‘ Vahdani antwortete: ‚Wenn er ein böser Mensch war, wird er in
die Hölle kommen, wenn ein guter, in den Himmel. Es ist erledigt; wir
können es nicht mehr ändern.‘ Dann sagte er noch: ‚Wenn Sie eine Sterbeurkunde bringen, werden wir Ihnen seine Leiche herausgeben.‘

Nachdem mein Vater das Haus verließ, wurde er auf der Straße erneut
ohnmächtig. Die Vorübergehenden glaubten, er sei von einem Auto angefahren worden; sie versuchten, ihn ins Krankenhaus zu bringen. Er
erlangte jedoch das Bewusstsein zurück und sagte ihnen: ‚Ich wünschte, ich wäre von einem Auto angefahren worden, ich weiß überhaupt
nicht, wie ich diese Nachricht seiner Mutter beibringen soll.‘ Mit Hilfe
der eben Anwesenden gelang es ihm, eine Sterbeurkunde zu bekommen. Als er sie Vahdani brachte, verwies der ihn an die Leichenhalle.
Dort sagte man ihm, er solle sich alle Leichen ansehen, um seinen Sohn
zu finden. Nachdem er die Leichen vieler junger Leute angesehen hatte,
die einige Tage zuvor noch gelebt hatten, fand er endlich Alis Leichnam; mit Hilfe der Leute, die ihn bewusstlos auf der Straße gefunden
hatten, gelang es ihm, sie von der Leichenhalle nach Hause zu bringen.

Meine Mutter legte ein sehr widerstandsfähiges Benehmen an den Tag;
sie behielt den Kopf oben. Sie sagte, sie solle niemandem leid tun, denn
ihr Sohn sei nicht gestorben, er sei zum Märtyrer geworden, man solle
sie also gefälligst beglückwünschen.

Die Schergen taten alles, um meinen Eltern das Leben unerträglich
zu machen. Sie pflegten sie in andere Städte zu schicken – unter dem
Vorwand, ihre Söhne seien verlegt worden –, nur um ihnen das Leben schwer zu machen. Oftmals wurden sie auf der Straße von Regimeagenten überfallen. Bei einem dieser Vorfälle schlug einer dieser
Agenten meiner Mutter mit einer Metallstange aufs Bein; monatelang
konnte sie nicht gehen.

Nachdem mein Bruder Hassan aus dem Gefängnis entlassen worden
war, verließen wir das Land und konnten über Pakistan nach Camp
Ashraf kommen.“

41

Kann der Irak aus der Asche auferstehen?

Am 30. April 2013 fanden im Irak Wahlen statt; man war weithin davon überzeugt, dass das Wahlergebnis gefälscht war. Nur wenige konnten annehmen, Malikis „Rechtsstaats"-Partei könne 92 Sitze gewonnen haben – noch drei mehr als bei der vorigen Wahl – und dies nach Jahren von Gewalt, korrupter Käuflichkeit, Unterdrückung und wirtschaftlichem Fehlschlag. Erhebliche Skepsis wurde auch der angeblichen Wahlbeteiligung von 62 Prozent entgegengebracht – vor dem Hintergrund zunehmender Aggression im Irak und namentlich der Völkermordkampagne, die gegen die sunnitische Bevölkerung der Provinz Anbar unternommen worden war. Angesichts der schändlichen Bombenangriffe auf Schulen, Krankenhäuser und zivile Ziele in Fallujah und Ramadi, die im Frühsommer des Jahres 2014 im Irak über 6000 Todesopfer gefordert hatten, stimmten viele führende Politiker in der Annahme überein, dass es sich bei diesen 62 Prozent um eine Erfindung handelte.

Auch brachten die Politiker im Irak ihre Verärgerung über die während der Wahl verbreiteten Fälschungen zum Ausdruck. Ayad Allawi, der Vorsitzende von „al-Iraqiya", behauptete, es fehlten zwei Millionen Wahlscheine; damit weckte er den tiefen Verdacht, es habe erheblicher Wahlbetrug stattgefunden. Die Nachricht, das gesamte Personal der irakischen Armee und Polizei sei mit je zwei Wahlscheinen ausgestattet worden, einer davon sei ihnen in ihre Stellungen, der andere in ihre Privatwohnungen geschickt worden, verstärkte die Befürchtungen, die Wahl sei gefälscht worden.

Dennoch, das offizielle Wahlergebnis besagte, dass Maliki die meisten Stimmen gewonnen hatte – durch die schiitischen Parteien insgesamt 168 Sitze, in einem Parlament von insgesamt 328 Sitzen. Die Sunniten erhielten 43 Sitze, die Kurden 62 und 24 Sitze gingen an die säkularistischen Parteien, während 8 Sitze auf die Minderheiten fielen und 23 von Unabhängigen und anderen gewonnen wurden.

Im Parlament ist also tatsächlich eine schiitische Mehrheit vorhanden; das garantierte aber Maliki nicht die Möglichkeit, eine Koalition zu bilden. Viele von den schiitischen Parteien entschieden sich gegen weitere Zusammenarbeit mit ihm. In den Wochen nach der Wahl begannen intensive Verhandlungen; dabei versuchte er, verschiedene Parteien zur Zusammenarbeit mit ihm zu kaufen bzw. zu erpressen. Auch das iranische Regime, das in Maliki seine gefügige Marionette sah, übte auf verschiedene politische Parteien dahingehend Druck aus, ihn zu einer dritten Amtszeit als Premierminister zu unterstützen.

Für die Mullahs in Teheran bedeutete eine nicht-sektiererische, gänzlich demokratische Regierung in Bagdad das Anathema, und sie stürmten entschieden vorwärts, um der autoritären schiitischen Herrschaft im Irak weitere vier Jahre zu sichern, deren Drähte von Teheran gezogen werden würden. Die Teilnahme iranischer Milizen an der blutigen Kampagne in Fallujah und Ramadi war ein sichtbares Zeichen dieser Einmischung.

Die Folge war, dass diese Wahl, die erste im Irak seit dem Rückzug der amerikanischen Truppen, in einem solchen Maße gefälscht wurde, dass man ihr Ergebnis fast mit Sicherheit als betrügerisch anzusehen hatte. Es schienen wenige Zweifel daran erlaubt, dass hunderttausende Menschen durch Gewalt und Einschüchterung ihres Rechts auf Teilnahme an der Wahl vom 30. April beraubt worden waren; dadurch wurde diese Wahl zu der undemokratischsten der Ära nach Saddam.

Ihrer üblichen Haltung folgend, hielten sich die Vereinten Nationen, die Vereinigten Staaten und die Europäische Union im Hintergrund und beobachteten die Entwicklung von der Seite. Obwohl das Volk des Irak wahrhaft genug gelitten hatte und leidenschaftlich nach einer nicht-sektiererischen Regierung der nationalen Versöhnung verlangte, die in der Lage wäre, die Situation zu stabilisieren und allen Irakern einen fairen Anteil an Vermögen und Macht zu ermöglichen, gab sich der Westen damit zufrieden, nur als interessierter Beobachter zu agieren. Vielen wurde dennoch im Übermaß klar, dass weitere vier Jahre der korrupten Diktatur Malikis den Irak zerstören würden.

Rechtlosigkeit, Terrorismus, Korruption und systematische Verletzung der Menschenrechte – das alles gehört im Irak zum täglichen Leben. Die Weltbank zählt den Irak zu den Ländern mit der schlechtesten Regierung der Welt. „Transparency International" zählt ihn zu den korruptesten Ländern der Welt. Seine Menschenrechtsbilanz ist verheerend; in der Liste der Länder mit den meisten Hinrichtungen nimmt das Land nach China und dem Nachbarland Iran die dritte Stelle ein. Trotz der gewaltigen Ölvorkommen beträgt das Einkommen pro Kopf und Jahr nur $ 1000; mithin ist der Irak eines der ärmsten Länder der Welt.

Die Lage der Frau ist im Irak verheerend. Die Frauen sind Opfer von Vergewaltigung, Überfall und Gewalt. Die einem Völkermord gleichkommenden Angriffe Malikis auf al-Anbar unter dem fadenscheinigen Vorwand, es handle sich um Kampf gegen den Terror, hat 250.000 Menschen, meistens Frauen und Kinder, wohnungslos hinterlassen, da sie die einzigen sind, denen man gestattet, die Städte zu verlassen. Im Irak wurden fünf oder sechs Provinzen derart misshandelt. Es wurde sogar unmöglich, von Bagdad nach al-Anbar zu reisen, um Hilfe zu bringen. Die Leiden der obdachlosen Frauen und Kinder gingen weit über den bloßen Verlust der Wohnungen hinaus. Sie haben alles verloren, einschließlich des Zugangs zu medizinischer Behandlung und Bildung – einfach alles.

Dadurch, dass man Menschen in solche Situationen brachte, schuf man eine neue Situation, in der riesigen Teilen der irakischen Bevölkerung eine neue Identität auferlegt wurde, die sie in religiöse Abteilungen aufspaltete. Es war etwas, das sie noch nie erlebt hatten, selbst unter Saddam nicht. Die Frauen des Irak waren als Schiiten, Sunniten, Christen oder Turkmenen aufgewachsen, und niemand hatte sich darum geschert, welcher Religion jemand angehörte. Jetzt aber zerfiel der Irak. Zehntausende Iraker erfuhren Trauma, Angst und post-traumatische Belastung. Die Frauen kämpften um das nackte Überleben. Im Irak leben fünf Millionen Witwen und fünf Millionen Waisen, doch nur 120.000 von ihnen beziehen staatliche Unterstützung. Das Einkommen einer Witwe beträgt im Durchschnitt £ 55 ($ 85) im Monat, die Rente im Durchschnitt £ 130 ($ 200) im Monat.

Nur 2 Prozent der irakischen Frauen arbeiten im öffentlichen Dienst. Trotz der Öleinnahmen in Höhe von jährlich Milliarden Dollar leidet der Irak an endemischer Korruption. Die Todesstrafe trifft nicht nur Männer. Der Irak ist zu einem Schlachthaus geworden. Es ist barbarisch. Kinder von Männern und Frauen, die wegen des Vorwurfs des Terrorismus hingerichtet werden, entwickeln sich ihrerseits zu Terroristen, um Rache zu nehmen.

Auch die Bildung liegt darnieder. Die Schulbildung von 92 Prozent der Kinder ist mangelhaft. Die Schulen leiden an ihren erbärmlichen und verfallenden Gebäuden. Viele Schulen besitzen, obwohl sie 500 Kinder unterrichten, keine Toiletten; oft ist ihre Verkehrsanbindung lächerlich kompliziert. Unterdessen breiten sich Morde an Lehrern, Wissenschaftlern und Akademikern aus. Viele von den Ermordeten sind Frauen. Angehörige der Mittelschichten verlassen das Land zu Zehntausenden.

Nach meinen erfolgreichen Besuchen in Erbil im November 2013 hatte ich die Hauptredner aus dem Irak eingeladen, am 19. Februar 2014 auf einer größeren Menschenrechtskonferenz im Europäischen Parlament in Brüssel zu sprechen. Zu den Rednern gehörten einige der prominentesten politischen und religiösen Führer des Irak, darunter Scheich Dr. Rafie Alrafaee, Großmufti des Irak, Salim Abdullah al-Jabouri, Vorsitzender des Menschenrechtsausschusses des Repräsentantenrates, Haidar Mulla, Mitglied des Irakischen Repräsentantenrates, Minister Falah Mustafa Bakir, Leiter der Abteilung für auswärtige Beziehungen der kurdischen Regionalregierung und Yonadam Kanna, Vorsitzender des Ausschusses für Arbeit und soziale Angelegenheiten im Irakischen Repräsentantenrat. Ich moderierte die Konferenz und richtete die Aufmerksamkeit der Teilnehmer auf einen sehr kritischen Bericht über den Irak vom Generaldirektorat des Europäischen Parlaments für auswärtige Politik, der den Titel trug: „Die tödliche Spirale auf einen Bürgerkrieg zu im Irak". Ich sagte der Konferenz, es werde im Europäischen Parlament eine Resolution vorbereitet, die die anhaltende Gewalt und die Menschenrechtsverletzungen im Irak verurteilen werde und in der folgenden Woche in Straßburg beraten werden solle.

In meinen eröffnenden Ausführungen sagte ich:

> „Im vorigen November war ich im Irak. Ich traf viele führende Politiker, religiöse Führer und tapfere Männer und Frauen, die die Volksaufstände und Demonstrationen in al-Anbar, sechs Provinzen und vielen Städten des Irak geleitet hatten. Die Botschaft war bei ihnen allen die gleiche. Sie sagten mir, Rechtlosigkeit, Terrorismus, Korruption und systematische Verletzung der Menschenrechte gehörten im Irak zum täglichen Leben. Sie sagten, Premierminister Nouri al-Maliki entwickle sich rasch zu einem zweiten Saddam Hussein und der moderne Irak sei ein Staubgefäß, voll von Gewalt und Blutvergießen."

In seiner Ansprache sagte Dr. Rafie Alrafaee, Großmufti des Irak:

> „Maliki verfolgt die schändliche Politik, unschuldige Menschen ohne Unterschied zu bombardieren. Nicht die Menschen von al-Anbar haben mit dem Krieg begonnen. Wir haben alles getan, um eine friedliche Regelung zu erreichen. Diese friedlichen Versammlungen wurden von Malikis Truppen angegriffen. Sie haben unschuldige Menschen in ihren Häusern überfallen. In der vorigen Woche wurde mein eigener Bruder bei einem Bombenangriff getötet; der wurde weder von al-Qaeda noch von Daesh (ISIS) unternommen. Als Maliki mit seinem so genannten Krieg gegen Terroristen in der Wüste der Provinz Anbar begann, wurde nicht ein einziger Kämpfer von al-Qaeda getötet. Die einzigen Menschen, die getötet wurden, waren unschuldige Schafhirten. Was sich in Fallujah ereignet, ist Völkermord. 1000 Zivilpersonen sind verletzt worden. Die Ereignisse im Irak haben eine gefährliche Wendung genommen. Sie könnten zu einem Bürgerkrieg führen, bei dem das gesamte irakische Volk nur verlieren könnte. Das Europäische Parlament muss sich mit dieser Sache beschäftigen. Wir sind der iranischen Regierung auf einem goldenen Tablett ausgeliefert worden."

Salim Abdullah al-Jabouri, Vorsitzender des Menschenrechtsausschusses des Repräsentantenrats und jetziger Präsident des irakischen Parlaments, sagte:

> „Wir haben die internationale Gemeinschaft aufgefordert, uns zu retten; stattdessen erlebten wir nur Reden und kein Handeln. Jetzt sind die Tränen der irakischen Frauen getrocknet. Die nicht erfüllten Versprechungen machen uns krank. Doch bei all dem ist das Blutvergießen im Irak nicht am Ende. Alle Rechtsverletzungen sind ernst, alle fallen ins Gewicht. Sie sind Angelegenheiten internationaler Politik und internationalen Rechts. Wir Iraker, wir sind es, die zu leiden haben. Die Vernehmungsbeamten greifen zur Folter, um Geständnisse zu erpressen. Wir brauchen eine Gesetzgebung, die der Verletzung der Häftlinge ein Ende macht. Man kann jahrelang aufgrund falscher Anschuldigungen festgehalten werden. Doch die Menschenrechtsverletzungen werden nicht zum Ende des Terrorismus führen. Unser Ausschuss war in der Lage, die Entlassung vieler Frauen aus dem Gefängnis zu erreichen. Der Irak ist ein vielfältiges Land,

doch das Morden dauert an. Täglich detonieren zehn Autobomben. Man sollte den irakischen Medien mehr Freiheit geben, die Wahrheit zu verbreiten. Zehntausende Zivilpersonen sind in die Provinz al-Anbar verbracht worden. Eine ganze Generation hat ihre Rechte verloren."

Haidar Mulla, Mitglied des Irakischen Repräsentantenrats, sagte:

„Mr. Stevenson hat den Einfluss der EU im Irak verstärkt; insbesondere hat er den Menschenrechten im Irak stärkeres Gewicht verschafft. Wir hatten gehofft, der Irak werde nach dem Fall des früheren Regimes zu einer Demokratie werden. Aber wir können auf unsere Menschenrechtsbilanz nicht stolz sein. Unsere Aufgabe ist schwierig und kompliziert. Wir müssen den Weg zu einer Kultur ebnen, die die Menschenrechte respektiert. Die Regierung des Irak hat den Artikel 19 über die Menschenrechte nicht eingehalten. Es handelt sich hier nicht um ein Geschenk an das Volk. Es handelt sich um sein Recht. Gegenwärtig kommt ein Mitarbeiter des Militärs auf 27 Zivilpersonen; dennoch leben wir nicht im Frieden. Wir befinden uns in einer politischen Krise; wir müssen politisch damit umgehen."

Minister Falah Mustafa Bakir, Leiter der Abteilung der kurdischen Regionalregierung für auswärtige Beziehungen, sagte:

„Die Menschenrechte sind kein Privileg. Sie sind Grundrechte. Wir sorgen uns um die Menschenrechte, weil wir Kurden eine lange Leidensgeschichte hinter uns haben."

Die Konferenz wurde als großer Erfolg empfunden, doch wieder riefen die ihr folgenden Medienberichte einen wütenden Rückschlag aus Bagdad hervor: Erneut verurteilte mich Maliki, indem er behauptete, ich träte nur für die Sunniten ein, was vollkommen unzutreffend war, und ich malte ein einseitiges Bild von den irakischen Ereignissen!

Viele von den Wunden, an denen der Irak leidet, hat das Land sich selbst zugefügt; es sind die Folgen verfehlter politischer Führung. Nouri al-Maliki wandte alle Mühe darauf, an der Macht zu bleiben; er wurde immer autoritärer und repressiver und setzte immer rücksichtsloser die sektiererische Politik durch, die die ethnische Polarisierung förderte. Durch scharfe Kontrolle der Streitkräfte – Armee und Sicherheit – seitens seines Amtes bewirkte er, dass eben die Kräfte, die die Stabilität hätten garantieren und Konflikte beenden können, das

exakte Gegenteil bewirkten. Mit direkter Unterstützung durch das faschistische iranische Regime bediente er sich der Streitkräfte, um die
unschuldigen, wehrlosen Flüchtlinge in Camp Ashraf und Liberty zu
entführen und zu ermorden; er beging Verbrechen gegen die Menschlichkeit, für die er vor internationale Gerichte gestellt werden muss.

Auch marginalisierte Maliki – bis hin zu offener Diskriminierung – alle
nicht-schiitischen Minderheiten, und dies der Tatsache entgegen, dass
sie nach der irakischen Verfassung geschützt werden und die gleichen
Rechte genießen sollen. Die christliche Bevölkerung des Irak hat bis auf
weniger als 300.000 abgenommen; viele wurden gezwungen, vor dem
Islamischen Staat (IS) zu fliehen. Man setzte sie einem Ultimatum aus,
zum Islam überzutreten oder eine besondere, nicht-islamische Steuer
zu bezahlen – oder zu sterben. Manche fürchten, dass eine der ältesten
christlichen Kirchen der Welt ausgelöscht werden könnte. Aber sie sind
nicht die einzige mit der Säuberung konfrontierte Minderheit.

Die Jesiden – ihre zoroastrische Religion ist tausend Jahre älter als das
Christentum – werden von den Dschihadisten des IS als Teufelsanbe-
ter betrachtet; sie wurden zu Hunderten massakriert und aus ihren
Häusern vertrieben. Tausende Jesiden waren auf dem Berg Sindschar
lebensgefährlichem Hunger und Durst ausgesetzt, viele sind umgekom-
men. Dadurch sahen Obama und Cameron sich gezwungen, erneut in
den Irakkonflikt einzugreifen - durch das Versprechen militärischer
und humanitärer Hilfe.

Es waren die USA und Großbritannien – George W. Bush und Tony Blair
-, die in den Irak einmarschierten und Saddam stürzten und dann erklärten: „Mission erfüllt!" So entstand der ethnische Schmelztiegel,
den die Iraner ausbeuteten und den Maliki erniedrigte. Das Resultat,
das vorauszusehen war, bestand in gewalttätigen Reaktionen der unterdrückten Minderheiten, besonders der Sunniten, sowie in der Entfrem-
dung und zunehmenden Desillusionierung der Kurden. Malikis einem
Völkermord gleichkommende Kampagne gegen die sunnitische Bevölkerung der Provinz al-Anbar dauerte viele Monate lang; unweigerlich
zog sie Elemente von ISIS vom syrischen Bürgerkrieg ab; sie profitierten
von der Angst der sunnitischen Bevölkerung vor Maliki und dem gegen
ihn gerichteten Hass. Die zunehmende Gewalttätigkeit explodierte am
Ende in einem Bürgerkrieg, der womöglich noch schlimmer war als der
Religionskrieg während der US-Besetzung. Sowohl im Süden als auch
im Norden des Irak eroberte ISIS große Gebiete; er nahm ganze Städte

ein wie Mossul und verjagte zehntausende Christen, Jesiden und andere ethnische Minderheiten, die flohen, um das nackte Leben zu retten.

Angesichts dieses Gemetzels brach die irakische Armee zusammen. ISIS machte sich die sozialen Netzwerke bösartig zunutze; grausige Filme und Bilder von Massenmord und Enthauptungen irakischer Soldaten riefen in den Reihen der Armee Panik hervor. Tausende irakische Soldaten zerrissen ihre Uniformen, ließen ihre Waffen fallen und flohen. ISIS eroberte hunderte Tonnen militärischer Ausrüstung, Humvees, Raketenwerfer und Handfeuerwaffen. Und schlimmer noch: ISIS übernahm die Kontrolle über die Ölfelder und Banken und wurde dadurch zu einer der reichsten Terrororganisationen der Welt.

Erfolg gebar Erfolg; immer mehr Dschihadisten strömten aus Syrien in den Irak, um sich an dem dortigen Krieg zu beteiligen. Ihre territorialen Gewinne waren so groß, dass sie den Namen ISIS begruben und sich „Islamischer Staat (IS)" nannten. Ihr Anführer, Abu Bakr al-Baghdadi, ernannte sich selbst zum Kalifen oder Staatsoberhaupt des neuen Kalifats. Das US-Außenministerium hat al-Baghdadi zu einem globalen Terroristen erklärt und eine Belohnung von 10 Millionen Dollar auf seine Verhaftung oder Tötung ausgesetzt. Davon nicht eingeschüchtert, hielt al-Baghdadi im Juli 2014 in der Großen Moschee von al Nuri in Mossul – im nördlichen Irak – eine Rede, in der er sich zum Führer aller Muslime der Welt erklärte. Er verkündete, der Islamische Staat werde gegen Rom marschieren und ganz Europa und den Nahen Osten erobern. Bei vielen Regierungen und religiösen Führern des Nahen Ostens rief seine Ausrufung des Kalifats großen Schrecken hervor; sie erklärten, solche Proklamation sei nach der Scharia null und nichtig.

Die Expansion von ISIS innerhalb des Irak hat die Welt überrascht. Plötzlich sahen sich sogar die kurdischen Peschmerga zum Rückzug gezwungen – die Dschihadisten des Islamischen Staates marschierten auf Erbil zu, die Hauptstadt des irakischen Kurdistan. Maliki benutzte die sich verschärfende Krise zu seinen Zwecken; er forderte militärische Hilfe vom Westen und vom benachbarten Iran und behauptete, er sei der einzige, der die Krise lösen könne. Doch die westlichen Führer begannen einzusehen, was ich mit vielen anderen seit Jahren gesagt hatte: dass Maliki nicht die Lösung war, sondern das Problem. Nur seine Entfernung aus dem Amt und die Einsetzung einer nicht-religiösen Regierung der nationalen Versöhnung könnten das Land wieder einen und die Terroristen des IS zum Rückzug zwingen.

Es wurde rasch klar, dass Maliki die Unterstützung durch die Mehrheit verloren hatte – sogar in seinen eigenen schiitischen politischen Parteien. Obama und John Kerry forderten nun öffentlich seinen Rücktritt, und als der Islamische Staat sogar anfing die Grenze zum Iran zu bedrohen, erkannten die Mullahs die Schrift an der Wand und warfen ihre lange gehegte Puppe den Wölfen zum Fraß hin. Als der neuernannte irakische Präsident Fuad Masum unter Missachtung der Drohungen Malikis Haider al-Abadi mit der Regierungsbildung beauftragte, reagierte Maliki wütend: Er erklärte, er werde den Präsidenten wegen Verfassungsbruchs vor Gericht stellen. Als Führer der wichtigsten schiitischen Partei, die bei der Wahl die meisten Sitze gewonnen hatte, argumentierte er, sei es sein verfassungsmäßiges Recht, Premierminister zu bleiben. Es war eine gewaltige Ironie: Maliki, der Altmeister des Verfassungsbruchs, berief sich auf die Verfassung! Doch mit wachsender internationaler Unterstützung im Rücken – sogar die Mullahs stärkten ihm den Rücken – ignorierte Präsident Masum Malikis Drohungen und gab Haider al-Abadi den Posten.

Nun dämmerte es Maliki, dass sein Spiel aus war und er abtreten musste. Haider al-Abadi, der in Manchester studiert hatte, begann mit seinen Verhandlungen zur Bildung einer neuen inklusiven Regierung, die die Schiiten, Sunniten, Kurden und alle ethnischen Minderheiten und politischen Parteien vereinigen sollte. Die Aussichten auf eine Regierung der nationalen Versöhnung und ein Ende der religiösen Streitigkeiten gewannen an Boden.

Ohne jeden Zweifel haben die Fehler, die die Vereinigten Staaten nach ihrer Invasion im Jahre 2003 begangen haben, zu der Verwüstung beigetragen, in der das Land jetzt liegt, und zu der jahrelang verfehlten Politik. Die ständige Einmischung des Iran hat die Lage noch verschärft und die Spaltung der Nation vertieft. Der Gedanke daran, dass die westlichen Mächte zu der Tyrannei und Korruption nichts zu sagen hatten, ist unerträglich. Fortschritt war im Irak immer abhängig von der Bereitschaft seiner führenden Schichten, sich von der Fixierung auf eigene Macht, auf Reichtum, ethnische Zugehörigkeit und Partei zu lösen. Wenn sie jetzt, nachdem Maliki gegangen ist, nicht vorangehen, stehen dem Irak Bürgerkrieg und Desintegration bevor. Dann wird er als Staat zerbrechen.

Nach fünf Jahren, die ich als Präsident der Delegation des Europäischen Parlaments für die Beziehungen zum Irak verbrachte – von 2009 bis

2014 - und nach vielen Reisen in das Land und Diskussionen mit seinen führenden Politikern kann ich nun nicht einfach die Hände in Unschuld waschen und weggehen. Darum habe ich die „Europäische Vereinigung für Freiheit im Irak" gegründet, deren Hauptziel in der Errichtung der Demokratie, der Freiheit und Gerechtigkeit in dem übel heimgesuchten Land besteht.

Das Volk des Irak ist von einer langen Reihe korrupter, tyrannischer Führer gefoltert, geschlagen, misshandelt und seines Erbes und Lebensunterhaltes beraubt worden. Es verdient eine bessere Zukunft; die „Europäische Vereinigung für Freiheit im Irak" wird sich in Europa zu seiner Stimme machen.

Viele distinguierte Politiker und angesehene Führer, die diese Ziele teilen, haben sich mir in dieser Aufgabe angeschlossen, darunter mein langjähriger Freund und Mitarbeiter Alejo Vidal-Quadras, von 1999 bis 2014 Vizepräsident des Europäischen Parlaments, Paulo Casaca, von 1999 bis 2009 Mitglied des Europäischen Parlaments, Geir Haarde, ehemaliger Präsident von Island, Sid Ahmed Ghozali, ehemaliger Premierminister von Algerien, Se. Exzellenz Tariq al-Hashemi, ehemaliger Vizepräsident des Irak, Lord Carlile, ehemaliger Berater des Vereinigten Königreichs für die nationale Sicherheit, und Giulio Terzi, ehemaliger Außenminister Italiens. Ich bin zuversichtlich, dass sich weitere distinguierte politische Kollegen unserer Sache anschließen werden.

Es ist unser Ziel, eine nicht-sektiererische Regierung der nationalen Versöhnung zu erleben, die in der Lage ist, im Irak die Schiiten und die Sunniten zu vereinigen und die vielen verschiedenen ethnischen Gruppierungen zusammenzubringen. Wenn dieses Ziel erreicht werden soll, besteht der erste Schritt in der Vertreibung des iranischen Regimes aus dem Irak. Es hat während der acht Jahre der Diktatur Malikis seinen Einfluss rücksichtslos ausgebaut und sich beständig in die inneren Angelegenheiten des Irak eingemischt; Fortschritt auf dem Wege zur nationalen Einheit wird nicht sein, wenn das iranische Regime nicht gezwungen wird das Land zu verlassen.

Wir haben unser erstes großes Ziel erreicht: Nouri al-Maliki, der korrupte und brutale Soziopath, ist gegangen. Wir müssen jetzt unser Vertrauen auf Haider al-Abadi setzen, den neuen Premierminister, und hoffen, dass er die Fehler seines Vorgängers nicht wiederholen wird. Wenn es ihm gelingt, die Schiiten, Sunniten und Kurden im Irak an einen Tisch zu bringen, wenn er den vielen ethnischen Minderheiten die Hand der Freundschaft bietet und die Agenten des iranischen Regimes und ihre kriminellen Milizen an die Luft setzt, dann wird er in der Lage sein, die Stämme neu zu beleben und erfolgreich gegen die Terroristen des Islamischen Staates zu kämpfen, um sie nach Syrien zurückzutreiben.

Al-Abadi steht ein gewaltiger Berg von Arbeit bevor. Zunächst muss er ein inklusives Kabinett bilden, das vom Einfluss äußerer Mächte frei ist, besonders dem des iranischen Regimes. Dann muss er die sofortige Freilassung aller politischen Gefangenen anordnen, besonders die der Frauen, die unter Maliki aufgrund erdichteter Vorwürfe inhaftiert wurden. Ferner muss er durch Teilung der Macht unter Beweis stellen, dass ihm an der Partizipation aller Teile der irakischen Gesellschaft gelegen ist, besonders der der Sunniten und der Kurden, er muss die Rechte des Volkes in den sunnitischen Provinzen anerkennen und mit den Stammesführern und sunnitischen Revolutionären Verhandlungen aufnehmen.

Er muss anfangen, die brutalen Milizen, die mit dem iranischen Regime verbunden sind, also die Terroristen von Badr, Asaib und Kataib, zu stellen und zu vertreiben, ebenso andere kriminelle Gangs, die unter Malikis Herrschaft eine bedeutende Rolle gespielt und den Religionskrieg im Irak geschürt haben. Er muss die Armee von den iranischen Söldnern und von allen, die Maliki für seine sektiererische Politik rekrutiert hat, reinigen, patriotische Offiziere an ihre Stelle setzen und eine professionelle nationale Armee schaffen. Nur sie wird, von den Stämmen und dem Volk unterstützt, imstande sein, den extremistischen und terroristischen Gruppen wie dem Islamischen Staat entgegenzutreten.

Der neue Premierminister muss dem irakischen Volk die Namen jener enthüllen, die die Hinrichtungen, Massaker, die Bomben- und Raketenangriffe gegen unschuldige Menschen durchgeführt haben, desgleichen die Namen jener, die für die Armut der Menschen und die Korruption des Staates verantwortlich sind. Sie alle müssen sich vor Gericht verantworten. Er muss die Unabhängigkeit der Justiz wiederherstellen, er muss all jene entlassen, die die Justiz zu einem politischen Instrument Malikis gemacht haben. Er muss ferner die für die sechs Massaker in den Camps Ashraf und Liberty Verantwortlichen verhaften und vor Gericht stellen lassen und die unmenschliche Blockade aufheben, die über die iranischen Flüchtlinge in Liberty verhängt wurde; er muss ihre Rechte und ihre Sicherheit garantieren, einschließlich ihres Rechts auf ihr Eigentum in Liberty und Ashraf.

Die neue Regierung sollte den Boden bereiten für eine alsbaldige freie und faire demokratische Wahl unter Aufsicht der Vereinten Nationen, um den Vertretern des Volkes die wahre Souveränität in die Hand zu geben.

Ich hoffe zuversichtlich, dass Dr. al-Abadi rasche Schritte zur Durchführung dieser Maßnahmen ergreifen wird, um die Wünsche des ganzen irakischen Volkes zu erfüllen. Dann wird er sich der Unterstützung durch die Weltgemeinschaft und besonders durch die EU erfreuen können. In seiner Hand liegt nun die historische Aufgabe, den Irak zu retten – oder als Regierungschef seiner gänzlichen Auflösung zuzusehen.

42
Interviews mit politischen Gefangenen
Camp Liberty (Bagdad), September 2014

Bahar Abehesht

„Mein Name ist Bahar Abehesht. Ich bin am 14. März 1982 in Teheran geboren. In der Oberschule war ich sehr gut in Mathematik; schon als Kind beschäftigte ich mich mit Kampfsport. Nachdem ich mich der PMOI angeschlossen hatte und nach dem Angriff der USA auf den Irak, der zur freiwilligen Entwaffnung der Nationalen Befreiungsarmee führte, setzte ich meine Ausbildung zum Computerprogrammierer fort.

Ich lernte die PMOI bereits im frühen Kindesalter kennen. Meine Mutter und mein Vater waren beide Mitglieder der PMOI. Als Khomeini in den Iran zurückkam und anfing die PMOI zu unterdrücken, mussten meine beiden Eltern untertauchen. Im Jahre 1982 – meine Mutter war schwanger – wurde mein Vater in einer der Stellungen der PMOI im Norden des Iran von den Revolutionsgarden verhaftet. Er wurde schwer gefoltert und, nachdem er Reue abgelehnt hatte, hingerichtet. Er hat mich nie gesehen. Als meine Mutter zu meiner Geburt ins Krankenhaus ging, wurde es von Revolutionsgarden umstellt, die nach Mitgliedern und Anhängern der PMOI suchten. Einer der Ärzte war Mitglied der Fedajin-Guerillas und wusste, dass meine Mutter der PMOI angehörte; er verlegte sie in eine besondere Abteilung des Krankenhauses, um sie vor den Garden zu schützen. Sofort nach meiner Geburt wurde sie in ein Auto gesetzt und geheim aus dem Krankenhaus in ein sicheres Haus in der Majidieh-Straße gebracht.

Einige Stunden später drangen die Revolutionsgarden in das Krankenhaus ein, verhafteten den Arzt, der meiner Mutter geholfen hatte und brachten ihn ins Gefängnis. Später wurde er hingerichtet. Meine Mutter lebte zusammen mit einigen anderen Mitgliedern der PMOI in einem sicheren Haus im Bezirk Pars in Teheran. Am 2. Mai 1982 griff

255

das Regime viele Stellungen und sichere Häuser der PMOI in Teheran an; meine Mutter und ich wurden verhaftet und ins Gefängnis Evin gebracht. Ich war erst einige Wochen alt. Meine Großeltern versuchten, meine Entlassung aus dem Gefängnis zu erwirken, um mich in ihrem Haus zu beherbergen, doch das Regime erlaubte das nicht und ich blieb bis zum Alter von zwei Jahren im Gefängnis Evin. Dort wurde meine Mutter ständig gefoltert und musste lange Verhöre über sich ergehen lassen; daher konnte sie sich um mich nicht kümmern; andere inhaftierte Frauen nahmen sich meiner an.

Als ich zwei Jahre alt war, gelang es meinen Großeltern, das Sorgerecht für mich zu übernehmen; sie nahmen mich in ihrem Haus auf. Wenn ich erzählen will, wie ich die PMOI kennen lernte, muss ich sagen: Seitdem ich die Augen für diese Welt öffnete, war ich von ihr umgeben. Alles, was ich vom Khomeini-Regime sah, war Folter und Hinrichtung; alles, was ich von der PMOI sah, war, dass sie für die Freiheit einen hohen Preis bezahlte. Ich wuchs in einer Familie auf, in der Vater und mehrere Onkel gemeinsam mit fünf weiteren Familienmitgliedern wegen Mitgliedschaft in der PMOI hingerichtet wurden. Ich hörte schon als Kind immer den Namen Massoud Rajavi. Wenn im Iran ein Kind geboren wird, pflegt man ihm Suren des Koran ins Ohr zu sagen. Doch als ich geboren wurde, flüsterten sie mir ins Ohr: „Tod für Khomeini, lang lebe Rajavi!"

Wenn ich meine Mutter und meine Onkel im Gefängnis und danach ihre Bilder auf dem Kamingesims sah, fragte ich meine Großeltern: „Warum ist meine Mama im Gefängnis? Warum haben sie meinen Papa und meine Onkel getötet?" Als ich klein war, wollten sie mir darauf nicht antworten und wechselten das Thema. Doch als ich fünf Jahre alt war, erzählte mir mein Großvater eines Tages von den Modjahedin. Er sagte: Sie kämpfen für die Freiheit und opfern ihr Leben, um das Volk des Iran zu befreien. Jeden Abend um 20 Uhr versuchte mein Großvater, den Radiosender der PMOI einzustellen. Auf diese Weise verbrachte ich meine Kindheit; so viel zu der Art, wie ich die PMOI kennen lernte.

In unserem Haus erkannten wir Massoud Rajavi als den an, nach dem wir uns richteten. Man zeigte uns ein Bild von ihm und sagte: „Dies ist Onkel Massoud. Eines Tages wird er in den Iran zurückkommen und alle Kinder, deren Väter hingerichtet wurden, zu sich kommen lassen." Als einer, der seinen Vater verloren hatte, fühlte ich mich daher mit dem Anführer des Widerstandes tief verbunden. Als ich größer wurde, wollte ich ihn immer sehen und dachte beständig an ihn. Da ich in einer Familie von Anhängern der PMOI aufwuchs, lernte ich die Bedeutung von Ungerechtigkeit und Freiheit von Anfang an. Meine Mutter lebte zehn Jahre lang in den Gefängnissen Khomeinis. An ihrem Körper sind immer noch die Zeichen barbarischer Folter zu sehen. Mein älterer Onkel brachte sieben Jahre in den Gefängnissen des Schahs und Khomeinis zu. Mein jüngerer Onkel wurde fünf Jahre lang schwer gefoltert; seine Zellenkameraden haben die Folter dokumentiert, die er zu erleiden hatte; ich habe immer noch ein Exemplar ihres Berichts. Nach fünf Jahren der Folter wurde er vom Khomeini-Regime hingerichtet. Seit meiner Kindheit lernte ich von den Modjahedin, dass man für die Freiheit einen Preis zahlen muss.

Im Jahre 1988 wurde ich zu meiner Mutter ins Gefängnis gebracht. Wenn unter dem Khomeini-Regime ein Kind seine Mutter sehen wollte und diese Mutter im Gefängnis saß, musste es in das Gefängnis gehen. Diese Bedingungen akzeptierte ich und ging zu meiner Mutter und anderen Frauen der PMOI ins Gefängnis. 1988 war ja auch das Jahr des Massakers an den Häftlingen der PMOI. Die Ereignisse dieses Jahres werde ich nie vergessen. Zunächst erlebte ich den Transport von Häftlingen zu den Massenhinrichtungen. Ich sah ihre verstümmelten Körper, wenn sie von der Folterkammer zurückkehrten. Die Folterknechte peitschten die Häftlinge mit Kabeln aus, so dass sie kaum noch auf den Füßen stehen konnten. Die meisten Mitglieder der PMOI konnten die Essensrationen im Gefängnis nicht essen und hatten blutige Geschwüre. Viele hatten Nierenleiden – aufgrund der Peitschenhiebe, die sie erdulden mussten; einige von ihnen mussten sich der Dialyse unterziehen, weil ihre Nieren nicht mehr funktionierten.

Einige litten an ständigen Kopfschmerzen und Migräne; man hatte sie auf den Kopf geschlagen. Bei den meisten war das Augenlicht getrübt. Ich habe mit eigenen Augen die Leiber der gefolterten Frauen gesehen – ihre zerfetzten Rücken, Hände und Füße. Ich habe die Besserungszellen gesehen – mit einem ganz kleinen Fenster für die Luft; dorthin brachten sie viele Menschen auf einmal. Ich habe durch diese kleinen Fenster mit den Häftlingen gesprochen und Nachrichten mit ihnen ausgetauscht. Sie alle waren meine Freunde, und trotz der Folter waren sie alle optimistisch und energisch. Obwohl wir uns im Gefängnis sahen, hatte ich, solange ich bei ihnen war, ein gutes Gefühl. Sie sangen, lasen Gedichte und erzählten mir von ihrem Ausharren während der Folter. Sie sagten mir: „Du musst aus dem Gefängnis kommen und jedem erzählen, was hier geschieht." Den meisten von ihnen war klar, dass ihnen die Hinrichtung bevorstand, doch niemals verloren sie die leidenschaftliche Liebe zum Leben. Die meisten von denen, die mit mir das Gefängnis teilten, wurden beim Massaker an politischen Gefangenen im Jahr 1988 hingerichtet, darunter Mozghan Sorbi, 26 Jahre alt, Azadeh Tabib, 25 Jahre alt, Mahin Ghoreishi, Fereshteh Hamidi und andere ...

Azadeh Tabib war hervorragend im Widerstand unter der Folter. Meine Mutter und Azadeh wurden für lange Zeiten an der Decke aufgehängt. Der Druck, der auf ihre Arme und Handgelenke ausgeübt wurde, war so groß, dass sie danach die Gelenke nicht mehr bewegen konnten und zur Operation ins Krankenhaus eingeliefert wurden. Mahin Ghoreishi, deren Mann hingerichtet wurde, hatte einen siebenjährigen Sohn namens Mohammad. Mahin wurde wegen ihres Glaubens an die Freiheit und ihrer Mitgliedschaft in der PMOI hingerichtet. Meine Mutter hatte mir ein Lied mit revolutionärem Inhalt beigebracht; als die Garden hörten, wie ich es sang, brachten sie meine Mutter in den Vernehmungsraum und folterten sie schwer. Als sie zurückkam, sah sie aus wie eine Siegerin und begann, den Freunden die Episode zu erzählen. Ich habe viele Tatsachen von den angewandten Foltermethoden und dem Widerstand der Modjahedin im Gefängnis Evin im Kopf; wenn die Zeit kommt, die Vertreter des Regimes vor Gericht zu stellen, werde ich vor dem internationalen Gericht, das ihnen den Prozess macht, als Zeuge von diesen Dingen berichten.

Einmal – ich war fünfeinhalb Jahre alt - wurden die Häftlinge auf den Hof geführt, sie sollten frische Luft schnappen. Einige Freundinnen meiner Mutter begannen, mit den Garden zu sprechen. Sie banden ihre Aufmerksamkeit, während meine Mutter mich mit einigen anderen in eine Ecke des Hofes führte und mich einer der größten inhaftierten Frauen auf die Schulter stellte. Sie sagten mir, ich solle die Namen einiger Häftlinge ausrufen. Ich konnte kaum über die Mauer sehen; ich sah nur eine der Zellen, die im Boden vergraben war; die Gitter waren noch zu sehen. Ich begann damit, die Namen, die man mir genannt hatte, auszurufen. Sofort tauchten die Genannten am Fenster der Zelle auf. Es waren Freunde von Mama, tapferen Widerstand leistende Häftlinge, die man zur Bestrafung in die unterirdische Zelle gebracht hatte. Ich sagte ihnen weiter, was meine Mama und ihre Freundinnen mir zu sagen aufgetragen hatten. Dann baten sie mich oft, folgendes Gedicht aufzusagen:

„Der Stern war in Stücke zerrissen,
fiel aber nie vom Himmel,
Stern, o Stern, so ist es,
wer einen Stern hat,
wird am Galgen enden."

In ihren winzigen Zellen klatschten sie in die Hände und machten mir das Siegeszeichen. Dann sagten auch sie ein Gedicht auf; unglücklicherweise kann ich mich an seinen Wortlaut nicht erinnern. Ich weiß nur noch, dass es vom Widerstand und von der Freiheit handelte. 1988 wurden alle, die in einer solchen Besserungszelle saßen, hingerichtet.

Einmal rief mich die Mojahed Mahin Ghoreishi, die später den Opfertod starb, und fragte mich: „Kennst du die Geschichte von dem kleinen schwarzen Fisch?" Ich sagte, ich hätte das Buch und hätte es gelesen. Sie sagte: „Du musst werden wie der kleine schwarze Fisch und schwimmen, bis du zum Ozean kommst." Sie wurde hingerichtet, weil sie der PMOI angehört hatte; sie hinterließ mir einen Schal, auf dessen Ecke der kleine schwarze Fisch gestickt war.

Als die Massenexekutionen begannen und sie die Menschen in Wellen hinrichteten, fingen die Wachen an, die Kinder aus den Gefängnissen zu entfernen. Sie hatten mit den Exekutionen begonnen und schickten mich zu meinen Großeltern nach Karaj. Während der Massenexekutionen wurden die meisten von denen, die ich kennen gelernt hatte, hingerichtet. Auch meine Mutter sollte hingerichtet werden, doch mit intensiven Bemühungen schafften es mein Großvater und seine Freunde, die eine Bank in Teheran leiteten, sie vor der Hinrichtung zu bewahren.

Als ich 15 Jahre alt wurde, erkannte ich, dass ich in einer Gesellschaft, die von den Mullahs unterdrückt wurde, nicht leben konnte. Obwohl ich einer wohlhabenden Familie angehörte, war immer etwas in mir, das mich gegen die Armut und Ungerechtigkeit, die mich umgaben, rebellieren ließ. Ich wollte das Leben der Unterdrückung unter den Mullahs im Iran nicht führen. Ich dachte immer an Massoud Rajavi und wollte an seiner Seite für einen freien Iran kämpfen. Als ich 17 Jahre alt wurde, sagte ich, ich wolle nicht mehr hier bleiben; ich wolle dorthin gehen, wo Massoud Rajavi war und zu einem Freiheitskämpfer werden. Meine Mutter wurde immer überwacht, daher musste ich fliehen und illegal über die Grenze gehen, um mich den Modjahedin anzuschließen. Es gelang mir, über die Salmas-Berge im Nordwesten des Iran zu kommen und danach ein türkisches Dorf zu erreichen. Über die Berge in die Türkei zu kommen, während man bis zu den Hüften im Schnee versank, hat 20 Stunden gedauert. Ich dachte, ich könnte bei dem Versuch, Ashraf zu erreichen, an der Grenze verhaftet werden.

Als ich in der Türkei ankam, fand ich Zuflucht im ersten Dorf, das ich erreichte. Ich sagte, ich sei aus dem Iran geflohen. Meine beiden Beine waren bei dem Waten in dem Schnee blau geworden. Als ich in ein Haus der Dorfbewohner gekommen war, konnte ich mich nicht mehr gehen oder stehen. Mit der Hilfe der Dorfbewohner erholte ich mich. Als ich mich kräftiger fühlte, ging ich an die irakische Grenze. Als ich es endlich bis Bagdad geschafft hatte, konnte ich kaum noch aufstehen. Endlich kam ich zur ersten Basis der Modjahedin und wurde von meinen Brüdern und Schwestern herzlich begrüßt; es war, als hätte ich nach jahrelanger Suche endlich meine endgültige Bestimmung erreicht. Ich gehörte zur dritten Generation, die sich nach der Revolution Ashraf anschloss.

Im Jahre 2003, nach dem Krieg im Irak mussten wir unsere Waffen den Amerikanern abgeben; dafür sollten wir geschützt werden. Doch dabei kam heraus, dass die Vereinigten Staaten ihr Versprechen brachen. In Ashraf begann ich in Online-Kursen Computersoftware und Programmieren zu lernen. Nachdem ich die Kurse abgeschlossen hatte, arbeitete ich am Updating der Computersysteme in Ashraf mit. Am 28. und 29. Juli 2009 wurde ich bei dem Überfall der irakischen Streitkräfte mit Metallstangen geschlagen. Sie setzten Wasserwerfer mit hohem Druck gegen uns ein; seitdem kann ich auf dem linken Ohr nichts mehr hören. Der Warzenfortsatz war beschädigt; die Wirkung war irreversibel.

Beim Überfall auf Ashraf am 8. April 2011 griffen uns die irakischen Streitkräfte mit Frontladern und gepanzerten Fahrzeugen an. Einer der irakischen Soldaten hielt sein Gewehr an meine Brust und sagte: „Wenn du nicht abhaust, erschieße ich dich." Sie schlugen uns mit Keulen und Stöcken. Geschosse flogen in meiner Nähe in der Luft und trafen einen Freund, der das Gemetzel filmte. Wir beide wurden auf den Verlader gehoben und von beträchtlicher Höhe hinabgeworfen. Ich fiel halb unter den Verlader. Ich wurde herausgezogen und ins Krankenhaus gebracht. Dort wurde mir gesagt, meine rechte Niere sei verletzt und blutete.

Die Repression in meinem Lande ist barbarisch und kriminell. Das Massaker des Jahres 1988 an 30.000 politischen Gefangenen im Alter von sechs Jahren mitzuerleben, war ein schweres Trauma. Täglich Hinrichtungen junger Menschen, Abschneiden der Hände, Unterdrückung der Meinungsfreiheit im 21. Jahrhundert – das ist eine Katastrophe. Mein Land gehört zu den reichsten Ländern der Welt, Sie können sich aber die Armut nicht vorstellen, die ich im Iran erlebt habe. Die Gefängnisse der Mullahs sind mit politischen Gefangenen überfüllt. Glauben Sie mir, ich habe gewünscht, meinen Vater zu sehen – er war Mitglied der PMOI. Ich hatte so viel von ihm und seiner Tapferkeit gehört, aber diese Mullahs nahmen ihn mit und machten mich wie viele andere Kinder zur Waise.

Ich weiß, unter den vielen Menschen, die geboren werden, können nur wenige in dieser Welt ein dauerndes Zeichen zurücklassen; das ist die Bestimmung des Menschengeschlechts. Ich fand im Kampf zu meiner Bestimmung, und ich weiß, dass der Glaube an die Freiheit von Herausforderungen und Not heimgesucht wird. Das iranische Regime und seine Verbündeten im Irak und im Westen haben uns in diesen Jahren vielfach herausgefordert; doch sie können uns nicht vernichten. Wir vertreten eine Ideologie, einen Glauben, der nicht zerstört werden kann. Der Kampf ist nicht ein Teil meines Lebens, er ist mein ganzes Leben. Wir bleiben in ihm bis zum Ende."

43

Ich bin ein Ashrafi

Wie leicht sich der Westen von den faschistischen Herrschern des Iran düpieren lässt! In der Kunst der Täuschung sind sie Meister. Sie haben der Welt in den zurückliegenden zehn Jahren mit der Eile, mit der sie die Atombombe erstreben, getrotzt, doch nach qualvollen Jahren der Konfrontation mit dem labilen Ahmadinejad am Steuer sah der Höchste Führer Ali Khamenei endlich ein: Die einzige Möglichkeit, Zeit zu gewinnen, bestand darin, den Westen zu überzeugen, dass nun ein neuer, gemäßigter Präsident des Iran aufgetaucht sei.

Es sah so aus, als sei das Erscheinen des Geistlichen Hassan Rohani nach den Präsidentschaftswahlen im Iran ein Volltreffer. Die westliche Presse jubelte, dieser neue, „gemäßigte" Präsident, der an der Universität Glasgow in Schottland studiert hatte, werde zum Gespräch über eine Beendigung des Nuklearprogramms bereit sein und er werde den unterdrückten Massen im Iran den Wandel zum Positiven bringen. Es stimmt traurig, nichts hätte weiter von der Wahrheit entfernt sein können.

Erstens ist die Rolle des Präsidenten im Iran praktisch nur zeremoniell. Die Macht liegt nach der iranischen Verfassung vollständig bei dem ungewählten „Höchsten Führer" Ayatollah Ali Khamenei, dem Nachfolger des verstorbenen Ayatollah Ruhollah Khomeini, des Gründers der Islamischen Republik. Vom Höchsten Führer nimmt man an, dass er seine Anweisungen direkt von Gott erhält, daher vom Parlament verabschiedete Gesetze missachten kann und sogar das Recht hat, die zur Wahl stehenden Kandidaten selbst auszusuchen.

Nach Artikel 110 der Verfassung kann der Höchste Führer den Präsidenten entlassen; er ernennt und entlässt neben vielen anderen die Kommandeure der Revolutionsgarden, der Armee sowie die Leiter der Justiz und des staatlichen Rundfunks und Fernsehens. Auch hat er die Macht, „staatliche Dekrete" zu erlassen, mit denen er alle Entscheidungen von Personen oder Institutionen des Landes außer Kraft setzen kann. Entscheidungen über empfindliche Angelegenheiten wie den Krieg in Syrien oder das Nuklearprogramm liegen ausschließlich in der Zuständigkeit des Höchsten Führers, nicht des Präsidenten.

Die Wahlen sind im Iran kein Wettkampf zwischen der regierenden Partei und der Opposition. Wenn es hoch kommt, sind sie ein Gerangel innerhalb der herrschenden Clique; dabei sind in jedem Fall die Frauen ausgeschlossen; auf diese Weise wird der Hälfte der Bevölkerung das Recht auf Vertretung versagt. Die wirkliche Opposition wird systematisch verhaftet, gefoltert, hingerichtet. Der so genannte Wächterrat, dessen Mitglieder vom Höchsten Führer bestimmt werden, kann bei jeder Wahl mit Leichtigkeit Kandidaten disqualifizieren.

Hassan Rohani war auf einer Liste von acht handverlesenen Kandidaten gestanden, die entweder Berater, Gehilfen oder Vertreter von Khamenei waren. Rohani gehört seit dreißig Jahren zum faschistischen Establishment. Er war 16 Jahre lang Sekretär des Höchsten Rates für nationale Sicherheit und wurde von Khamenei zum Mitglied des mächtigen Schlichtungsrates ernannt. Auch war er Chefunterhändler bei den Nukleargesprächen mit der europäischen Troika, wo er später mit geschwellter Brust erklärte, er habe Zeit für den Weg des Iran zum Bau von Atombomben herausgeschlagen, während er die Führer der EU, die mit ihm verhandelten, an der Nase herumführte.

Rohani wurde vom Wächterrat gebilligt, nachdem der frühere Präsident Ali-Akbar Hashemi Rafsanjani disqualifiziert worden war. Das war ein weiteres Anzeichen seiner (Rohanis) sklavischen Unterordnung unter den Höchsten Führer. Rohanis Aufgabe bestand nun hauptsächlich darin, für die nuklearen Ambitionen der Mullahs Zeit zu gewinnen – eine Aufgabe, der er sich schon in der Vergangenheit mit Erfolg gewidmet hatte. In seinem Buch „National Security and Nuclear Diplomacy" („Nationale Sicherheit und nukleare Diplomatie') führt er beredte Beschwerde über die von der PMOI im Jahre 2002 geleisteten nuklearen Enthüllungen. Er macht vollkommen klar, dass die Schwierigkeiten des Regimes erst begannen, nachdem die PMOI zwei größere Nuklearanlagen in Natanz und Arak enthüllt hatten.

Rohani wurde außerdem mit drei Angelegenheiten befasst, die, wenn das Mullah-Regime überleben sollte, unbedingt geklärt werden mussten. Die erste war das Nuklearprogramm, die zweite der Krieg in Syrien und im Irak und der unaufhaltsame Aufstieg des „Islamischen Staates

(ISIS oder ISIL)", und die dritte waren die Sanktionen, die die verwüstete Wirtschaft des Iran belasteten. Das Regime sah sich, bedingt durch die Sanktionen, ebenso aber auch durch die Senkung des Ölpreises und die verbreitete Jugendarbeitslosigkeit, mit einer verheerenden Situation konfrontiert. Gegenwärtig sind im Iran schätzungsweise fünf Millionen Jugendliche arbeitslos.

Das Überleben des Regimes beruht vollständig auf der Idee der absoluten Herrschaft der Geistlichkeit; jede Abweichung von diesem Prinzip würde unvermeidlich die Atmosphäre der Angst und des Terrors sprengen und zum Sturz des Regimes führen. Aus diesem Grunde widersteht Khamenei jeglichem politischen Manöver, geschweige denn einer ernsthaften politischen Reform. Es ist sehr unwahrscheinlich, dass es zu einer Reform im Inneren kommt – völlig unabhängig von der Frage, wer Präsident ist. Ein freier Iran wird einer sein, in dem kein Mullah mehr an der Macht ist.

Bis heute, über ein Jahr nach dem Beginn von Rohanis angeblich gemäßigter Präsidentschaft sind schon mehr als 1000 Menschen, viele davon politische Gefangene, hingerichtet worden. Durchschnittlich wird alle sieben Stunden ein Häftling erhängt – öffentlich oder im Gefängnis. Unter den Hingerichteten sind auch Frauen und Jugendliche; oft werden Menschen erhängt, die bei ihrer Verhaftung das Alter von 15 Jahren noch nicht erreicht hatten. Viele von den Häftlingen werden kollektiv erhängt – in Gruppen von 21, 11 oder 6 Personen. Unterdessen stehen tausende Häftlinge in den verschiedenen Gefängnissen des Landes auf der Todesliste.

Inzwischen hat Brigadegeneral Mohammad Reza Naghdi vom IRGC, der Kommandeur der gnadenlosen Basij-Miliz, die Bildung eines „Rates zur Beförderung der Tugend und zur Verhinderung des Lasters" angekündigt. Die Aufgabe dieser Institution besteht in der Unterdrückung der Jugend, besonders der jungen Frauen und Mädchen; dazu bedienen sich die Mullahs des Vorwandes der „unzureichenden Verschleierung". Organisierte Gangs, die dem Mullah-Regime unterstehen, haben die Gesichter vieler junger Frauen in Isfahan und anderen Städten mit Säure besprüht, um sie für ihre „unzureichende Verschleierung" zu bestrafen. Das geistliche Regime hat sich auf eine Welle von Hinrichtungen und repressiven Maßnahmen verlegt, um in der Gesellschaft eine Atmosphäre der Einschüchterung zu erzeugen und den Ausbruch von Protesten zu verhindern.

Und dennoch – trotz der Gefahr, die er verkörpert, hat sich der Westen Hals über Kopf in den breit grinsenden Hassan Rohani verliebt. Jetzt lächelt er gar nicht mehr, er lacht buchstäblich auf der ganzen Linie! Seine Taktik der Täuschung hat den Westen übertölpelt, so dass er die Sanktionen lockerte und jegliche Drohung mit einer militärischen Intervention zurücknahm. Das Resultat ist, dass sich der Rial, die nationale Währung, erholt, während die Börse in Teheran eine bemerkenswerte Hausse erlebt.

Inzwischen hat der Westen, der den Erfolg unseres ach so bedeutenden Dialoges mit dem Iran ausposaunt, das einzige Werkzeug, mit dem wir die Mullahs zur Rechenschaft ziehen können (denn unsere einzige Waffe ist die Wirtschaft), stumpf werden lassen. Im Frühjahr 2014 sind mehr als 100 europäische Geschäftsleute nach Teheran gereist, um neue, lukrative Verträge auszuhandeln. Die Iraner haben im Sommer 2014 in London einen größeren Kongress über Energie veranstaltet; dabei wurden führende Ölfirmen des Westens ermutigt, wieder Verträge über Förderung von Öl und Gas im Iran abzuschließen. Diese Zunahme des Interesses an Handelsgewinnen trotz der Menschenrechtsverletzungen im Iran hat das üble Mullah-Regime, das sich bereits am Rande des Zusammenbruchs befand, gerettet.

Und was hat der Westen dabei gewonnen? Natürlich enthält die Nuklearvereinbarung einige gute Dinge, es ist aber nur ein Provisorium. Er hat in Wirklichkeit sehr wenig erreicht. Es ging nur um die Frage der Urananreicherung. Doch wie steht es mit dem iranischen Militärapparat? Wie steht es mit seinen Raketen? Wie steht es mit den geschätzten 19.000 Zentrifugen? Warum haben wir nicht den Abbau von 14.000 Zentrifugen gefordert? Wir haben die Urananreicherung gekappt, aber wir haben es versäumt, die Forschung und Entwicklung fortgeschrittener Anreicherungstechnologie zu beenden. Damit ist wenig erreicht, wenn es sich darum handelt, der Drohung eines zukünftigen nuklearen Iran ein Ende zu machen.

In einem viel beachteten Interview behauptete Dr. Ali Akbar Salehi, der Leiter der Nuklearanlagen des Iran: „Die nukleare Tätigkeit des Iran wird in Gänze fortgesetzt. ... Der Iran kann seine nuklearen Zugeständnisse (wie sie in dem Plan gemeinsamen Handelns gemacht werden) innerhalb von Stunden zurücknehmen.“

Die schrecklichen Ereignisse von Juli und August 2014 auf dem Gazastreifen haben Israel internationale Verurteilung eingetragen. Nur für ein Land des Nahen Ostens war dies das Ergebnis, nach dem es gesucht hatte. Der Iran versorgt seit Jahren die Hamas mit Geschossen, Munition und komplizierten Waffen. Er versorgt die Kämpfer der Hamas mit Geld und kommt für ihre Ausbildung auf. Es war sein Ziel, Israel in einen Krieg mit Bodentruppen zu verwickeln, und das blutige Resultat: die grausamen Bilder von toten Kindern auf den Fernsehschirmen und in den Zeitungen der Welt sind die beste Werbung für den fundamentalistischen Islam und die Vision der iranischen Mullahs von einer globalen islamischen Bewegung, die vereint ist im Kampf gegen den Westen und die Abtrünnigen: seine säkularistischen Freunde. Ebenso haben die Iraner 2006 im Libanon gehandelt, – im Krieg zwischen der Hisbollah und Israel.

Das faschistische Regime in Teheran ist der Hauptförderer von Krieg und Terror im Nahen Osten; die tragische Entwicklung auf dem Gazastreifen ist genau das, was Teheran wollte. Sie lenkt im Iran die Aufmerksamkeit von der ökonomischen Krise ab, die von dem Fall des Ölpreises hervorgerufen wurde; sie lenkt die internationale Aufmerksamkeit von dem Streben der Mullahs ab, die Atombombe zu bauen. Das Ziel der iranischen Außenpolitik besteht darin, in der Region des Nahen Ostens zur führenden Macht zu werden. Sie streben an, die islamische Welt in der Unterordnung unter ihre düstere, verstörende Vision einer totalitären, fundamentalistischen islamischen Bruderschaft zu vereinigen, in der die Menschenrechte, die Rechte der Frauen und die Meinungsfreiheit für nichts gelten. Es ist beschämend: Der Westen hat nichts unternommen, um die iranische Aggression bloßzustellen und ihr entgegenzutreten. Angesichts der immer mehr zunehmenden Beweise, dass die Mullahs den Terror fördern, weicht der Westen zurück, um Teheran zu beschwichtigen.

Der Iran gleicht einer giftigen Spinne, die in der Mitte eines tödlichen Netzes sitzt und versucht, ihren bösen Einfluss auf den gesamten Mittleren Osten auszudehnen. Die Mullahs exportieren den Terror. Sie unterstützen das mörderische Assad-Regime in Syrien; sie finanzieren und bewaffnen die Hisbollah in Libanon und die Hamas auf dem Gaza-Streifen. Gnadenlos verbreiten sie ihre giftige Herrschaft im Irak; sie haben sich in der Vergangenheit Nouri al-Malikis als ihrer willigen Marionette bedient, bis ihre rücksichtslos sektiererische Politik zum Bürgerkrieg und fast zum Zusammenbruch des Irak führte. Der revolutionäre Aufstand der sunnitischen Stämme hat das Land sehr schnell destabilisiert; er hat dem Islamischen Staat eine ideale Gelegenheit verschafft, sich die Situation zunutze zu machen. Dessen Kämpfer strömten von Syrien über die Grenze, eroberten viele irakische Städte und rückten rapide vor, bis sie nur noch 50 Meilen von Bagdad entfernt waren.

Aber so enthusiastisch war die Liebesaffäre zwischen dem Westen und dem so genannten gemäßigten iranischen Präsidenten Rohani, dass die fast völlig nutzlose Hohe Vertreterin der Europäischen Union für die auswärtige Politik, Baroness Ashton, sich im Frühjahr 2014 entschloss, Teheran einen Besuch abzustatten. Ihr Besuch fiel in den Moment, als Israel ein Schiff aus dem Iran aufbrachte, das Dutzende Langstreckenraketen, Sturmgewehre und hunderttausende Geschosse an Bord hatte, bestimmt für die palästinensischen Kämpfer auf dem Gazastreifen. Der Iran ist der in der Welt führende Exporteur und Financier der Terroristen, und das Katz-und-Maus-Spiel, mit dem sie Baroness Ashton und andere davon überzeugen wollen, sie hätten nicht die Absicht, Atombomben herzustellen, ist nichts als eine Farce!

Ironischerweise kam Baroness Ashton in Teheran am Samstag, dem 8. März an – dem Internationalen Frauentag! Die Art, wie der Iran die Frauen unterdrückt, ist in der ganzen Welt bekannt. Tatsächlich hatte das Regime am 4. März eine 25 Jahre alte Frau erhängt, die schon ins Gefängnis kam, als sie noch ein Teenager war. Sie hieß Farzaneh Moradi und hatte eine Tochter im Alter von 10 Jahren.

Wie bereits festgestellt, der Iran hat seit dem Amtsantritt Rohanis mindestens 1000 Menschen erhängt, viele davon öffentlich. Viele Frauen wurden wegen „mangelhafter Verschleierung" zur Zielscheibe von organisierten Säureattacken. Kurz vor dem schlecht beratenen Besuch von Baroness Ashton fand die schockierende öffentliche Hinrichtung eines 26 Jahre alten Mannes in der Stadt Karaj statt, bei der die Henker dem Verurteilten nicht einmal gestatteten, mit seiner Mutter zu sprechen, die anwesend war, womit sie einen öffentlichen Aufschrei hervorriefen. Außerdem bestätigte das Höchste Gericht das Urteil gegen einen blinden Mann, ihm sei ein Ohr und die Nase abzuschneiden. Ashton versäumte es natürlich in kriecherischer Unterwürfigkeit, während ihres Besuches eine von diesen Barbareien zu verurteilen; unweigerlich wurde ihr Besuch in Teheran vom Regime als Werkzeug seiner Propaganda ausgebeutet.

Auch hinderte ihr Besuch in Teheran die Mullahs nicht daran, auf den Irak dahingehend Druck auszuüben, dass er die iranischen Dissidenten in Camp Liberty entweder töte oder ausliefere. Es ist Zeit, dass der Westen aufwacht. Wir haben zahllose Initiativen erlebt, das Nuklearprogramm aufhören zu lassen. Sie sind alle gescheitert. Wir haben die Ernennung Besonderer Gesandter wie Dan Fried, Jean de Ruyt und in jüngerer Zeit Jane Holl Lute erlebt, die mit der Lösung der Ashraf-Krise beauftragt wurden. Sie alle sind gescheitert. Wir haben die tölpelhaften Machenschaften Martin Koblers, des Besonderen Vertreters des Generalsekretärs der Vereinten Nationen im Irak, erlebt, unschuldige Männer und Frauen auf den Weg zum Tod, zur Vernichtung und zur Verhaftung zu schicken.

Wir dürfen die Politik der Beschwichtigung gegenüber dem Iran nicht fortsetzen und wir dürfen militärische Interventionen nicht zulassen. Wir können aber die überwältigende Mehrheit der iranischen Bürger unterstützen, die sich nach der Freiheit sehnen und für den Sturz des faschistischen Regimes beten. Die naheliegendste und wirksamste Weise, dem iranischen Volk unsere Unterstützung zukommen zu lassen, besteht in der Unterstützung der größten, bestorganisierten und legitimen Opposition – der PMOI. Damit würden wir den Mullahs in Teheran eine klare Botschaft senden: Wir sind nicht mehr gewillt, tatenlos dazustehen, während sie im Nahen Osten und in der Welt Terror und Tod verbreiten.

Ebenso müssen wir die unbewaffneten Flüchtlinge in Camp Liberty/Irak befreien. Seitdem die Verantwortung für ihren Schutz vom US-Militär an die Iraker übergeben wurde, haben sie 26 einzelne Überfälle erlebt – mit 116 Toten, 1300 Verletzten, 7 Geiseln (darunter 6 Frauen), von denen es immer noch keinen Bericht gibt, sowie 24, die aufgrund der unmenschlichen medizinischen Blockade gestorben sind. All dies geschah auf direkte Anweisung von Nouri al-Maliki und mit aktiver Billigung und Ermutigung durch das iranische Regime. Maliki ist vom Posten der Premierministers des Irak abgetreten. Die Immunität, die ihm sein Amt eintrug, ist nicht mehr. Er muss sofort wegen Verbrechen gegen die Menschlichkeit angeklagt, gegen ihn muss vor den internationalen Gerichten verhandelt werden.

Unterdessen sollten wir uns, anstatt zuzulassen, dass das Scheitern unserer Politiker uns in tiefe Depression versetzt, an die Worte Victor Hugos erinnern:

„Nationen sind, wie die Sterne, Finsternissen ausgesetzt. Alles ist gut, vorausgesetzt, dass das Licht wiederkehrt und die Finsternis sich nicht zu einer endlosen Nacht ausdehnt. Morgendämmerung und Auferstehung sind synonym. Das Wiedererscheinen des Lichts ist dasselbe wie das Überleben der Seele."

Der Iran ist durch eine lange Zeit der Finsternis hindurchgegangen. Das Licht der Freiheit verdunkelte sich. Doch die Tage der Mullahs sind gezählt. Die Wiederkehr des Lichts steht bevor. Wir sehen schon, dass der erste, noch schwache Schimmer der Morgendämmerung die Finsternis durchbricht; wir sehen die Fackeln der PMOI in Camp Liberty und ihrer Freunde in der Welt. Ich fühle mich dazu privilegiert zu sagen: Ich gehe mit ihnen, auf jedem Schritt ihres Weges. Ich bete, dass ich eines Tages Hand in Hand mit ihnen auf den Straßen Teherans gehen werde.

Ich bin ein Ashrafi.

Vor mehr als 200 Jahren schrieb der berühmte schottische Dichter Robert Burns Verse zum Ruhm von König Robert The Bruce von Schottland. Sie könnten zum Schlachtruf der PMOI werden - bei ihrem Feldzug für Freiheit und Gerechtigkeit im Iran:

> „Bei dem Weh und Schmerz der Unterdrückung!
> Bei den Sklavenketten eurer Söhne!
> Wenn auch unsere Adern verdorren,
> so sollen sie doch frei sein!
> Lasst die stolzen Unterdrücker fallen!
> Mit jedem Feind fällt ein Tyrann!
> FREIHEIT liegt in jedem Schlag!
> So lasst uns handeln – oder sterben!"

Nachwort

Während dieses Buch in Druck geht, harren immer noch 2700 iranische Flüchtlinge, darunter 700 Frauen, in Camp Liberty in der Nähe des Flughafens Bagdad aus; sie werden dort in unerträglichen Zuständen festgehalten. Das Lager wird immer noch von der irakischen Regierung belagert; ihm wird der Zugang zu elementaren Lebensgütern wie Lebensmittel, Wasser, Brennstoff und Medikamenten vorenthalten. Der Mangel an Brennstoff hat dazu geführt, dass alle Generatoren des Lagers ihren Betrieb einstellen mussten. Auch die Klimaanlagen gaben ihre Funktion auf, während die sommerliche Hitze mehr als 40°C erreichte. Das führte bei vielen Bewohnern zu schwerer Dehydrierung; dringend notwendige medizinische Behandlung wurde ebenfalls verweigert. Außerdem gaben die Wasserpumpen ihren Betrieb auf. Der Inhalt der Kühlschränke und Tiefkühlanlagen begann zu verderben, und die Abwasser quollen von verschmutztem Abwasser über. Liberty entwickelte sich zu einer Hölle auf Erden.

Die UNAMI, die mit der Regierung des Irak gegen den Willen der iranischen Flüchtlinge das Memorandum der Verständigung unterzeichnet hat, überlässt jetzt diese Männer und Frauen ihrem Schicksal. Obwohl sie wiederholt die Sicherheit und das Wohlergehen der Bewohner garantiert hat, als sie sie dazu überredete, ihre langjährige Heimstatt in Camp Ashraf zu verlassen und in das winzige Konzentrationslager von Liberty umzuziehen, hat sie den Besuch von Liberty ganz eingestellt. Sie macht sich vor dem Hintergrund zunehmender Gewalttätigkeit im Irak nur noch um die Sicherheit des eigenen Personals Sorgen. Ähnlich überlässt auch das UNHCR, das die Bewohner einzeln vernommen und mit einem formellen Flüchtlingsstatus ausgestattet hat, sie nun ihrem Schicksal. Die versprochene „Drehtür-Politik", durch die sie interviewt, registriert und danach umgehend in sichere Länder umgesiedelt werden sollten, ist gescheitert.

Die Regierung von Nouri al-Maliki hat in den Tagen ihres Ablebens sich diesen Hiatus zunutze gemacht, den belagerten Flüchtlingen ein Höchstmaß von Leiden anzutun; dieser Zustand hält immer noch an. Ich und andere haben vor dieser Krise schon, als sie sich erst abzeichnete, die Regierung der USA, den Generalsekretär der Vereinten Nationen und die Hohe Vertreterin der EU in zahlreichen Briefen, Erklärungen und anderen Mitteilungen gewarnt, doch wie gewöhnlich wurden unsere Appelle überhört. Die Vereinigten Staaten sind in besonderem Maße verantwortlich, denn die gegenwärtige Situation der Bewohner ist eine direkte Folge der von den USA angeführten Invasion des Irak im Jahre 2003; damals gaben ranghohe Regierungsvertreter der USA jedem einzelnen der Bewohner die schriftliche Zusage, seine Sicherheit und sein Wohlergehen würden garantiert. Dennoch sind bisher mehr als hundert Bewohner während der brutalen Überfälle durch Malikis Truppen ermordet worden; viele weitere haben aufgrund der unmenschlichen medizinischen Blockade, die ihnen die irakische Regierung auferlegte, ihr Leben verloren. Zahllose Bewohner wurden bei den wiederholten Überfällen verstümmelt und verwundet.

Diese schockierende Preisgabe unschuldiger, unbewaffneter Männer und Frauen durch die führenden Institutionen der Welt, die UNO und die EU sowie die Regierung der USA gehört zu den schlimmsten Fällen von Doppelzüngigkeit in der Geschichte. Erst haben sie diese Männer und Frauen in ein winziges Tötungslager eingepfercht und dann haben sie sich davongemacht – in dem Wissen, dass Blutvergießen und Tod unweigerlich die Folgen sein würden.

Von Herzen danke ich allen ranghohen Politikern, Richtern, Generälen und Journalisten, die ihr persönliches Ansehen eingesetzt haben, um diese Perfidie zu enthüllen und Handeln zu fordern. Betrüblicherweise wurden unsere gemeinsamen Schreie überhört. Es ist ein schändliches Kapitel in der Geschichte der Menschheit und ich kann nur hoffen, dass irgendjemand im Amt irgendwo, wenn er diesen Bericht liest, rufen wird: „Genug!", um tapfer zu der Rettung dieser belagerten Flüchtlinge zu eilen. Derweil werden unsere Bemühungen um die Befreiung dieser 2700 Menschen fortgesetzt werden – ebenso unsere Entschlossenheit, die, die diese Unschuldigen ermordet und verstümmelt haben, vor Gericht zu bringen.

Es ist, wie der irische Staatsmann Edmund Burke es in einem berühmten Ausspruch sagte: „Die einzige Sache, die das Böse braucht, um zu triumphieren, besteht darin, dass die guten Menschen nichts dagegen tun."

Struan Stevenson
März 2015